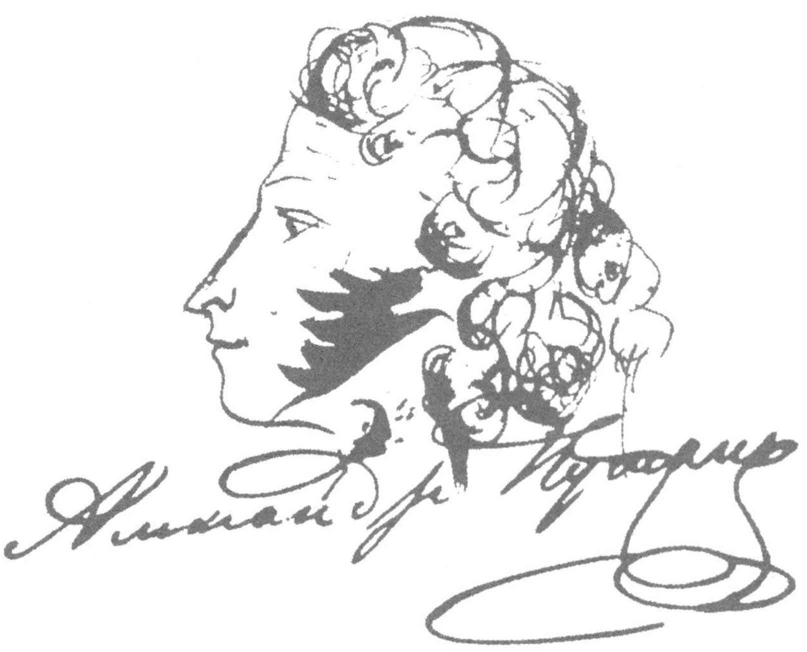

徐鲁 著

普希金是怎样读书写作的

陕西师范大学出版总社

图书代号　WX18N0863

图书在版编目（CIP）数据

普希金是怎样读书写作的/徐鲁著.—西安：陕西师范大学出版总社有限公司，2018.7
（徐鲁文学选集）
ISBN 978-7-5613-9956-9

Ⅰ.①普… Ⅱ.①徐… Ⅲ.①普希金（Pushkin, Alexander Sergeyevich 1799—1837）—传记　Ⅳ.①K835.125.6

中国版本图书馆CIP数据核字（2018）第087676号

PUXIJIN SHI ZENYANG DUSHU XIEZUO DE
普希金是怎样读书写作的

徐　鲁　著

选题策划/刘东风　郭永新
责任编辑/郭永新　周　利
责任校对/王　翰
装帧设计/观止堂_未氓
出版发行/陕西师范大学出版总社
　　　　　（西安市长安南路199号　邮编　710062）
网　　址/http：//www.snupg.com
印　　刷/西安市建明工贸有限责任公司
开　　本/720mm×1020mm　1/16
印　　张/19.5
插　　页/2
字　　数/250千
版　　次/2018年7月第1版
印　　次/2018年7月第1次印刷
书　　号/ISBN 978-7-5613-9956-9
定　　价/55.00元

读者购书、书店添货或发现印装质量问题，请与本公司营销部联系、调换。
电话：（029）85307864　85303629　传真：（029）85303879

目 录

第一章　金色的皇村 / 001

第二章　从彼得堡到高加索 / 035

第三章　南方的长夜 / 064

第四章　幽居岁月（上）/ 090

第五章　幽居岁月（下）/ 119

第六章　莫斯科的玫瑰 / 151

第七章　波尔金诺之秋 / 184

第八章　重返皇村 / 212

第九章　家庭与宫廷 / 238

第十章　诗人之死 / 267

普希金年表 / 296

后记 / 304

第一章　金色的皇村

已经没有谁能够说清楚，亚历山大·谢尔盖耶维奇·普希金在童年时代所读到的第一本书是什么了。普希金的姐姐奥莉加·谢尔盖耶夫娜（1797—1868年，婚后改姓巴甫利谢娃）回忆说，普希金六岁之前，并没有表现出任何特别的才具，相反，由于他长得肥胖，行动很不灵便，成天总是少言寡语。可是到了七岁那年，他突然变得活泼好动了。虽然学习上表现得松松垮垮，但他那喜欢看书的劲头却比谁都高。九岁的时候，他就开始阅读古希腊作家普卢塔克（约46—126年，其代表性著作是《希腊罗马名人传》）的作品，法国诗人比托布翻译的法文本荷马史诗《伊利亚特》和《奥德赛》，以及拉封丹、莫里哀、高乃依、拉辛、博马舍、狄德罗、伏尔泰等作家和历史学家们的著作了。这些人几乎全是法国人。这是因为，普希金父亲的藏书大多是18世纪法国经典作家的著作。

普希金的父亲谢尔盖·李沃维奇·普希金（1770—1848年），比他伟大的儿子多活了十多年，但父子之间的关系却并不怎么和谐。小普希金喜欢父亲书房里的书，甚于喜欢自己的父亲。他父亲显然是一位法国文化的崇拜者，不仅有大量的法国文学、历史、哲学书籍，而且自己也能用法文赋诗，并且因此与当时上流圈子里的许多文人墨客往来频繁。这些人中包括俄罗斯作家茹科夫斯基（1783—1852年）、卡拉姆津（1766—1826年）、德米特里耶夫（1760—1837年）、杰尔查文（1743—1816年）等。

父亲的藏书培养了小普希金对阅读的嗜好。普希金后来在准备撰写自己的回忆录时，称童年时期为"酷爱读书"的时期。"酷爱"一词一点也没夸张。普希金的弟弟列夫·普希金（1805—1852年）对哥哥的"酷爱读书"也记忆尤深："……他（指哥哥）小时候经常通宵不眠，偷偷躲在父亲书房里如饥似渴地阅读一本又一本书籍。普希金记忆力极好，十来岁就已经谙熟全部法国文学了。"[①]

在很久很久以前，
在我那无知的童年，
有一个秃头老汉，
他嘴唇微闭，目光闪闪，
微笑时显得皱纹满面。

这个"秃头老汉"就是普希金童年时读到的伏尔泰。伏尔泰的《奥尔良女郎》《老实人》《亨利亚特》《矮人梅加斯》等，都是小普希金爱读的作品。

法语是当时俄国贵族中的时髦用语，上流社会里的人都以能讲一口流利的法语为荣。小普希金也受着这种风气的濡染，很早就学会了使用法语。他的法语讲得甚至比俄语还好。而且，八岁时（1807年），他就学会了用法文写诗。

十岁那年，他读了伏尔泰的《亨利亚特》后，便模仿着伏尔泰的作品写了一个小喜剧，分为六个诗章，题名为《托里亚特》，主人公是一个不劳而食的沙皇——侏儒达戈别尔特，而内容却是男女侏儒之间的战争。小

[①] 列·谢·普希金：《亚·谢·普希金一八二六年前生平介绍》，见《伟大诗人普希金》，冯春、张勉、侯华甫等译，上海译文出版社1989年版，第17页。

普希金完成剧本后十分得意，不料却遭到了他的家庭教师舍杰尔的嘲笑。结果呢，"小作者失声痛哭了，自尊心受到了污辱"，普希金的姐姐回忆说，"他一气之下便把自己的长诗投进了火炉。"[①]

不久，他又模仿莫里哀的作品写了另一部小喜剧，题名为《盗窃者》。比他大两岁的姐姐做了这部小喜剧的第一个观众和剧评家。可是这位剧评家一点也不知道照顾戏剧创作家的面子，又一次为他喝了倒彩。不过，这一次他却没有哇哇大哭，而是即席做了一首四行诗，算是自嘲。诗曰：

> 告诉我，为什么《盗窃者》的
> 后排观众要喝倒彩？
> 唉！只因为可怜的编剧者
> 是从莫里哀那里抄来。

童年的普希金除了在书堆里找寻自己的乐趣，那些经常坐在他家的客厅里高谈阔论的"饱学之士"，也诱导着这个小男孩的隐秘的志向：他打定了主意，要当一名诗人。

让我们认识一下客厅里的这些常客吧。

瓦西里·李沃维奇·普希金（1767—1830年），是小普希金的伯父。他是当时的一位颇有名气的作家。他去过法国、德国和英国，是个见过大场面的人。他喜欢在聚会时高声朗诵自己的诗作和寓言。他给人们的感觉是：浑身沾满了巴黎味儿，从头到脚都是时髦的巴黎绅士的服饰。他的发式也是提图斯式的，头上抹着油亮的发蜡。他朗诵诗作的时候，总是得意地把脑袋伸向太太们，让她们闻到他头上的香水味儿……也许，他那时候并没有注意他的小侄儿普希金，但小普希金却对这位伯父华丽轻佻的诗句

[①] 奥·谢·巴甫利谢娃：《回忆亚·谢·普希金的童年》，见《伟大诗人普希金》，冯春、张勉、侯华甫等译，上海译文出版社1989年版，第11页。

早已耳熟了。有一次，伯父正准备向另一位诗人德米特里耶夫朗诵自己的某一段得意的、或许还带着一丝不正经的诗句时，突然看见小普希金也在场，便想赶走这个小家伙。岂料小普希金颇不服气地叫道："有什么了不起！我早就听人读过它们了！"

普希金的堂叔亚历山大·尤里耶维奇·普希金（1777—1854年），也是一位诗歌爱好者。普希金家的客厅自然也就成了他时常发表自己诗作的地方。

当然，在这里还可以常常听到诗人德米特里耶夫、米·尼·苏什科夫（1782—1833年）、康·尼·巴丘什科夫（1787—1855年）等人的谈笑和朗诵之声。

听众里有普希金的美丽的姑妈安娜·李沃夫娜、叶利扎韦塔·李沃夫娜等。

小普希金在这样的客厅里就像一只窜来窜去的机灵的小老鼠，支着耳朵听听这，又听听那。仿佛任何话题都休想瞒过这个好奇的小家伙。政治、哲学、宗教、戏剧、诗歌、寓言，还有爱情和女人……他好像都听过，也都懂得了似的。

他真是一个天生的诗人胚子。他很早就开始对女性产生了缱绻之情。那些流光溢彩、油头粉面的仕女们经过他身边时，他总要悄悄地使劲儿呼吸一下她们身上发出的香气。这奇异的气息使这个小男孩经常想入非非。只是，他目前还实在是太小了，小得连想跟她们拥抱一下都不可能。不过，有时候，那些轻佻一点的女郎也会把自己的纪念册递给这位可怜的少年绅士，因为她们听说这位少年绅士也会写诗。于是，小普希金会在漂亮和风骚的女郎的明媚的秋波下，略显慌张地为她们题上几句法文诗——自然，这些法文诗全是模仿伏尔泰或巴尔尼等作家的。

在普希金进入皇村学校之前，他平时都是和家人一起住在莫斯科。姐姐奥莉加是他这个时期的形影不离的伙伴。

普希金在童年时对莫斯科有着非常美好的印象。他很喜欢莫斯科。后来他这样描述过莫斯科在他心中的形象："过去的莫斯科是俄国贵族阶级聚会之地。一到冬季，他们就离开乡下，汇聚到莫斯科。甚至连近卫军的青年军官也纷纷离开彼得堡，飞奔到莫斯科。在这座古老的都市里，到处是音乐之声，到处挤满了人。在贵族沙龙里，每周聚会两次，每次都有五千多位参加者。青年男女在那里相识相爱，并在那里筹办婚事。莫斯科是青年订亲的好地方，并以此闻名于世，犹如维亚斯马靠它的香料蜂蜜面包闻名于世一样。当时，莫斯科的晚宴颇有名气。莫斯科人的这种古怪做法表明了他们酷爱独立的性格。他们是我行我素，而不管别人说三道四。一天，一位巨富独出心裁，在大街上盖起一座中国式住宅，并饰以绿色巨龙，又在黄色阳伞下雕上中国官员木雕；另一位则穿着1784年的服装，乘坐银质马车到玛丽亚草地游逛；第三位则在大夏天用雪橇拉着五名黑人猎手和追捕猎物的跑手穿过大街。"①

莫斯科的冬天是热闹的，但一到夏天，人们又纷纷离开它，到乡村里去避暑。

普希金家的避暑地在扎哈罗沃。

小普希金关于扎哈罗沃的记忆，是和他的奶娘阿琳娜·罗季奥诺夫娜（？—1828年）连在一起的。

阿琳娜·罗季奥诺夫娜本来是姐姐奥莉加的奶娘。她是离彼得堡大约60俄里的科勃里诺村人。这个村庄原是普希金的外祖父奥西普·阿勃拉莫维奇·汉尼拔（1744—1806年）的产业，外祖母玛丽亚·阿列克谢耶夫娜（1745—1818年）在1805年把这份产业卖掉，而在离莫斯科大约40俄里的郊区另外买下了一个叫作扎哈罗沃的小村庄。这样，阿琳娜·罗季奥诺

---

① [法]亨利·特罗亚：《普希金传》，张继双、李树立、董爱春译，世界知识出版社1992年版，第37—38页。

夫娜也跟着普希金一家来到了扎哈罗沃。她不仅是奥莉加的保姆,也是小普希金和弟弟的保姆。

这是一位极其善良和慈祥的俄罗斯农妇。她知道许多民间传说,满肚子的谚语和俗话,很会讲故事,还会唱许多民歌和摇篮曲。普希金从童年起就深深地爱着这位奶娘。老奶娘也成了他童年和成年时期的最忠诚的、最可亲的心灵的友伴。普希金后来有许多抒情诗是献给这位奶娘的。人们说,献给奶娘的那一系列诗篇,是诗人所有的抒情诗中最美丽、最动人的一部分。

圣像前的粘土灯下,
她的老脸皱皱巴巴;
头上是曾祖母时代的旧帽子,
下面凹陷的嘴巴里只剩下两颗黄牙。

这是奶娘为小普希金唱过的催眠曲。

在扎哈罗沃村,许多个宁静的夏夜里,小普希金哪里也不愿意去,只愿意待在奶娘的黑咕隆咚的小屋里,听她翕动着瘪陷的嘴巴,讲着那些永远新奇和有趣的民间故事。什么巫婆啦,古堡啦,妖精啦,游侠骑士啦,留着雪白胡子的魔术师啦,忧郁的王子啦,漂亮和骄傲的公主啦,还有四周布满骷髅的旧城啦……都会出现在奶娘的故事里。

这些稀奇古怪的传说,仿佛是黑夜里的灯火,照耀着小普希金的充满幻想的心灵。他从这些古老的传说中认识了俄国民间生活的形形色色;他从这些美丽的谣曲里,开始感到了俄罗斯语言的神秘与美妙……

阿琳娜·罗季奥诺夫娜是俄罗斯奶娘的典型形象。在她身上,集中了善良和仁慈的俄罗斯老年妇女的全部美德。她像所有乡村妇女一样,按照自己乡下的教育子女的方法教育着普希金姐弟们。孩子们也乐于接受她的教育。她留在普希金童年的心灵里的形象，永远是美好可亲的。普希金后来回忆自己童年印象时，其中记得最早的人物便是阿琳娜奶娘。善良的奶娘使他也早早地认识到了俄罗斯女性的温情、宽厚和智慧……

除了阿琳娜·罗季奥诺夫娜，小普希金童年时的另一位心灵伴侣便是他的外祖母。

外祖母也知道许多古老的民间童话故事。她还会刺绣，针线盒里全是各色布头和五颜六色的丝线。小普希金常常坐在外婆身边，一边看她做刺绣，一边听她讲述家史——她的先祖、彼得大帝的那位著名的黑人宠臣尔热夫斯基的故事。这些遥远而又辉煌的家史，深深地印在小普希金的脑海里。若干年后，他写的小说《彼得大帝的黑奴》中的黑人伊卜拉金姆，就是外婆讲过的那位曾外祖父的形象。人们说，诗人成年之后的气质——善良、正直、刚毅、聪慧，还有他的外表形象，都沿袭了他的非洲黑人先祖的许多特征。

小普希金从奶娘和外祖母那里获得了比父母亲更多、更难忘的爱抚与温暖。

奥莉加曾这样回忆过自己的父母亲：父亲生性暴躁，动不动就会火冒三丈，尤其是当家庭教师在他面前告了孩子们什么状的时候，他就会对着孩子们大发雷霆，样子十分吓人。因此孩子们与其说是爱他，倒不如说是怕他，尤其是小普希金。母亲的脾气比父亲要好一些，但她在孩子们面前有着掩饰不住的偏爱之情。先是偏爱女儿奥莉加，后来又偏爱幼子列夫，就是不喜欢小普希金。而且，母亲天生喜欢交际，对于孩子的教育缺少耐心和方法。她用在社交上或独自看书消遣上的时间，远比用在孩子们身上的多得多。

小普希金就在这样既缺少父爱也享受不到更多母爱的童年里生活。所幸他有亲爱的奶娘和外婆。当孤独和寂寞使他渴望友伴的时候，他就去找奶娘或外婆。他在她们那里可以得到宠爱、幻想和自由，在她们那里还可以很快把父亲冷冷的面孔和母亲的训斥都忘掉。

扎哈罗沃有十分美丽的乡村风光。绿色的田野，金色的白桦林，轻柔的云彩，僻静的灌木丛，闪光的小河，还有四周长满的杉树和椴树，像一面镜子似的明亮的水塘……

普希金家避暑的木屋，就坐落在一片白桦林中。小屋后面有一株孤零零的老椴树，老得就像童话里的"树王"。小普希金常常一个人坐在老椴树下看书或者幻想。

有时候，他也拉着外婆坐在一块林中空地上，听外婆给她讲故事。外婆有一天给小普希金讲暴君鲍里斯·戈都诺夫的故事。

"离扎哈罗沃两俄里远的地方，有个镇子，名叫维亚斯玛，它原来正是暴君鲍里斯·戈都诺夫的领地……"外婆的故事是这么开头的。她告诉小普希金，这个残酷的君主是杀害了一个可爱的小孩子季米特里后才登上皇位的。当时小季米特里正坐在那里吃榛子，他被鲍里斯·戈都诺夫的帮凶们埋掉时，小手里还攥着金色的榛子呢！不用说，像这样毫无人性的暴君是绝不会有什么好下场的。外婆说，暴君是在人们的嘲笑和讥骂声中，在响彻天宇的正义的钟声里，羞惭难当，热血上涌，一命呜呼的。他死的时候，眼前分明晃动着浑身是血的小季米特里的身影。暴君在这个小孩面前整个灵魂都在发抖……

这个故事从那时起便深深地镌刻在小普希金的记忆里。十多年后，他在米哈依洛夫斯克村写出了《鲍里斯·戈都诺夫》这部大型的历史悲剧。或许——不，肯定是，他在写作这个剧本时，他的眼前正一一闪过记忆深处的那些场面：维亚斯玛领地的教堂尖顶，小男孩的求救的小手，金色的榛子，万钟齐鸣……

嗳呀，真难受！……让我透口气……

我觉得：全身的血都冲到了我的脸上——
却只是缓慢地落下……
这便是为什么十三年来
我一直梦见那被杀的小孩！①

  这与其说是在写那个暴君的感受，不如说是诗人对自己的童年记忆的抒写。一些鲜活和清晰的印象，完好地保存在他的心中。

  在扎哈罗沃，小普希金也第一次认识到了俄罗斯乡村人民勤劳与乐观的天性。他看到，每当夕阳西下，田野上空飘散着绯红的晚霞，静谧的树林也仿佛穿上了绯色的衣裳，在远处的夕光里，就像待嫁的新娘。农民们从田野归来，一路上都回荡着他们的歌声。马在打着响鼻，狗在远处的道路边或田埂上追逐着，发出欢快悦耳的吠声。妇女们的鲜艳的披肩和衣衫在晚霞里闪着动人的光芒。马车夫经过这些女人的身边时，会开着粗鲁的玩笑，惹得这些女人一阵笑骂，他们的声音会越过树林，传到很远很远的地方。他还看到，水塘里倒映着红杉树和醋柳树的姿影，鸽子在不远处咕咕地温柔地叫着，云雀则在树林的上空高声歌唱，空气里弥漫着青草和泥土还有松脂的香味儿。那株夕阳下的老椴树，就像一位失去了领地的老君主，正在那里低头叹息，如果侧耳细听，还仿佛可以听见它深深地呼吸……

  是的，在扎哈罗沃，小普希金的心也被这静谧、温柔的大自然与和谐、丰饶的乡村景色安抚着。

  农民的歌谣，古老的童话故事，妇女们的笑声，大辫子的乡村少女，节日里农民们围成一圈，尽情地跳舞和歌唱……这一切，都使小普希金在头脑里渐渐地有了这样的感觉：

---

  ① 卢永选编：《普希金文集》第四卷，任溶溶、林陵、张学增译，人民文学出版社1995年版，第178页。

这就是俄罗斯。这就是俄罗斯的大自然。

这就是祖国——祖国的人民,祖国的语言,祖国的生活……

1811年,亚历山大·普希金十二岁了。

这一年,沙皇下了一道诏书,决定在圣彼得堡郊区的皇村宫院建立一所皇村中学——一所享有特权的贵族寄宿学校。有关决议中规定,"创办皇村学校的宗旨是专门培养供国家机关的重要部门使用的青年";而这些将来准备担负重任的年轻人,"要从大家大户里选拔",即学生的出身必须是名门望族。

沙皇本人对这所学校寄予了厚望。他把自己的私人图书馆送给了皇村学校,以示重视。学校聘请的教师,全是一些有名望的教授,并对录取的学生实行免费教育。根据沙皇的意思,皇村中学首批学生应在二十至五十名之间,其中有皇太子尼古拉大公和米歇尔大公。但据说是皇太后不赞成让自己的孙子同别的入学少年为伍,事情才只好作罢。

普希金的父母原本是准备送儿子去教会办的学校接受法国人的那一套拉丁式的和天主教式的教育的。但皇村中学建立的消息使他们改变了主意,他们决定送普希金进皇村。这一决定对普希金来说至关重要——或者也可以说,这是命运有意的安排。很难想象,一旦普希金进入了教会学校,身穿黑色条绒紧身上衣,垂着饰有花边的袖口,说起话来必须慢条斯理,不能有任何自由的装束……那会是什么样子。诗,肯定是与普希金无缘了吧?

但要考进皇村中学也并不那么容易。要有一位颇有威望的推荐人,这是首要的条件。好在普希金的父母一向喜欢与上流社会的达官名流们交往,他们家的客厅里那些常来聚首的人,正好可以发挥作用。其中那位历史学家亚·伊·屠格涅夫(1784—1845年,不是文学家屠格涅夫)就成了小普希金的有力举荐人。更巧的是,沙皇任命的皇村中学首任校长马林诺夫斯基(1756—1814年),也是普希金家的老朋友。于是,普希金顺利地通过了入学考试。校长给他的评语是——俄语语法：优秀；法语语法：良好；德语语法：没有学过德语；数学：会加法、减法和乘法；生理卫生：良好；地理和历史基础知识：有一定了解。

1811年9月22日，亚历山大一世御笔批准了皇村中学首届学员名单。报名者共三十八人，考试后正式录取三十人。普希金榜上有名。

二十天后，普希金由伯父领着进入刚刚竣工的皇村中学。一位学监把这个十二岁的少年领到了一间房子前。这是他的宿舍，门扉的木牌上写着"14号，亚历山大·普希金"。他往左边旁门一看，上面写着"13号，伊凡·普希钦"。不用说，这是他的同学了。在以后的岁月里，伊凡·普希钦（1798—1859年）成了普希金的最好的同学、密友，而且还成了一位坚强的十二月党人。普希金在《致普希钦》里写过"我的第一个知交，我的珍贵的朋友"这样的诗句。

10月19日是皇村中学举行隆重开学典礼的日子。这是一个热闹和盛大的节日。沙皇和皇后、皇太后，以及安娜·巴甫洛夫娜公主，还有保罗一世的儿子康斯坦丁大公等皇室成员，都来到了皇村，坐到了贵宾席上。在贵宾席上就座的还有许多显赫的大臣、枢密院成员以及各界名流。普希金的伯父瓦西里也坐在那里。国民教育厅厅长马尔迪诺夫用颤抖的声音宣读了皇村的建校纲领："从先贤手中接过皇位之后，我们坚信，只有摆脱无知，我们的国家才能放射出永不熄灭的光芒……"紧接着厅长的宣读，校长马林诺夫斯基也诚惶诚恐地走到讲台前，激动得有点语无伦次地一口一个"陛下"地发表了他的讲话："学校将为这些才子们插上双翅，使他们立功建业，成为祖国的真正骄子，成为社会的栋梁之材……"他那过于恭敬和紧张的样子，让那些站在台下的未来的骄子们觉得可怜和好笑。

倒是智慧博学的哲学教授亚·彼·库尼金（1782—1840年）的不卑不亢、沉稳和洪亮的演讲，使学生们听来十分快意。教授神态潇洒大方、气宇轩昂，压根儿就不在乎什么皇帝、皇后在场不在场。他对着自己的学生大声讲道："热爱荣誉，热爱祖国，这就是你们的座右铭！"声音非常从容和自信，一点也没有校长面对"陛下"的那种诚惶诚恐。他的整篇讲话里对皇帝陛下只字未提。这种高傲、自信、独立的作风，给了普希金和同学们深刻的印象和特别的好感。普希金后来在一首诗中写道：

把心灵和美酒献给库尼金！
他造就了我们，培养了我们的热忱，
他给我们奠定了基石，
他燃起了纯洁的明灯……①

事实上，普希金在皇村中学对这位卓尔不凡的老师确也非常敬重，总是怀着欣悦和崇拜的心情上他的课。库尼金自己深受法国启蒙派的影响，崇尚自由独立的思想，主张"天赋人权"，是个激进的自由派。同学们对他那慷慨激昂、极具热情的讲课方式很是心仪。受着这种影响，向往个性独立的少年诗人不可能不崇拜这位哲学家。库尼金后来出版了一部两卷本的政治哲学著作《自然法》，其中有这样的言论："在心灵深处，每个人都是自由的，只应受自己理智的支配。"沙皇统治下的宗教事务部和国民教育部认为这样的言论是亵渎"神灵"，应予查禁，于是库尼金遭到了迫害，不仅被解除了教授任何学科的权利，而且还遭到了流放。普希金为此写下了那首充满义愤的诗《给书刊检查官的一封信》（1822年），其中写道：

但是你，蠢才和懦夫啊，你对我们

---

① 伊·伊·普希钦：《记普希金》，见《伟大诗人普希金》，冯春、张勉、侯华甫等译，上海译文出版社1989年版，第40页。

做的是什么？哪儿该用思索去推论，

你就茫然眨眨眼；还没看懂意思

你就涂抹和割裂词句，你任着性子

管白叫黑，管讽刺叫诬蔑，管诗叫淫乱，

管库尼金叫马拉，真理之声是叛变。①

普希金和同学们后来都非常怀念库尼金。

按照皇帝的圣旨，皇村的学制定为六年，分为初级和高级两个阶段。初级阶段的课程包括语法课：俄语、拉丁语、法语和德语；伦理学：宗教、哲学、伦理和逻辑学概论；数学物理学：算术、基础代数、物理和三角几何；历史学：俄国史、外国史、地理和编年学；文学：优秀作家作品选读、文章分析和修辞学；美术和体操：书法、绘画、舞蹈、击剑、骑马、游泳。除这些课程外，还有诸如心理学、军事学、政治经济学、法律学、审美学以及建筑学等。这么多的课程，这么宽泛的学业，别说六年，就是一辈子恐怕也是学不完的。教授们都觉得皇上的胃口太大了，恨不得一口就让这些娃娃们吃成胖子。教授们当然不愿意完全按圣旨办事，他们想出了一个好主意：让学生们有喘息的时间，教师们按照各自的兴趣和特长培养学生，同时把重点放在培养学生对俄罗斯民族文化的兴趣与热爱上。

这些教师都是出类拔萃的人物。如俄国语言文学教授科尚斯基（1785—1831年），拉丁语教师加里奇，法语教师布德里，还有前面说到的哲学教授库尼金等。

科尚斯基自称是"狂放的抒情诗人"，实际上却是古典派作家的支持者，曾出版过音韵学的论著和一部《希腊诗歌选》。他积极支持和鼓励学生们发挥各自的文学才华，尤其赞成学生们写诗，但没有想到同学们所写

---

① 《普希金抒情诗选集》（上），查良铮译，江苏人民出版社1982年版，第468页。

的短诗大都以讽刺和嘲笑科尚斯基作为题材。原因是科尚斯基喜欢在书中"掉书袋",引用一些神话典故。而学生们更喜欢看的是当时的一些诗人如茹科夫斯基、卡拉姆津等的自由体诗。

普希金回忆过这么一件事:

一天午饭后,又轮到科尚斯基给大家上课了。讲完了课,还剩下一点点时间,教授心血来潮,笑着说道:"先生们,现在我们来润润笔吧。请你们给我写一首诗,描写一朵玫瑰花可否?"许多同学写得并不顺利,只有普希金在一瞬间就写出了两首四行诗。科尚斯基当众念了普希金的诗作,满意地点了点头,收起了普希金的诗稿。不过,科尚斯基对普希金还有许多不满意的地方。他读了普希金的一些习作之后,认为这些诗过于通俗,韵脚太自由和轻佻,多了些"玩世不恭"而少了点典雅的诗意。普希金觉得委屈,也不服气,曾写过一首《告我的酷评家》(1815年),其中嘲讽了科尚斯基对他的诗作吹毛求疵,也捎带抒写了一些自己对诗歌的理解和认识。

请原谅吧,清醒的酷评家,
原谅我那发酒兴的书简,
别挑剔我在轻浮的刹那
所吟咏的幻想和灵感:
我不是为了不朽写作的,
它们原出自快乐的悠闲,
只为了友人,为了自己,
……
我常常(谁能没有毛病?)
发着毫无意义的感叹,
一连三句都和主旨无关;

他这样描写着他写诗的方式和状态：

> 每当我意外想拼凑诗句，
> 歌唱一下爱神或友谊，
> 我总是立即把它写完。
> 无论是陪着好友闲谈，
> 或是独自躺在鸭绒榻里，
> 或是漫步在幽静的河边，
> 在茂密而寂寥的林间，
> 突然一念来临，挥挥手，
> 我就会把诗押韵说出口——
> 这样，我的游戏的诗作
> 从来也不至于把人折磨……[1]

科尚斯基在1814年得了重病，他的课程由拉丁语教师加里奇代替。

加里奇同时还是一位富于浪漫气质的哲学家，著有《哲学体系史稿》《美学试论》等。他崇拜康德和谢林，心灵世界异常丰富。学生们都视他为博学的幻想家。他也喜欢写诗和宴饮，和学生们的关系十分融洽。有的同学甚至评价他是所有的老师中"最好、最风趣的一位"。普希金在后来的日记里也这么写过："我有缘遇见善良的加里奇，感到十分高兴。过去他是我的老师，鼓励我沿着自己选择的道路走下去。1814年考试时，是他要我写下了我对皇村学校的回忆。"[2] 普希金写于皇村中学的《饮酒作乐

---

[1] 《普希金抒情诗选集》（上），查良铮译，江苏人民出版社1982年版，第132—134页。

[2] [法]亨利·特罗亚：《普希金传》，张继双、李树立、董爱春译，世界知识出版社1992年版，第55页。

的学生》（1814年）里，称加里奇为"伊壁鸠鲁的兄弟"：

> 祝你健康，我的好加里奇，
> 你主张安乐和与世无争，
> 作为伊壁鸠鲁的兄弟，
> 你的心寄托在酒杯中。
> 请把花冠戴在头上，
> 来充当我们的总统，
> 这样，就连帝王自己
> 也将对学生羡慕无穷。①

的确，在许多同学心目中，热情、博学和不拘小节的加里奇，无论在课堂上还是课堂外，都为他们创造了一种伊壁鸠鲁式的享乐主义的环境。普希金在诗中多次写到的同学宴饮作乐，爱情与酒杯的颂歌，跟加里奇的影响是分不开的。普希金在诗中称他为"杯中之物的忠实伙伴""肉欲的业余爱好者"和"学生宴席上的主席"。

普希金在皇村中学所表现出来的"非凡的禀赋"，许多教师都是寄予厚望的。连理科教师卡尔佐夫也知道普希金擅长写诗，才华出众。有一个著名的故事就发生在卡尔佐夫老师的数学课上。那天上数学课，身体肥胖的卡尔佐夫把普希金叫到黑板前，演算一道代数题。普希金踌躇了好半天才用粉笔写出了几个谬之千里的数字。卡尔佐夫最后问道：

"结果到底是什么呢？x等于几？"

普希金心不在焉，笑着回答道：

"等于零。"

---

① 《普希金抒情诗选集》（上），查良铮译，江苏人民出版社1982年版，第41页。

"等于零？好嘛！普希金，我明白了，在你们家，在我们班上，一切都是等于零。"卡尔佐夫无奈地说道，"你还是回到你自己的座位上写你的诗去吧！"

卡尔佐夫老师说得不错，普希金只能是一个诗人。伊·普希钦回忆说："我们都有目共睹，普希金胜于我们，他读了许多我们闻所未闻的书籍，而且，他过目成诵。""他是我们的诗人……（他）后来总是积极参加学校一切杂志的工作，即兴创作所谓的民谣，写些嘲讽大家的短诗，等等。自然，他成了文学运动的首领（先是在校内，后来在校外，在当时的某些莫斯科刊物上）。"①

普希金的另一位同学，后来也成为诗人的安·杰尔维格（1798—1831年），在一首写给普希金的诗中这样预言：

普希金在森林里也无法隐藏，
嘹亮的竖琴会把他的名声播扬。
阿波罗会把他从人间
送到欢腾的奥林匹斯山上。②

还有一位同学谢·科莫夫斯基（1798—1880年），也清晰地记得普希金在皇村时的学习情景："不仅课余在休息大厅休息，或在皇村景色迷人的花园里散步的工夫，而且往往在课堂上，甚至在祷告的时候，他的脑海里都会涌现出诗人的幻想，这时，只见他的脸色忽而阴沉，忽而明朗，而这则取决于灵感来临时他脑海里思索的问题。一般说来，他更多地生活在

---

① 伊·伊·普希钦：《记普希金》，见《伟大诗人普希金》，冯春、张勉、侯华甫等译，上海译文出版社1989年版，第49—50页。

② [俄]切尼科夫：《欣悦的灵魂·普希金传》，曹世文、宿瓦林、曹明译，湖南文艺出版社1993年版，第6页。

幻想的世界中。他随时随地,只要一有可能便把自己的念头扼要地写在纸上,更经常的是在上数学课时;由于对数学不耐烦,他通常咬着钢笔,皱眉蹙额,撅着嘴巴,目光炯炯有神,默默地读着写就的诗作。"①

　　普希金对自己的诗歌写作才能也很自信。

　　……在那里,我的爱情和激情一同奔涌,
　　在那里,我的童年和最初的青春水乳交融;
　　在那里,大自然和理想把我哺育,
　　我体会到了诗歌、欢乐和宁静……

　　他这样写道。他告诉杰尔维格说:

　　从幼年起,诗魂就在胸中激荡,
　　我们都体验过那奇异的热情;
　　从幼年起,两个缪斯朝我们飞翔,
　　她们的爱抚甘美了我们的宿命。②

　　这个诗神的宠儿、天才的歌手,智慧和诗情都在缪斯的荫庇下交互滋生。他在皇村中学里留下了自己最早的一批诗篇。

　　我们从他1815年写在皇村里的一小部分日记里可以发现,这位少年诗人当时已经有着多么强烈的创作热情和多么庞大的写作计划。且看他12月10日这天的日记:

　　12月10日。

---

①　谢·德·科莫夫斯基:《回忆普希金的童年》,见《伟大诗人普希金》,冯春、张勉、侯华甫等译,上海译文出版社1989年版,第28页。

②　《普希金抒情诗选集》(下),查良铮译,江苏人民出版社1982年版,第121页。

昨天写完了《法塔姆，或人的智慧：天赋权利》的第三章。斯·斯读了这一章，晚上跟同学们在大厅里吹熄了蜡烛和灯盏。一位哲学家的极好工作！——早晨读《伏尔泰的生平》。

　　动笔写一部喜剧——不知能否完成。过两天想着手写讽刺长诗《伊戈尔和奥列格》，写了一首讽刺……短诗……

　　……

　　夏天我要写《皇村风光》。

　　1．花园风光。

　　2．宫殿。皇村一日。

　　3．早上漫步。

　　4．中午漫步。

　　5．傍晚漫步。

　　6．皇村居民。

　　这就是我每天的主要工作内容。但这只是未来的计划。①

　这页日记能保留下来是非常不容易的。但是很遗憾，日记里提到的他在皇村完成的和已经开始写作的许多作品都没保存下来。包括长篇哲学小说《法塔姆，或人的智慧：天赋权利》和喜剧《哲学家》及讽刺长诗。

　　普希金皇村时期保存下来的最早的诗作是写于1813年的《给娜塔丽亚》，一首以当时流行的情书的笔调写就的"拟情诗"。而公开发表的第一首诗则是刊登在1814年的《欧洲通报》半月刊上的《致诗友》。当然，他在皇村时期留下的最有影响的作品就是写于1814年的《皇村回忆》了。普希金说过，这首诗是加里奇老师鼓励他完成的。

　　那是在1815年1月8日，皇村中学升级考试的考场上。学校请来了许多

---

①　卢永选编：《普希金文集》第七卷，张铁夫、黄弗同、刘文娟等译，人民文学出版社1995年版，第475—476页。

客人旁听，内务大臣亲自兼任评审委员会主席。德高望重的老诗人杰尔查文也光临了考场。普希金的父亲和伯父瓦西里也坐在客宾席上。普希金后来对这个异常难忘的、对他的一生来说极其重要的日子做过详尽的描述。他说："我一生只见过杰尔查文一面，但我终生难忘。那是在1815年皇村中学公开会考的考场。听说杰尔查文将出席那次活动，我们都十分激动。杰尔维格走到了坪台上等他，想吻一下他那只写过著名诗歌《瀑布》的手。最后，杰尔查文终于来了……杰尔查文显得老态龙钟，他身穿军服，足登软底靴。考核工作使他显得十分疲劳。他坐在那里，一只手托着头，满脸皱纹，看不出是什么表情……直到俄国文学答辩开始。这时，他醒了，两眼放光，似乎完全变成了另外一个人。当然，我们是在朗诵他的诗作，然后进行分析，并加以赞扬。他十分仔细地听着。后来，轮到我了，我站在离杰尔查文两步远的地方朗读我的《皇村回忆》……"①

在普希金声情饱满得有点夸张地朗诵自己的诗作的时候，老诗人一直在神情贯注地倾听着，仿佛生怕漏听到任何一个字。他的目光变得更加明亮，而且还分明闪烁着惊奇的光彩。

沉郁的夜的帷幕
悬挂在轻睡的天穹；
山谷和丛林安息在无言的静穆里，
远远的树丛堕入雾中。
隐隐听到溪水，潺潺地流进了林荫，
轻轻呼吸的，是叶子上沉睡的微风；
而幽静的月亮，像是庄严的天鹅
在银白的云朵间游泳。

---

① [法]亨利·特罗亚：《普希金传》，张继双、李树立、董爱春译，世界知识出版社1992年版，第86页。

少年诗人在描绘了一番皇村的秀丽的自然景色之后，便转向了对自己的祖国俄罗斯的苦难历史的回顾与颂扬。他的诗句豪迈而又沉郁，他的激情在俄罗斯的血与火的原野上飞翔。他高声地朗诵着，心中似有海潮奔涌：

在俄罗斯的广阔的田野
像急流，驰过了敌人的铁骑。
一片幽暗的草原躺在深沉的梦中，
土地缭绕着血的热气。
和平的村庄和城市腾起黑夜的火，
远远近近，天空披上了赤红的云裳，
茂密的森林掩遮着避难的人民，
锄头生了锈，躺在田野上。

敌人冲撞着——毫无阻拦，
一切破坏了，一切化为灰烬。
别隆娜的危殆的子孙化为幽灵，
只有结为空灵的大军。
他们或者不断落进幽暗的坟墓，
或者在森林里，在寂静的夜晚游荡……
但有人呐喊！……他们走向雾迷的远方！
听那盔甲和宝剑的声响！……

战栗吧，异国的铁骑！
俄罗斯的子孙开始行进；
无论老少，他们都起来向暴敌袭击，

复仇的火点燃了他们的心。
　　战栗吧，暴君！你的末日已经近了，
　　你将会看见：每一个士兵都是英雄；
　　他们不是取得胜利，就是战死沙场，
　　为了俄罗斯，为了庙堂的神圣。

　　普希金后来说，自己当时的精神状态真是"难以描绘"。一种庄严神圣的激情在他胸中鼓荡，他仿佛感到了自己作为一个俄罗斯人的伟大、英勇和自豪。他的声音有些颤抖，蓬乱的鬓发仿佛正在燃烧的火焰，犀利的目光恍若原野上空的闪电一样。他几乎是忘记了在场的所有人的存在，而沉湎在自己的激情之中。

　　莫斯科啊，栉比的高楼！
　　我祖国之花而今在哪里？
　　从前呈现在眼前的壮丽的都城，
　　现在不过是一片荒墟；
　　莫斯科啊，你凄凉的景象使国人震惊！
　　沙皇和王侯的府邸都已毁灭，消失，
　　火焚了一切，烟熏暗了金色的圆顶，
　　富人的大厦也已倾圮。

　　在诗中，普希金既颂扬了为了俄罗斯而英勇出征、战死沙场的勇士们，也表达了自己反对奴役、追求自由、珍视祖国的荣誉的思想。同时也按照当时进步的贵族知识分子一致的看法，对亚历山大一世等"当代英雄"们给予了好评。在这首诗的结尾，他还特意对心仪已久的大诗人杰尔查文表达了自己的崇仰之情：

啊，俄罗斯的灵感的歌手，

你歌唱过浩荡的大军，

请在友人的围聚中，以一颗火热的心，

再弹起你的铿锵的金琴！

请再以你和谐的声音把英雄们弹唱，

你高贵的琴弦会在人心里拨出火焰；

年轻的战士听着你的战斗的歌颂，

他们的心就沸腾，抖颤。①

杰尔查文自始至终都被少年诗人的声情并茂的朗诵感动着，听得如痴如醉。当他听完普希金朗诵完最后一节时，脸上已是老泪纵横了。他颤抖着站起身来，伸出双手，想要去拥抱普希金似的，嘴里还不停地嘀咕着："我还没有死，我还活着！活着！……"

普希金回忆说："我当时的精神状态难以描绘。在我读到写有杰尔查文名字那一段时，我的青春的嗓音颤动起来，我的心脏在欢乐地怦怦直跳。我已无法忆起我是如何结束朗诵以及怎么逃走的了。当时杰尔查文沉浸在狂喜之中，他呼叫我的名字，想拥抱我……他们派人到处找我，但我藏身的地方他们无法找到……"②

当晚，大臣举办宴会，招待光临皇村中学考场的贵宾。普希金的父亲也应邀出席了宴会。席间，大臣激动地对普希金的父亲说："如果您允许，我想教贵公子学习写散文。"杰尔查文听了这话，连忙说道："不！您还是让他作诗人吧！您知道他是谁吗？他就是我——杰尔查文的接班人！"

---

① 《普希金抒情诗选集》（上），查良铮译，江苏人民出版社1982年版，第54—61页。

② [法]亨利·特罗亚：《普希金传》，张继双、李树立、董爱春译，世界知识出版社1992年版，第88页。

杰尔查文说的一点不错，普希金这位才华出众的少年诗人正是以俄国诗歌的优秀传统的天才传承者和革新诗人的双重面貌出现在皇村的。当《皇村回忆》这首诗被人送到当时最有名的杂志《俄罗斯文物》发表时，编辑特意在诗末加了一个附言说："为向读者奉献这份厚礼，我们应该感谢青年诗人的双亲。小诗人才能卓绝，前途无量！"

一颗耀眼的诗坛之星，升起在皇村校园的上空——不，升起在整个俄罗斯文学的星空之上了。而且一旦升起，便光华璀璨，永不坠落。

通常，当一颗光华夺目的文学巨星一旦升起在自己的时代或世纪的苍穹之时，世人往往只注目于这颗巨星本身的光焰和亮度，而对于巨星背后的天空和云彩，以及这颗巨星究竟是怎样升起，而后又是怎样进入自己运行的轨道的，等等，却不愿稍加注意。这对于全面地、准确地去认识和理解这颗巨星，未免有些美中不足。

那么，现在就让我们来环顾一下普希金之前的俄国社会生活和文学界背后的天空与云彩吧。

普希金的同学、好友普希钦在回忆录里写过这么一段话：

我们皇村学校的生活是与俄罗斯人民生活的政治时代融合在一起的：当时正酝酿着一八一二年的风暴。这些事件强烈地反映在我们童年时代的生活中。首先，我们欢送了所有近卫军团，因为他们是路经学校门口开赴前线的。他们每次路过，我们总要欢送，甚至在上课时也走出校门，用衷心的祈祷为战士们送行，和亲友拥抱告别。队伍里蓄着胡子的帝国精兵划十字向我们祝福。我们流泪不止！

……

战争一爆发，每个星期天都有亲人带来一些消息。科尚斯基在大厅里向我们大声宣读这些消息。课余时间，报刊室里一直是人头济济，大家争先恐后地阅读俄国和外国杂志，不停地议论和争辩。我们对一切都有强烈的反应：只要战况稍有转机，喜悦立刻就会代替忧虑。教授们时常到我们中间来，教我们怎样观察形势和事变的进展，解释我们所不懂的东西。①

发生在1812年俄国与法国间的这场战争，毫无疑问大大激发了所有俄国人的爱国热情和强烈的民族尊严意识。尤其是1814年3月，亚历山大一世皇帝亲自出征，走进巴黎城，更使俄国人民欣喜若狂，一改以前诋毁亚历山大一世的态度，而称他为"阿伽门农"和"沙皇中的沙皇"。7月底，亚历山大一世从巴黎凯旋回国，皇村中学的师生应邀出席了皇室的欢迎庆典活动。有的同学这样颂扬道："我们的阿伽门农、欧洲的和平战士、击败拿破仑的英雄，他身上闪烁着人类最光辉的尊严。"

普希金对这场卫国战争也是全神贯注的。

波尔金诺的男儿们，库里姆的英雄们，
我看见你们的队伍向战场飞奔，
我振奋的心也随你们飞向前方。

他和皇村的那群热血少年一样，周身涌动着爱国主义和英雄主义的激情。当亚历山大一世从战场归来时，他写道：

欧洲低下苍老的脑袋，
一起对着自由沙皇的膝盖，
因为沙皇已解开了农奴的腰带……

---

① 伊·伊·普希钦：《记普希金》，见《伟大诗人普希金》，冯春、张勉、侯华甫等译，上海译文出版社1989年版，第46—47页。

战争唤醒了青年诗人的强烈的爱国热忱,而与此同时,出现在当时的一批贵族青年中的自由思想者,也直接影响着青年普希金的精神和道德的发展。

普希钦回忆说:"早在身穿皇村学校制服期间,我已是穆拉维约夫兄弟(亚历山大和米哈伊尔)、布尔佐夫、巴维尔·科洛申和谢苗诺夫组成的一个集社的常客。"这个"集社"指当时的贵族青年秘密结成的进步团体"神圣集社"。他们秘密地传播自由的思想,倡导思想解放运动。他们聚在一起讨论各种社会问题,讨论俄国现有的社会制度中的不合理的地方及其罪恶的一面,也讨论他们暗中向往和渴望改变现实的可能性。普希钦说,"这些讨论使我同这个有思想信念的小组十分亲密"。"这个崇高的生活目的很神秘,给我指出了新的使命,因而深深地印入了我的心灵。我在自己的心目中似乎突然有了特殊的意义。我开始更细心地观察生活中火热青春的种种表现,注意我自己,把自己看成一个小小的分子,虽然它无足轻重,但它是迟早将起良好作用的整体的一部分。"事实上,参加这个秘密团体的人,后来都成了著名的十二月党人成员,包括普希钦自己。

这批年轻的思想者和皇村中学的学生们往来频繁,皇村中学因此获得了"自由思想发祥地"的声誉。当时的《北方蜜蜂》杂志的发行人和编辑费·维·布尔加林(1789—1859年),实际上是沙皇特务机关第三厅的密探。他在十二月党人起义后不久,曾向尼古拉一世写过一封告密信,其中说到,"去看望皇村学校的年轻人已成为一种时髦……所有的禁书,所有秘密流传的手稿都集中到那里(指皇村学校)。"自然,他也不能不指出,皇村学校的学生已经开始接受在社会上秘密传播的各种自由思想,学生们的兴趣和谈话都具有了鲜明的"政治倾向"……

普希金头脑里原有的向往自由、追求自由的种子,正好在皇村校园里找到了肥沃的土壤。或者说,普希金作为一个年轻的诗人和思想者的崛起，同整个俄罗斯知识分子的觉醒正好同步。

当普希钦加入了他那个神圣的集社时，他有过这样的想法："我的第一个念头，就是向普希金透露这一秘密，因为他总是与我观点一致地思考共同的事业，并用他自己的方式——口头和书面，写诗撰文——来宣传我们的思想……在最初的感情冲动下，由于我对他有着特殊的情谊，或许我会吸引他参加我们的团体。后来，当我想把这个念头付诸实现的时候，我已不敢对他公开秘密了，因为这个秘密不属于我个人，只要稍有不慎，就会毁灭整个事业。他的性格易于冲动，变化无常，并和一些不可靠的人接近，这使我感到害怕……"[①]

普希金虽然没有加入普希钦们的团体，但他所向往和追求的东西却是和普希钦们相一致的。他是在用他自己的方式——写诗，接近那个"美好的目标"。同时，他也有着自己的交往圈子：他和驻扎在圣彼得堡的一些青年军官如彼·亚·恰达耶夫（1794—1856年）等，保持着亲密的联系。恰达耶夫是驻扎在首都的骠骑兵团里的青年思想家里的核心人物。他年轻，有知识，对英国文学、哲学，对法国怀疑主义学派等都有自己的系统的见解。他也很欣赏普希金的才华，称普希金是"逍遥派哲学家"。渐渐地，恰达耶夫几乎成了这一时期青年诗人的"精神领袖"。他与普希金的多次谈话，给青年诗人的精神世界注入了强劲的季风，扩展了普希金的思想视域。诗人崇拜着恰达耶夫。在这位年轻的思想家的影响下，他渐渐明白，写诗绝不仅仅是一种消遣，而是一种工作，一种庄严神圣的事业。

普希金读过不少法国启蒙派的著作，向往自由、平等的世界，却也未曾想过把这种理想在俄国付诸行动。而恰达耶夫们显然正在想把自由平等的理想之火燃遍俄国，用自己的行动重新安排祖国的命运。这使普希金觉得，这些"骠骑兵"不仅是戴着头盔在出征，而且还"把灵魂藏在了头盔

[①] 伊·伊·普希钦：《记普希金》，见《伟大诗人普希金》，冯春、张勉、侯华甫等译，上海译文出版社1989年版，第68页。

下"，挥舞着思想的长剑在战斗。恰达耶夫后来加入了十二月党人北方协会。普希金在1818年所写的著名诗篇《致恰达耶夫》就曾以手抄本的形式流行，在十二月党人中起过极大的鼓舞作用。

>……
>然而，我们还有一个意愿
>在心里燃烧：专制的迫害
>正笼罩着头顶，我们都在
>迫切地倾听着祖国的呼唤。
>我们不安地为希望所折磨，
>切盼着神圣的自由的来临，
>就像是一个年轻的恋人
>等待他的真情约会的一刻。
>朋友啊！趁我们为自由沸腾，
>趁这颗正直的心还在蓬勃，
>让我们倾注这整个心灵，
>以它美丽的火焰献给祖国！
>同志啊，相信吧：幸福的星
>就要升起，放射迷人的光芒，
>俄罗斯会从睡梦中跃起，
>而在专制政体的废墟上
>我们的名字将被人铭记！[①]

普希金虽然只是一位诗人，但是"在对待共和国这一共同事业上"，

[①] 《普希金抒情诗选集》（上），查良铮译，江苏人民出版社1982年版，第288—289页。

普希钦说，"我们的看法总是一致的。"伴随着整个俄国的觉醒，一个伟大的诗人的生涯也已经开始。

别林斯基（1811—1848年）曾把19世纪头十年的俄国文学命名为卡拉姆津时期。事实上，在卡拉姆津之前，长期统治着俄罗斯文学的古典主义，业已趋于没落。虽然还有一些作家在维护着古典主义的传统，但以卡拉姆津为首的感伤主义的出现，从根本上否定了古典主义僵化呆板的艺术观点，而注重作家在作品中体现个人的创作个性，同时在语言上也倡导一种自由、开明和接近口语化的文风。别林斯基又认为，卡拉姆津对俄罗斯文学有着积极的影响，但这一时期也只不过是向浪漫主义过渡的一个时期。俄国文学真正的新时期，是在1812年的卫国战争之后，以茹科夫斯基为代表的浪漫主义诗歌的出现。

瓦·安·茹科夫斯基被文学史家公认为卡拉姆津和西方感伤主义文学的真正继承人之一。他在诗歌创作上的最大功绩，是他对抒情诗中的"我"的张扬。他注重心灵感受的自由抒发，强调诗歌的想象力和抒情性，讲究对人的感受，对诸如爱情、友谊、忧郁、幻想等感性的抒情性描绘。茹科夫斯基的诗歌，直接影响着19世纪最初的十年里开始进入诗坛的新人们的创作，其中就包括亚历山大·普希金。

皇村中学的许多少年都爱上了诗歌。他们这样互相鼓励着："亲爱的朋友，就这样，我们想享受一下俄国文学的曙光，我们望着天才诗人茹科夫斯基、克雷洛夫（1769—1844年）等的茁壮成长，感到赞叹不已。当然，有时揭开一下历史的面纱也并非坏事。看一眼我国古代诗人的作品也是有益的，诸如罗蒙诺索夫（1711—1765年）、科拉斯科夫（1733—1807年）、杰尔查文和德米特里耶夫的作品。那里面有许多珍宝，谁都可以去吮吸。看看外国作家的作品也是件好事，我们的父辈就是外国作家的弟子。学习一下拉辛、伏尔泰和德利尔，借鉴一下他们那难以模仿的艺术手法来提高我们的民族诗歌也是有益的。"①

普希金也正是从这样一个诗歌环境里站立起来的。他比他的所有同学写得都多、都好。他给茹科夫斯基写信道:

> 祝福我吧,诗人!……在巴纳斯的庙宇
> 我对着缪斯,颤栗地跪倒双膝,
> 我怀着希望飞上了危险的途径,
> 菲伯为我抽卦签,竖琴是我的命运。
> ……
> 不,不!我决定了——不怕危难的途径,
> 我对未来已充满了大胆的信心。
> 不朽的创作者啊,诗园的后继,
> 你们给我指出了朦胧远方的标的,
> 我要凭勇敢的幻梦向"不可知"飞翔,
> 似乎你们的精灵正掠过我头上!②

普希金的名声随着他的一首首抒情诗飞出了皇村,而进入俄国文坛。他赢得了茹科夫斯基、巴丘什科夫和维亚泽姆斯基(1792—1878年)的喜爱和赞赏。1815年9月,茹科夫斯基写信给诗人和批评家维亚泽姆斯基说:他(指普希金)是我国文学的希望……我们应该齐心协力帮助这位未来的巨人成长,他一定会超过我们所有人的。

在皇村,普希金大约创作了120首诗歌。1817年3月,在他毕业前夕,

---

① [法]亨利·特罗亚:《普希金传》,张继双、李树立、董爱春译,世界知识出版社1992年版,第73页。

② 《普希金抒情诗选集》(上),查良铮译,江苏人民出版社1982年版,第187—188页。

他选择了其中36首，编成了自己的第一本诗抄：《亚历山大·普希金诗集，1817年》。别林斯基后来这样评价这些诗作道：普希金中学时代的诗作很重要，这不仅可以让我们同他后来的诗作进行比较，看到他在诗歌方面的迅速进步和成长的过程，而且，更为重要的是，这些诗把普希金同以前的诗人联系在一起。

普希金的这些诗作风格多样，其中有杰尔查文的古典风貌，有卡拉姆津的感伤主义情调，有茹科夫斯基的浪漫和神秘，也有巴丘什科夫式的戏谑与俏皮……更重要的是，他在综合吸收前人和同代人的艺术精华的基础上，开始"走自己的路"了，那就是，他越来越注重对大自然、对俄罗斯现实生活的关注和描绘，他的诗正在明显地朝着自由、犀利的现实主义方向发展。他在《鲍娃》一诗中如是写道：

要让所有的人都能看懂我的诗，
下到平民百姓，上到帝王至尊。

他眼前的现实世界越来越清晰和明朗起来。"别离就在眼前，人世的遥远的喧声向我们招呼；每人望着前面的道路，不禁激动于骄傲的青春的梦想……"他这样告诉他的少年同学。

在创作的同时，普希金也贪婪地阅读着能够看到的一切书籍。普希钦说他"读了许多我们闻所未闻的书籍"，一点也不夸张。我们从他皇村时期的许多诗篇中，可以看到他也许是无意中罗列或引用的许多外国大师的名字和作品，他们包括文学家、哲学家、历史学家等。在写于1815年的《小城》一诗中，他就列举并评议了自己所喜爱的十多位外国作家，包括伏尔泰、维吉尔、拉辛、卢梭、莫里哀、巴尔尼等。他写道：

在简陋的书架上头

盖着薄薄的丝绸,
他们和我日夕相处。
一些情词滔滔的歌手
和幽默的散文家汇簇,
都在这儿站得齐楚。①

　　他一一地打量和评论着他们:从外国经典作家到自己祖国的一代代著作家;从他崇拜的大师到当代人中使他觉得可笑的蹩脚文人……他指点江山而激扬文字,既有所吸纳更有所扬弃。他写道:

哦,你们,在我的幽居,
我所喜爱的作家!
从现在起,请占据
我恬适无忧的闲暇。
我的朋友,我整天
都和他们凝神相聚:
有时在思维中沉湎,
有时被自己的思绪
飘浮到极乐园去。

　　他记着卡拉姆津有一次对他说过的话:"要像雄鹰那样翱翔,切勿在飞翔中停止不前。"他陶醉在从历史的长河里涌起的最迷人的浪花里。他在广阔的文化的河流上掬起一捧捧清清的活水。他被卷进人类最美的书籍的洪流之中了。

---

① 《普希金抒情诗选集》(上),查良铮译,江苏人民出版社1982年版,第73页。

同时，通过茹科夫斯基的介绍，普希金以一位少年诗人的身份加入了"阿尔扎马斯社"，和茹科夫斯基、维亚泽姆斯基、巴丘什科夫（1787—1855年）等当代进步作家一道，以文学社团的方式，同主张复古的"俄罗斯语言爱好者座谈会"的成员进行了激烈的文学论争。年少气盛的诗人写出了自己的第一篇试作性的评论《我对沙霍夫斯科耶的看法》（1815年）。在这篇短评中，普希金毫不含糊、简洁有力地指出了沙霍夫斯科耶的喜剧的肤浅与平庸，因而断定这位作家只能是一个"蹩脚"和"糟糕"的作家。真是"初生牛犊不怕虎"，茹科夫斯基欣喜地说：普希金仿佛是上帝给他送来的"最心爱的孩子"。

就是这个孩子，不久就要成为俄罗斯诗坛的一颗真正的太阳！

现在，他正在冲破四周的云彩，努力地射出自己的光芒。他已经跃出了皇村中学的地平线。他已经具备了喷薄而出的能力。

"当冥想的日子飞逝了，烦嚣的世界把我们唤去……"普希金渴望飞出皇村的时刻就要到来，六年的皇村生活就要结束了。校园弦歌已经奏起别离的主题：

> 再见吧！无论我在哪里；无论是处于
> 沙场的战火，或故乡平静的溪岸，
> 我都会忠于神圣的友谊。

他在《别离》（1817年）中这样写道：

"与友好的大家庭分别，心情是沉重的，虽然这次分别将是我们久已盼望的新生活的开端，而未来又是那么令人神往和神秘莫测。"普希金的好友普希钦也这样写道：

等有一天，你看到我在某一时期
所写的这闭合的一页，
你会为甜蜜而强烈的幻想浮起，
暂刻地飞往皇村中学。
……
我的朋友，它去了……但早年的友情
并不只缔结于游戏的梦。

普希金在普希钦的纪念册上唱着壮行的骊歌。1817年6月9日，皇村中学举行了首届学生毕业典礼。普希金的毕业证书上这样记录着这位名列第十九名的毕业生的学业成绩：

皇村皇家中学学生亚历山大·普希金，在本校学习六年，学业成绩如下：宗教教育、逻辑学、哲学、法学（包括公法和私法）、俄罗斯法、民法和刑事法，成绩良好；拉丁文、政治经济学、财政法，成绩优秀；俄罗斯文学、击剑术，成绩特优。另外，在校期间，他还学习了历史、地理、统计学、数学和德语。为此，皇家中学教务委员会同意他按时毕业，并颁发此毕业证书。本毕业证书盖章有效。

根据俄国的行政等级，他获得了相当于陆军中尉或海军中尉的中学秘书的职衔。几天之后，他被分配到外交部任职，为十品文官。这一年他十八岁。一同分到外交部的还有同学普希钦、罗蒙诺索夫等。

第二章　从彼得堡到高加索

1817年6月15日，普希金正式到外交部宣誓就职。他原想去部队服役，像他的精神领袖恰达耶夫那样当一名骠骑兵军官的。但他的父亲不同意他这样做。就职之后，他获得了三个月的假期。他曾在1824年写的一份自传片断里叙述道："中学一毕业，我几乎马上就回到了普斯科夫省母亲的领地。我还记得那乡间生活，那俄罗斯浴、草莓和其他趣事叫我欣喜若狂。但我并没有流连忘返。我当时喜欢、至今仍然喜欢的是喧闹之声和来往的人群……"

他在米哈依洛夫斯克村度过了一段短暂的乡村生活，并且结识了邻村三山村伍尔夫·奥西波夫一家。这家的女主人是一位颇有教养和学识的女性，酷爱德国文学、法国文学和英国文学。年轻的诗人对她和她的两个女儿产生了非常亲密和缱绻的感情。

再见吧，三山村，多少回
欢乐和我在这里聚首！
难道我尝过你们的甘美
只为了永远和你们分手？
我要从你们带走记忆，

而把我的心留在这里。

也许（啊，甜蜜的梦想！）

我会重来这一片田庄，

再在那菩提树荫下行走，

再登上三山村的石坡，

全心皈依和蔼的自由，

皈依智慧、优雅和欢乐。①

当他离开三山村时，他留下了《"再见了，忠实的树林"》等诗篇。许多年后，他果然又重踏三山村，再次拜访女主人奥西波娃（1781—1859年）和她的女儿们。

8月底，他回到了彼得堡。彼得堡像一个"花花世界"，吸引着风流倜傥的青年诗人。普希金的弟弟回忆说，这时候的普希金，"尽情享受青春的欢乐，无拘无束地生活着。他时而迷恋着偌大的上流社会，时而沉醉于喧嚣的酒宴，时而热衷于幕后的秘密。他贪婪而疯狂地沉湎于种种欢乐之中。他的交际非常广泛，结识的人也是各种各样的"。②

他在尽情地翻阅着彼得堡整个社会这部大书，不放过它最美丽或最丑恶的每一页。他出入戏院和剧场，和许多女演员打得火热；他是历史学家、考古学家和公共图书馆馆长阿·尼·奥列宁（1763—1843年）的颇有盛名的沙龙里的常客，他在这个沙龙里结识了同时代的许多诗人、画家、音乐家和科学家；他去最下等的酒馆里饮酒作乐，和各种各样的女性调情；而同时，他的文学声誉和个人声誉也与日俱增。彼得堡的青年都会朗诵他的诗，同时也知道关于他的一些趣闻和艳事……

---

① 《普希金抒情诗选集》（上），查良铮译，江苏人民出版社1982年版，第244页。

② 列·谢·普希金：《亚·谢·普希金一八二六年前生平介绍》，见《伟大诗人普希金》，冯春、张勉、侯华甫等译，上海译文出版社1989年版，第18页。

不要以为他在彼得堡的这些日子是无忧无虑的。不，这一时期也是他在精神上迅速发展的时期，他正在走向一条独立思想的道路。

还在皇村中学时，他就参加了"阿尔扎马斯社"的文学活动，成为以茹科夫斯基等人为首的俄罗斯新文学的捍卫者，并向文学保守派的"俄罗斯语言爱好者座谈会"的先生们开过火。当"阿尔扎马斯社"体面地结束自己的历史之后，他又受到另一个文学社团——以雅科夫·托尔斯泰（1791—1867年）等为首的"绿灯社"的欢迎。这个社团里的成员有近卫军军官、骠骑兵战士，也有一些文化人，如普希金的同学、诗人安·杰尔维格（1798—1831年）等。普希金很快成了这个社团的灵魂。他写信给皇村学校校长英日哈尔德说：

在那里说话可以随心所欲，

有傻瓜，也有名副其实的恶棍。

有天上的王子和职业仆役，

有时也把人间的王子谈论。

这些社团的最大意义是培养了普希金的政治热情。他卷入了整夜整夜的政治讨论之中，热衷于听取各种政治秘闻。但他毕竟只是一位诗人，而不是职业政治家。他一直被那些"秘密组织"拒之门外。理由很简单，正如在皇村时普希钦说过的那样，他那变幻莫测的暴烈性格，又经常同一些靠不住的朋友来往，都叫人担心。

当时的俄国，大致已经形成两个互相敌对的政治阵营：一是反动的农奴制及其拥护者们；一是以十二月党人为首的革命青年。

还是在18世纪末，法国的资产阶级革命就已经揭开了欧洲的新纪元。欧洲的革命风云和1812年俄国的卫国战争，也唤醒了俄罗斯人民的政治觉悟和民主意识，资本主义关系在俄国也迅猛发展，农民起义持续不断，顽固的封建农奴制度进入了政治和经济的全面危机。但是曾经在欧洲面前扮演过自由派沙皇角色的亚历山大一世却在俄国人民面前撕下了伪装，公开推行维护反动的农奴制的政策，大肆镇压一切自由主义的改革者。这时的亚历山大一世不再是普希金曾歌颂过的"阿伽门农"了，而是变成了一个真正的"暴君"。由一批先进贵族青年思想家和革命者组成的著名的十二月党人，正是在这样一个黑暗专制的历史时期勇敢地站了出来。十二月党人的使命就是为整个俄罗斯人民争取民主和自由。他们也清醒地认识到了，这项正义而庄严的事业是具有世界历史意义的，是整个19世纪的任务。整个世界的为了自由和人的权利而斗争的浪潮，鼓舞着十二月党人。"把人民从压迫它的奴役制度下解放出来的时候业已到来，当事关拯救祖国，而祖国的幸福和变革又取决于我们对自由的热爱的时候，难道在真正的卫国战争中立下如此辉煌的战绩的俄国人民，把欧洲从拿破仑的铁蹄下解放出来的俄国人，不能挣脱自己身上的枷锁，满怀崇高的激情吗？"一位十二月党人这样说道。不仅十二月党人怀有这种崇高的理想和使命，二十年代的俄国青年中的许多秘密的政治团体，都是以传播自由的火种为己任，以同黑暗的专制制度和残酷的农奴制度进行斗争为宗旨的。

普希金的同学、好友普希钦在皇村时就是这样的一个秘密团体的成员。但他一直也是对普希金保密的。他和朋友们都承认和欣赏普希金的才华，也相信普希金的精神世界里充满了热爱自由的思想和渴望斗争的热情，但他们也不能不考虑到，普希金的自由、散漫和稍欠严肃的诗人作风，很难符合他们的秘密组织的要求。普希金可以成为革命的密友，但不适合当职业革命家。他们考虑再三，决定让这个自由的歌手还是在组织之外独来独往，继续做一个"自由射手"为好。

普希金似乎也敏感地觉察到了什么，多次怀疑到普希钦有什么事瞒着他。"对此，我只好尽可能回避他提出的问题，安慰他说，虽然他没有参加任何他所想象的团体，但为了美好的目标，他本人正在发挥极好的作用。"普希钦回忆说，当时到处都在传抄着和背诵着他的《乡村》《致恰达耶夫》《自由颂》《童话——圣诞节之歌》和其他含有同样思想的短小作品，没有一个活着的人不知道他的诗歌。

是的，普希金虽然没有进入某一个秘密组织，但他一直是在外围用他的诗歌在发挥着同样的作用。他这一时期的政治抒情诗锋芒毕露，风行一时，在首都的先进的爱国的青年中流传着。他的弟弟也承认说："青年们都在背诵他的诗。"这些诗是普希金这一时期的自由宣言，是他的政治立场的诗体的表白。有人甚至称《自由颂》等作品是十二月党人时期俄国政治抒情诗中最优秀的作品之一。

> 来吧，把我的桂冠扯去，
> 把娇弱无力的竖琴打破……
> 我要给世人歌唱自由，
> 我要打击皇位上的罪恶。
> ……
> 战栗吧！世间的专制暴君，
> 无常的命运暂时的宠幸！
> 而你们，匍匐着的奴隶，
> 听啊，振奋起来，觉醒！
> ……
> 接受这个教训吧，帝王们：
> 今天，无论是刑罚，是褒奖，
> 是血腥的囚牢，还是神坛，
> 全不能作你们真正的屏障；
> 请在法理可靠的荫庇下
> 首先把你们的头低垂，

如是，人民的自由和安宁

才是皇座的永远的守卫。①

　　这首写于1817年的《自由颂》是在十二月党人尼·伊·屠格涅夫家里完成的。普希金希望专制制度早日结束它的罪恶，而代之以公正的法理和自由。他反对暴政，主张全社会能有一个公正的法律来支配。他的思想显然比较温和和天真。他暂时还没有认识到俄国社会中存在的尖锐的阶级对立和阶级斗争。这一点，一直要到他生命的最后几年才能认识到。现在，他还只是一个伟大的自由主义者，一个高声痛斥专制和农奴制的残暴与丑恶的、具有自由主义思想的诗人。在这一点上，普希金和真正的革命者、十二月党人领袖之一的诗人雷列耶夫（1795—1826年）相比尚有距离。雷列耶夫们明确表示：在专制者和奴隶之间，在沙皇和人民之间，不存在任何妥协与法理。革命只能是整个俄国的人民起来，用暴力推翻沙皇的统治，让人民掌握政权。

　　这，也正是普希金还没有成为十二月党人而只是一个"十二月党人派"诗人的原因吧。好在他的诗表达了当代所有先进青年的心声，是人民反抗农奴制情绪的代言人，所以他的诗在人民中间广泛流传。他已经成为当代公认的偶像诗人，虽然他还只有二十岁。倒是普希金自己，对于大众对他的诗的欢迎，颇为清醒地说道："他们是把一切勇敢的话语和所有具有反抗精神的作品都算在我的头上了。"

　　普希金在这一时期——从1817到1820年住在彼得堡拿着十等文官的俸禄的时期，所写的作品主要就是这些具有尖锐的政治性和热情的号召力的政治抒情诗。他在《童话——圣诞节之歌》里，对亚历山大这个"游荡的暴君"极尽讽刺挖苦：

---

① 《普希金抒情诗选集》（上），查良铮译，江苏人民出版社1982年版，第251—255页。

> 听着，俄罗斯的臣属，
> 现在，全世界无人不知：
> 普、奥两军的双料制服
> 我已经给自己缝制。
> 庆幸吧，子民：我饱满，肥胖，愉健，
> 报界到处唱我的赞歌，
> 我又吃，又喝，又允诺，
> 虽然不管能不能兑现。①

他在《乡村》中描绘俄罗斯农民苦难的生活和农奴主的骄奢与残暴，并且期待着"在我们的国土上看见开明和自由的美丽曙光升起"。在《致恰达耶夫》里，他也尽情地表达了自己那个燃烧的意愿：

> 同志啊，相信吧：幸福的星
> 就要升起，放射迷人的光芒，
> 俄罗斯会从睡梦中跃起，
> 而在专制政体的废墟上，
> 我们的名字将被人铭记！②

他的这些火焰般的诗句大多是以手抄本的形式在彼得堡的先进贵族间传抄着。这不能不引起沙皇的恐慌。尼·伊·屠格涅夫也曾对朋友们说，这些诗"叫人担心"，就因为隔墙有眼，甚至有耳。事实上，普

---

① 《普希金抒情诗选集》（上），查良铮译，江苏人民出版社1982年版，第283—284页。

② 《普希金抒情诗选集》（上），查良铮译，江苏人民出版社1982年版，第288—289页。

希金的诗早已引起亚历山大一世的恼怒和惊惶。他对皇村学校校长说："普希金使俄国充斥着煽动性的诗歌，所有的青年都把这些诗背得烂熟。真应该把普希金流放到西伯利亚去。"那些日子，普希金的行动的确也受到了警察局的监视。沙皇准备把诗人流放到西伯利亚去的消息也在彼得堡流传开了。

卡拉姆津在一封信上写道："在诗人普希金头上笼罩着的，如果不算是暴风骤雨般的乌云，至少也是一片相当吓人的灰云。"卡拉姆津说得不错，沙皇的确是准备严惩普希金，把他流放到西伯利亚去的。只是由于诗人格林卡（1786—1880年）、卡拉姆津和茹科夫斯基，以及皇村校长英日哈尔德和恰达耶夫等人的斡旋和说情，才使亚历山大一世改变了主意，决定把普希金放逐到南俄边疆地区去。

1820年5月6日，《自由颂》的作者带着一千卢布的旅费和外交大臣开具的一封长长的介绍信，离开了声色犬马和乌烟瘴气的彼得堡，启程去南方。这封介绍信是写给南部侨民管理处的英左夫（1768—1845年）将军的。他将为这位被逐出首都的诗人找一个饭碗。介绍信是经过皇帝批准的公文，但也是颇有趣的史料。引录如下：

前皇村中学毕业生、亚历山大·普希金先生新近调到外交部任职，他将荣幸地将此信交给阁下。将军，此信将这位年轻人托付在您的监护下，请给予关照和保护。

兹将他的有关情况介绍如下：

普希金的童年充满了悲伤。由于缺乏对父母的留恋，十分渴望独立生活，他毫无遗憾地离开了家乡。他很早就表现出了惊人的才华。他在中学时进步很快，老师们十分钦佩他的才智，但对他的个性却没有足够的重视。

他怀着丰富的想象力来到了社交界，但由于我们的教育缺乏经验，普希金的内心感情脆弱而不够完整。而只有内心感情完整的人才会有原则性。

这个不幸的青年人什么事儿都敢干，就像他凭借出类拔萃的才智，什么成就也可以做出一样。

他写的诗歌使他颇有名气，为他赢得了不少体面的朋友，但也使他犯了严重的错误。是朋友们挽救了他。如果为时不晚，如果他准备照朋友所说的走下去，他还是会有救的。

他有几首诗，特别是那首《自由颂》引起了政府的关注。

这一构思巧妙、题材新颖的诗作表明，他从学校吸取了一些危险的原则，确切地说，是无政府主义原则，即别有用心的人所说的人权、自由和人民独立。

然而，卡拉姆津和茹科夫斯基先生发现这位年轻人走上了歧途，急忙去劝告，让他认识到错误，并保证永远放弃这些主张。要是相信他的眼泪或保证的话，普希金好像已决心改正错误。

另外，他的保护人认为他的悔改是真诚的，让他离开圣彼得堡一段时间，给他一些工作，周围又有好榜样，估计可以把他造就成优秀的国家公仆，至少可以使他成为一流的文学家。

为了满足他们的要求，皇帝同意我给普希金半年薪金，并把他托付给您。将军，他将归您管辖，作为编外人员在您的办公处工作。他的命运将取决于您的良好教导。

请开导他。让他知道自己经验不足；要反复告诫他，光有聪明的头脑而无善良的心地，那将是个致命弱点。无数例子表明，天赋好的人，如不从宗教和道德中寻找避免步入歧途的办法，终将给自己带来不幸，也将给同伴带来痛苦。普希金好像愿意继续外交生涯，并到有关办公室去工作。

我很希望将他留在我身边。但只有通过您的工作，只有您认为他可以回来时才能办到。

您可能没有料到会有这一托付。如果这使您为难，那只好怪您的人缘太好。这一点是人人皆知的。①

作为诗人的普希金，他的彼得堡时期的结束或许可以以他离开彼得堡为时间界线，但就他的作品来说，几乎所有的文学史家都认为，1820年3月问世的他的长诗《鲁斯兰和柳德米拉》，才是他的彼得堡时期结束的标志。这部长诗既总结了他个人早期的创作，同时也成为19世纪初期俄罗斯诗歌的一条分界线。在《鲁斯兰和柳德米拉》问世之后，俄国文学进入了以浪漫主义的胜利为标志的真正的新时期。

《鲁斯兰和柳德米拉》是普希金从1817年还在皇村时就开始动笔，以后又断断续续用了三年时间才完成的。他曾在茹科夫斯基等朋友家里朗读过其中一些片断。茹科夫斯基高兴地赞赏道："多么令人惊叹的天才！多么美妙的诗句！他的天才令我钦羡，像魔鬼一样折磨着我……"事实上，普希金正是在用这首长诗来和茹科夫斯基以神秘主义的笔调写成的长诗《十二睡女》相抗衡的。茹科夫斯基站在和古典主义的斗争中刚刚取得了胜利的立场上，试图用这部幻想性的长诗来把俄国诗歌引向浪漫主义的、具有宗教色彩和神秘主义的领域。普希金以自己的长诗来和茹科夫斯基展开了论辩和竞赛。如果说茹科夫斯基的人物是幻想的、神秘的和"神性"的，那么普希金笔下的人物则是有血有肉、充满了人间烟火气息和情欲色彩的。

他通过对鲁斯兰这个形象的塑造，再现了俄国勇士强悍、勇敢、仁义和爱国等特征，在这个智勇和威武的男子身上，我们看到了那伟大不屈的俄国精神。普希金写的虽然是童话，但却给每一行诗注入了俄罗斯真实的生活气息。他笔下的柳德米拉，也浑身散发着俄罗斯少女热情奔放、渴望

---

① [法]亨利·特罗亚：《普希金传》，张继双、李树立、董爱春译，世界知识出版社1992年版，第163—164页。

爱情和忠于爱情的美德。

> 啊，我的公主多么可爱！
> 我最喜欢她性情温存：
> 多愁善感，文静谦虚，
> 伉俪之情无限忠贞，
> 有点儿轻佻……那又怎样？
> 反倒更加可爱可亲。
> 她随时施展新的魅力，
> 千娇百媚，迷住我们。
> 请问，那厉害的德尔菲拉，
> 怎能和她相提并论？
> 只有她才得天独厚，
> 令人眼花，摄人心魂；
> 她的笑脸和娓娓谈吐
> 都能激起我心中的爱情。①

普希金在柳德米拉身上显然是注入了自己时代的那些热情、纯洁又有些风骚的女性的特征。

普希金写作这部长诗的时候，也正是卡拉姆津的巨著《俄国史》前八卷问世的日子。普希金欣喜地阅读了历史学家的著作，并且对俄罗斯远古的历史产生了浓厚的兴趣。因此，我们从长诗中也不难感到，普希金在再现俄罗斯民族古老的精神的同时，也丰富地展现了这个民族的民间文化风尚。他的那首序歌，有的学者就认为，他是在这小小的篇幅里传达出了俄

---

① 卢永选编：《普希金文集》第三卷，王士燮、余振、查良铮等译，人民文学出版社1995年版，第90页。

罗斯民间文学的最动人的神韵。普希金从俄罗斯的民间故事和歌谣中，吸取了智慧和情愫，并使它们在自己的创作中得到了反响。

长诗问世后，立即引起了文坛的激烈的论争。别林斯基曾兴奋地写道："诗作所激起的热烈欢迎和满腔义愤是任何作品都无法相比的……捍卫这一作品的人把它视为巨著。在很长一段时间里，他们一直颂扬普希金是《鲁斯兰和柳德米拉》史诗的作者。而反对派的代表——那些崇尚古代文风的人对这一作品的问世非常愤慨。诗中没有提到无神论的话，但他们却十分注意这一点。对诗中所表现的优美诗句、理智、审美观和灵感等，他们却视而不见。"[①]这首长诗采用抑扬格四音步韵的格律，在诗句中大量吸收民间文学的典故和语言，赋予了民间文学里常见的主题和形象以新的生命、新的情调。别林斯基认为，"在这部长诗里，一切——诗句、诗意、戏谑、神话的性质和严肃的图景都是新颖的。"

当时的法国作家、历史学家梅里美（1803—1870年）也看到了《欧洲导报》上关于这首长诗的评论。他称赞普希金从民间文学中找到了人民诗歌的源泉，他说："在《鲁斯兰和柳德米拉》一诗中，最引人注目的是，这种尝试从俄罗斯人民的信仰中借来了活力。所以，它不像希腊神话那么陈旧。在1820年那个时代，除此之外，别无他法。传统的偏见认为这一尝试近乎鲁莽。其实普希金是在寻求如何跳出因循守旧的框子。他生活在贵族阶层，但却想了解农民的私生活。"[②]

普希金借鉴民间文学的一些手法和技巧，甚至化用一些俄罗斯古老的故事作为自己长诗的情节，这是许多前辈文学家都曾做过的事情。如伏尔泰写《奥尔良女郎》，汉弥尔顿写的骑士故事，阿利奥斯托写的《疯狂

[①] [法]亨利·特罗亚：《普希金传》，张继双、李树立、董爱春译，世界知识出版社1992年版，第170页。

[②] [法]亨利·特罗亚：《普希金传》，张继双、李树立、董爱春译，世界知识出版社1992年版，第172页。

的罗兰》等。普希金显然是熟读过这些作品的。普希金的作品也是对阅读了这些人的著作之后的感觉的回应。但他一点也不放弃或降低自己的独创性。他在长诗的手稿上也一改再改，不厌其烦。尼·伊·屠格涅夫亲眼见过普希金在病床上写作这部长诗的情景。"爱神把普希金钉在了病床上和诗稿上。"屠格涅夫在1819年2月22日写道。到了8月17日，他又写道："普希金……沉浸在他的诗歌创作之中。他的诗篇几乎全部打好了腹稿，有些段落已经写出。"两天后，屠格涅夫看见"普希金从乡下回来，秃着脑袋，带回了他长诗的第六章"。

亨利·特罗亚写《普希金传》时研究过诗人的手稿。他说，普希金在描写鲁斯兰的对手拉特米尔公爵夜间骑马奔跑的情景时，曾对那几行诗一再推敲，一改再改。初稿上的文字显然是很松散的，没有节奏和韵律：

他在奔跑（在凄凉的岩石中间），
顺着黑色岩石，
（顺着凄凉的洞穴），（上百年的）
穿过死寂的森林，林中雷雨闪电，
在第聂伯河畔……

后来他又修改成这样：

他在长满林木的山石中间奔跑，
长满苔藓的山石，
他举目远眺，找寻（在树丛中）
树林中的藏身之地。

但他仍然不满意，直到出版时才定稿为：

顺着黑色岩石,

我们的公爵举目望去,

想找个夜间安身之地。

亨利·特罗亚在惊讶地研究和欣赏了普希金的这种一丝不苟、对作品近乎是有些"苛求"的修改手稿之后,如此赞叹道:"普希金用这几行文字披露了他创作的神秘所在。一种神奇的热情使他扑向稿纸。音节在他笔下拥挤,韵律跃然而出,排成长列,交迭在一起。一幅幅画面相互交织,相互争斗。写作时他如此匆忙,唯恐丢掉几滴宝贵的金雨,所以他把脑海里出现的一切统统记录下来。有时,他会想到一句诗的音律,但一时找不到恰当词汇,就先空上几个字;有时,他会写下一些与诗句不相称的韵律。这些飞旋在空中的韵律围绕着我们,但我们无法知道他当时的思想。他经常停下写作去干别的事情:起草信函,思考个人琐事,写些随笔短评……。然而,热情一过,灵感就会到来。灵感是明智的、严肃的。灵感审查着黑夜给予他的丰厚礼物,挑选、评价、拒绝或接受,然后再排列整理。诗篇摆脱了涂改的墨迹,一个美好、恬静和明快的作品从即兴之作的混乱中脱颖而出。这位轻率、头脑发热的人为世界奉献了美好、恬静和明快的作品。"[①]传记作家在这里所说的当然不只是《鲁斯兰和柳德米拉》这一篇作品。普希金所有作品的写作状态大致总是这样的。《鲁斯兰和柳德米拉》的问世,把普希金一下子推到了俄国诗坛的首席位置上。

茹科夫斯基在和古典主义者、文学保守派的较量中是胜利者,但在和普希金这位年轻的天才歌手的竞赛中,显然是败北了。为了纪念普希金这部具有划时期意义的作品的问世,茹科夫斯基特意赠给普希金一幅自己的

---

① [法]亨利·特罗亚:《普希金传》,张继双、李树立、董爱春译,世界知识出版社1992年版,第178—179页。

画像，并且在上面题写了这么一句意味深长的话：

"失败的老师赠给胜利的学生，在他完成了自己的长诗的崇高的日子里。1820年3月26日。"

别林斯基曾经把普希金这一时期的创作称为诗人的"过渡时期"，认为在此之前，普希金"还不是一个普希金"，而是"他的前代诗家的一个学生"。那么，《鲁斯兰和柳德米拉》的问世则标志着：旧古典主义诗体已经彻底崩溃；普希金的创作也完成了真正的向浪漫主义的过渡。

普希金是在5月6日由忠诚的仆人尼基塔·科兹洛夫陪同，启程去南方的。大约十天之后，他在第聂伯河下游的叶卡特琳诺斯拉夫拜见了南俄移民监督官英左夫将军。6月份，经英左夫将军批准，他应拉耶夫斯基将军——一位参加过对法、对瑞典战争的骑兵上将，普希金在彼得堡时和将军的儿子尼古拉·拉耶夫斯基（1801—1843年）过从颇密——的邀请，结伴去了高加索地区。高加索的崇山峻岭和云雾气象，使普希金的精神为之一振。他已经把彼得堡留给他的不快甩到了高加索的山谷之间了。他在给弟弟列夫的信上说道："我在高加索待了两个月；温泉对我来说是非常有用的，……真可惜，我的朋友，你没能同我在一起欣赏这蜿蜒宏伟的群山，皑皑白雪的山峰，在五彩缤纷的朝霞映照下，远远望去，那冰雪山峰犹如朵朵奇形怪状的飘浮着的绚丽云彩。真可惜，你没能和我一同登上别什图山、马舒克山、铁山、石山和蛇山的五大峰巅。高加索的南端是亚洲炎热的地方，这儿从哪方面说都是异乎寻常的……"他还告诉列夫说，他在高加索过着一种"自由自在、无忧无虑的生活"，"我热爱这种生活，过去从未领略过这种生活的乐趣：南方晴和的天空，迷人的边区景物，令人神往的大自然，山峦，花园，大海……"[①]普希金在高加

[①] 卢永选编：《普希金文集》第七卷，张铁夫、黄弗同、刘文娟等译，人民文学出版社1995年版，第323—327页。

索一边欣赏自然风光，一边搜集和了解那些"永远骑在马上，永远准备格斗，永远处于戒备状态"的哥萨克人的游击战故事。这些将成为他不久之后创作的素材。

他和拉耶夫斯基将军一家亲密地生活在一起。将军同十二月党人有所接近，这就使得诗人更觉得将军的可敬。将军的儿子尼古拉原来就是普希金的好友，现在他不仅经常和诗人谈谈诗歌和女人，而且为诗人找来许多书籍，供他打发异乡时日。尼古拉找来的书中就有拜伦（1788—1824年）的诗集和安德烈·谢尼埃（1762—1794年）的诗集。拜伦的诗歌使普希金仿佛在黑夜里看到了一丝星光，眼睛里顿时放射出崇拜和痴迷的光彩。他从此紧追拜伦而不舍了。他后来在许多诗中表达了对拜伦的景仰。他在1824年所写的著名诗篇《致大海》中就称拜伦是"我们思想上的另一位君王"，认为拜伦是"上帝的奴仆"，除了上帝，"什么都不能使他屈服投降"。只可惜的是，那时候拜伦已经因为参加希腊的革命而染上寒热病不幸逝世于异国了。拜伦的《恰尔德·哈罗尔德游记》等作品给过普希金深刻的影响。普希金在以后的书信或文论中多次论述过拜伦，表达了自己在精神上与拜伦的联系，对拜伦的认同和崇仰。或许，正是为了感激尼古拉向自己介绍了拜伦，普希金后来把自己的长诗《高加索的俘虏》题献给了尼古拉·拉耶夫斯基。

8月份，普希金离开高加索前往克里米亚半岛。在通往尤尔卓夫的轮船上，他写出了一首"仿拜伦"的哀诗《"白昼的巨星已经黯淡"》，诗中写道：

> 白昼的巨星已经黯淡，
> 暮霭降临到了蓝色的海上。
> 响吧，响吧，顺风的船帆，
> 在我下面激荡吧，阴郁的海洋
> 我望见那远方的海岸，

南国的疆土神奇的他乡；
怀着激动和苦闷的心前往，
痴迷地将昔日追想……
我自觉：泪水又涌进了眼眶，
血液冲上来又下降。
旧日的梦想在绕着我飞翔，
我忆起早年的恋情，多热狂，
还有我的所爱和我的创伤，
心愿和希望的恼人的欺罔……
响吧，响吧，顺风的船帆，
在我下面激荡吧，阴郁的海洋。①
……

  有的学者把普希金的这首诗作为他的第一首浪漫主义的哀诗。他在诗中抒发了自己的苦闷与焦躁不安。他的心灵正在经历着一场变化。他远离了彼得堡，远离了上流社会的浮华和虚伪的生活，他似乎若有所失，但也轻松了许多。然而眼前的山水也并未能真正冲去他心灵中的隐隐的忧愁和对现实的失望情绪。而正在升起的新浪漫主义的帆樯，使他兴奋也使他有点措手不及。他读到了浪漫主义诗人拜伦，精神上似乎有了一个新的伴侣。拜伦诗中散射出的自由、叛逆和忧郁的气息，使他沉醉，也使他焦躁和思绪万千。他的眼前，似有千种声音在向他呼唤，包括大海，这充满了"自由的元素"的世界……

  别林斯基曾经分析普希金这时候写的包括《"白昼的巨星已经黯淡"》在内的一些"哀诗"，他认为，普希金的这些诗在乐观的外表下都

---

① 卢永选编：《普希金文集》第一卷，王士燮、韩志洁、丘琴等译，人民文学出版社1995年版，第311—312页。

隐藏着一种忧郁。这是普希金式的忧郁："普希金的忧郁绝不是温柔脆弱的心灵的甜蜜的哀愁，不是的。它永远是一颗坚强有力的心灵的忧郁；它对读者具有一种魅力，在读者的心底深刻而有力地回荡着，和谐地震撼着他的心弦……有时候，他在一阵沉郁以后，会像狮子耸动鬃毛似地突然摆摆头，想把悒郁的阴云逐开。这种强烈的乐观情绪尽管没有完全把悒郁抹去，却给了它一种特别的爽气，使心神振作。"①

是的，普希金能使自己振作，也需要使自己振作。他还有许多事情要做呢！他要旅行、写作；他也要恋爱。他说，"我对自己所见到的漂亮女性，多多少少都有一种爱慕之情。"在尤尔卓夫，在拉耶夫斯基将军家，他和将军的几个如花似玉的女儿相处得甜甜蜜蜜，他对这些少女产生了无限的留恋之情。后来这些少女的形象都出现在他的诗作中。他在《鲍里斯·戈都诺夫》里，糅进了将军的长女叶卡特琳娜的影子；他在长诗《高加索的俘虏》和《波尔塔瓦》里，把将军的小女儿玛丽亚的形象作为主角来歌颂。"明亮的眸子如同白昼阳光，漆黑的眼球恰似黑夜一样。"这是他在赞美玛丽亚的眼睛。

他不仅徜徉于南方的山水和丛林之中，而且也贪婪地游览着沿海一带的名胜古迹。他在写给杰尔维格的一封信上说："圣乔治寺院那陡峭的阶梯通向大海，这一景象给我留下了深刻的印象。我也看到了狄安娜神庙的废墟。但应说明，神秘的传奇故事比历史遗址给我的印象更深刻。一到巴赫切萨拉伊，我就病倒了。我已听人讲过那位多情可汗的奇特纪念碑。叶卡特琳娜曾用诗歌般的语言对我讲述过它。她称它是'泪泉'……你说，为什么南方海岸和巴赫切萨拉伊使我感到如此富有魅力呢？"②巴赫切萨

---

① 《别林斯基论普希金的抒情诗》，见《普希金抒情诗选集》（下），查良铮译，江苏人民出版社1982年版，第533页。

② [法]亨利·特罗亚：《普希金传》，张继双、李树立、董爱春译，世界知识出版社1992年版，第195页。

拉伊的"泪泉"后来成了普希金的一首名诗的素材。

9月初，普希金和拉耶夫斯基将军旅行归来。11月，经英左夫将军批准，普希金到英左夫母亲的领地——基辅省的卡敏卡去做客。在卡敏卡，使普希金异常惊喜的是，英左夫将军的亲戚达维多夫竟是十二月党人南方协会的成员，而且是卡敏卡分会的负责人之一。许多十二月党人成员经常来此聚首，其中有雅库什金（1793—1857年）等。普希金很快和他们成了无所不谈的朋友。他从这些革命者的口中知道了谢苗诺夫团的兵暴真相以及西班牙、意大利的革命进展。

12月4日，普希金从卡敏卡写了一封信给彼得堡的诗人尼·伊·格涅吉奇（1784—1833年），报告了他在卡敏卡的生活。信上说：在卡敏卡，"女人少，香槟酒多，尖刻的话语多，书籍多，诗却不多……我收到了好几期《祖国之子》。我看到了《安德洛玛克》的出色的译本（您在您的伊壁鸠鲁式的书房里给我读过这部译作）……"在这封信上，普希金还告诉格涅吉奇，他似乎正在进入一个"现在被驱散的团体，不久前还是有才智的奇特之士，在我们俄国远近闻名、在不熟悉的观察者眼中略带传奇性的人物的五光十色的愉快的混合体"。①他为能够和这样一些人物聚会而激动。

革命者雅库什金后来在自己的回忆录里也写到了在卡敏卡时，普希金对这些秘密团体的向往，并"热情地论证俄国的秘密团体会带来的一切益处"。雅库什金还和他开玩笑地说道："如果现在已经有了个秘密团体，您八成也不会参加进去吧？"普希金却认真地说道："恰恰相反，我多半会参加进去。"但普希金终究还是一直处在团体"外围"。雅库什金说，到了1827年，他曾看见普希金去与前往西伯利亚追随自己的丈夫的十二月党人的妻子亚·格·穆拉维约娃话别时，说过这么一句话："我非常明

---

① 卢永选编：《普希金文集》第七卷，张铁夫、黄弗同、刘文娟等译，人民文学出版社1995年版，第328—329页。

白,这些先生为什么不愿意接受我参加他们的协会;我配不上这份荣誉啊!"在卡敏卡,普希金给雅库什金这些革命者留下了非常美好的印象:"他怀着一种特别的尊严对文学著作作出正确的评论。他差不多从来不谈自己的作品,总是喜欢分析当代诗人的著作,不但为每一篇作品说出公道话,而且善于在每一篇作品中找到其他人没有发现的美妙之处。我把他的《乌拉!骑马奔向俄罗斯》朗诵给他听,他听了后对我知道这首诗感到万分惊愕,其实,他所有没有刊登的作品……不仅为大家所共知,而且同时在军队中也没有一个有文化的准尉背不出他的诗歌,普希金是自己同时代人的短处和美德兼而有之的回声。也许,这就是他之所以成为俄罗斯史无前例的真正的民族诗人的缘故吧。"[①]

在卡敏卡,普希金创作了不少抒情诗。而最有意义的,是他在这里完成了自己的第一首拜伦式的浪漫主义的长诗《高加索的俘虏》。他是在1820年8月开始构思和动笔的,到1821年2月20日脱稿。他在这部长诗的手稿上写下了"卡敏卡,1821年2月21日"一行字。

普希金在写作这部作品时,曾为自己提出了至少三个任务:第一,是要刻画一位拜伦式的浪漫主义英雄的形象,一位命运坎坷、性格多疑、富于传奇色彩的人物形象。他在写给朋友的一封信上说:"我在他(指"俘虏")身上想表现对生活、对生活的享乐的淡漠态度,这种心灵的过早地衰老,正是19世纪青年们的特征。"显然,他在他的人物身上要注入自己的精神特征的一部分;第二,他要把高加索地区的粗犷的自然景观和车尔凯斯人的奇特的生活方式描绘出来,并力求和为浪漫主义所摒弃的日常的散文式的现实形成对比。1821年3月24日,他写给格涅吉奇的信上说:"站在贝希太乌山那无雪的峰顶,我看到的只有远方卡兹别克和厄尔布鲁

[①] 《伟大诗人普希金》,冯春、张勉、侯华甫等译,上海译文出版社1989年版,第286页。

士那白雪皑皑的山峰。我的诗（指《高加索的俘虏》）所叙述的故事本应发生在喧哗的顿河河畔，即位于高加索咽喉地带的格鲁吉亚一带，但我却将它移到了色彩单调的平原地区……在那里矗立着四座大山，它们是高加索的腹地……"①他要在诗中描绘和歌颂曾经出现在杰尔查文和茹科夫斯基笔下的巍峨壮丽的高加索。普希金借鉴了这两位诗人的手法，但主要还是采用了拜伦式的描写风光的手法；第三，普希金还给自己规定，他这首长诗要创造一种适应新内容需要的新的语言风格，这种语言必须是浪漫和昂扬的，饶有诗意和具有朦胧之美的。

主意既定，他就全力以赴，投入到了创作之中，几乎到了废寝忘食的境界。有一天，他的仆人去叫他吃晚饭，他却让仆人给他送去一件干净衬衣，他想在吃晚饭前换一换衣服，可能是因为写得很急，情绪高涨，身上都冒出了汗水。仆人拿来衣服后，见他仍然趴在那里埋头写着，根本忘记了刚才的事情。仆人也不敢打扰他，只好捧着衣服站在那里静静等候着他。他忘记了周围的一切，只是埋头写呀写的……

他对自己的诗稿一遍遍地推敲和修改。他对自己提出的要求太多也太高。他想在俘虏这个人物身上体现出属于他自己的对自由的热爱与向往、对奴役的憎恨和因为美好的真挚的爱情而引起的痛苦与思念等感情；他还要忠实地再现高加索和车尔凯斯的风俗与自然。他说："车尔凯斯人，他们的习惯和风俗占了我的故事的大部分和最好的部分。""我自己也不了解，我能用什么样的形象如此忠实地，即使是无力地描写我从远处所看到的这种风俗与自然。"

作品完成后，他给杰尔维格写信说："我要告诉你，我写完了一部新的长诗——《高加索的俘虏》，可望很快给你寄去……还告诉你一件事，我脑子里在酝酿好几部长诗……我在消化那些回忆录，打算很快收集新的

---

① [法]亨利·特罗亚：《普希金传》，张继双、李树立、董爱春译，世界知识出版社1992年版，第202—203页。

回忆录。"①

《高加索的俘虏》发表后，人们欣喜地感到了它比《鲁斯兰和柳德米拉》更进一步的浪漫主义风格——在后来的相当长的时间里，评论家都把《高加索的俘虏》视为所有浪漫主义长诗的范例。

自然，这首长诗也招致了不少人的批评。主要的批评意见是说，诗人对俘虏的塑造还不是十分成功。作者在这个人物身上注入的东西太多，使得这个俘虏的性格有些矛盾和模糊。《欧洲导报》的评论家甚至说，作者描写的是一位"沉睡的游客"，他睡在车尔凯斯人茅屋深处潮湿的兽皮被子下，要是能够拉出去晒一下，那就好了。后来普希金自己也反省过，承认他的俘虏刻画得不尽如人意，虽然他为他花了很大的气力。但总起来说，普希金对这部长诗还是比较得意的。他在1822年4月29日写给格涅吉奇的信中说："关心的柔情不能使我对《高加索的俘虏》感到迷惑，但是，我承认，不知道为什么，我本人爱它。在它里面有着我的心灵的诗。我的车尔凯斯女人使我喜欢，她的爱情很动人。"几年之后，他第二次到高加索时，意外地看到自己扔在那里的一份当初的"草稿"，他在长篇散文《埃尔祖鲁姆旅行记》里写到了这件事，顺便又表达了他对这首长诗的看法："我十分高兴地把草稿又读了一遍。诗稿当然很不成熟，韵味欠佳，也不完整，但对许多事情的预测和表达却十分真实。"1823年2月6日，他在写给维亚泽姆斯基的一封信上，又为《高加索的俘虏》辩白了一通："关于《高加索的俘虏》，我还要说几句话。亲爱的，你骂这位俘虏是狗养的，因为他不为车尔凯斯姑娘感到伤心，然而他能说什么呢？——'他什么都看透了'这句话就说明了一切；对她的思念应占据他整个心灵，同他的全部思想融为一体，这是不言而喻的，非这样不可；不必要把什么都说出来，这是引人入胜的一个秘诀。另外一些人所以感到遗憾，是

---

① 卢永选编：《普希金文集》第七卷，张铁夫、黄弗同、刘文娟等译，人民文学出版社1995年版，第337页。

这位俘虏没有跳进河里把我的车尔凯斯姑娘捞起来——可不，你试试看；我在高加索的许多河里游过泳，——你会在那儿淹死的，连鬼都捞不起一个来；我的俘虏是一个聪明人，很懂得事理，他没有迷恋那个车尔凯斯姑娘——他没有投河自尽，他是对的。"[①]

也就在这一年，在首都彼得堡，皇家剧团上演了根据这首长诗改编的一部芭蕾舞剧，车尔凯斯少女由著名舞蹈家伊丝多米娜扮演。可惜的是，诗人还在遥远的南部，没能亲眼看到那舞台上的俘虏形象。

1821年3月，普希金离开卡敏卡，回到基什尼奥夫这个城市。因为他的"监护人"，宽厚的英左夫将军的办公处已迁到了这个地方。将军对这位落难中的诗人非常友好。他认为普希金是位特殊的人才，所以应该特别对待。远在彼得堡的普希金的上司写信给英左夫说："我把年轻的普希金交给阁下已经有些时日，在目前的形势下，我有必要知道阁下对这个年轻人的看法。他的心是纯洁的，但不知目前他的作为是受心灵的支配，还是受他那颠覆性和不健康的幻想的支配？"将军赶忙复信说："普希金和我住在一起，行为很端正。虽然目前出现了动乱事件，但普希金根本没有参与此事。我让他把用法文写成的摩尔达维亚法典译成俄文，这项工作，加上其他行政工作，使他无暇玩耍……在我们闲聊时，普希金有时也谈及诗歌问题，但我相信，随着时间的推移和年龄的增长，在这方面他定会安静下来……"

好心的将军在信中显然隐瞒了许多真相。普希金在远离了彼得堡的地方如果真能表现得如彼得堡的政府所期待的那样革面洗心，那普希金也就不是普希金了。

实际上，普希金一到基什尼奥夫，正赶上了将军在信上所说的"动乱

[①] 卢永选编：《普希金文集》第七卷，张铁夫、黄弗同、刘文娟等译，人民文学出版社1995年版，第354—355页。

事件"——希腊人民起义。普希金不可能不"参与此事"。他不仅到处宣传这件在他看来"不仅对那个国家,也将对整个欧洲产生巨大影响,特别是对俄国"的大事,而且也坚信希腊必将胜利,认为俄国也应该起来站在希腊一方参加战斗。他给朋友们写信说,假如有参战的可能,他愿意像拜伦那样出征。

这时候,由驻扎在南方的一些军官组成的十二月党人南方协会已经成立,普希金和南方协会领导人之一的巴·伊·彼斯捷尔上校很快相识,并且来往频繁。他们经常谈论一些政治、哲学、道德上的话题。"他是我所认识的最有独创见解的有识之士中的一个。"普希金对这位激进的革命者怀着无限崇敬的感情,而革命者们的谈话和行动更加剧了诗人热爱自由、渴望冲破专制制度的情绪。普希金已经把自己的命运和十二月党人的使命紧紧地联系在一起了。"让我们共饮神圣的血酒!"他在诗中这样写道。

他把自己比作古罗马时遭到流放的诗人奥维德,从奥维德的命运联想到自己的命运。他有时又把自己比作囚徒,幻想着和渴望着冲破牢笼,像雄鹰一样在自由的天空里翱翔。

> 我们飞走吧!……
> 我们是自由的鸟儿,是时候了,弟兄!
> 飞往乌云后泛白的山峰,
> 飞往泛着蓝色的宽阔的海洋,
> 飞往只有风……和我漫游的地方!

他在基什尼奥夫过着一种既悠闲又充实的生活。他旅行和游历了南方的每一个地方,搜集了许许多多古老的传说。他在和那些革命者亲密地往来的同时,也不停地追逐所遇见的每一个漂亮的女性,为她们写诗,为她们失眠。或许,正是这些形形色色的女性,不停地点燃着他心灵中的灵感的火花，他几乎每天都能诗兴大发。和他一起去游览过比萨拉比亚的一位军官李普兰奇（1790—1880年）在回忆录里写到过这时候的普希金："别人给我们煨鸡的当儿，我到喷泉旁走了走，而普希金像平时那样，在一些小纸片上写着什么，并随手塞进衣袋里，一会儿又掏出来看看，如此等等。我没有问他在写什么，而他知道我对诗歌是外行，所以什么也没有说。我清楚地记得，他很惋惜没有随身带一卷奥维德的书来看看。""普希金醒得比我早。我睁眼一看，普希金坐在昨天的位置上，还是那种姿势，赤身露体，身旁有些小纸片。这时他双手握着羽毛笔，仿佛在用笔打拍子似的，口中念念有词；头一会儿低下，一会儿又抬起……"

李普兰奇除看到了这一时期普希金的诗兴大发的一面，他也目睹了普希金大量地借书、读书的一幕。他在回忆录里写道："当时我在研究和汇编古代及后来的各种史学家的一些论著，都是关于土耳其欧洲部分这一地区的。普希金在基什尼奥夫的前半期，对社会问题的兴趣比后半期小一些；到后半期，摩尔达维亚人和希腊人带着家眷纷至沓来，他确实对许多著作产生了兴趣，他向我借的第一部著作是奥维德写的，后来借的是瓦列里·弗拉克的书（《阿耳戈英雄》）、斯特累波的书（第二天他就还了）、马尔切布柳的（至少在我的书目上还记着：'普希金借。'我发觉普希金经常在争论他不太清楚的问题之后，寻找有关的书籍）和其他人的书，特别是关于历史和地理的。但除了上面列举的那些书他借得长久而外，别的书他都还得很快。"[①]普希金当时的确在大读古罗马诗人奥维德的书。李普兰奇记得，普希金向他借的那本古罗马诗人奥维德的著作是法译本。

奥维德的代表作是《爱的艺术》。他因为这本书以及其他涉及官廷的言论而被罗马皇帝奥古斯达·奥克达维流放。普希金和李普兰奇到比萨拉比亚旅行时，承袭了史学家认为奥维德是被流放在比萨拉比亚，并且死

---

① 《伟大诗人普希金》，冯春、张勉、侯华甫等译，上海译文出版社1989年版，第329—330页。

于该地的说法，写下了《致奥维德》一诗。在诗中，他以奥维德的流放自比，由奥维德当时的遭际而联想到自己此时的命运：

> 你我一样，为乖戾的命运所困扰，
> 虽然诗名不等，在遭遇上却是同道。
> 在这儿，我的琴声溢于北国的荒原，
> 我漂泊的时日，正当在多瑙河岸
> 心灵伟大的希腊人把自由唤出；
> 可是，却没有一个友人听我倾诉，
> 除了陌生的山岗，田野，沉睡的树林，
> 还有和煦的缪斯对我有所共鸣。①

普希金很看重自己的这首《致奥维德》。他在写给弟弟列夫的信中说："《致奥维德》是怎样的诗啊——我的天，《鲁斯兰》也好，《俘虏》也好，《圣诞节之歌》也好，一切和它相比都算不了什么。"普希金在把这首诗寄给《北极星》杂志的编辑、十二月党人亚·别斯土舍夫（1797—1837年）时说："我已料到出版《致奥维德》一诗会很困难。"别斯土舍夫当然也不希望这首诗给普希金带来麻烦，他在发表此诗时隐去了作者的名字，只在诗的末尾印了两个"*"号。虽然这样，这首诗的最后几行，即我们上面引录的这几行，仍然被彼得堡的检查官们删了去。

普希金觉得自己身在基什尼奥夫俨然一个"囚徒"。"我坐在阴湿牢狱的铁栏后。一只在禁锢中成长的鹰雏和我郁郁地做伴；它扑着翅膀，在铁窗下啄食着血腥的食物……"他这样写道。远离了社会和文学的中心，

---

① 《普希金抒情诗选集》（上），查良铮译，江苏人民出版社1982年版，第425页。

只身在南方流浪着,他感到万分的孤独。"莫斯科、彼得堡和阿尔扎马斯社完全把我忘记了!"他给朋友们写信说。虽然还可以旅行,还可以读书,还可以写作,但他总有些心神不定,耳边仿佛总是听到有些声音在召唤他回到北方去。即便是"往日的轻佻的女友——缪斯,都不能安慰被逐的诗人的伤感"。他觉得自己真的成了纪元前古罗马的诗人奥维德。

他不能再这么熬下去了。他觉得再这样生活下去,自己会发疯的。他注定不是一个能够忍受寂寞和孤独的人。他在一首抒情诗里写道:

> 是谁,翻腾的浪花啊,把你阻留,
> 谁用铁链扣住了你猛力的奔跑,
> 是谁把你激荡澎湃的巨流
> 引到一摊浊水里,默默地歇了潮?
> 是谁的魔杖一下子幻化尽
> 我所有的希望、悲哀和欢乐,
> 并且使我热狂的心灵和青春
> 沉沉地睡去,充满了冷漠?
> 欢跃吧,风,把这一池水掀起,
> 快来摧毁这扼制我的堡垒——
> 雷呀,自由的信号,你在哪里?
> 让你的霹雳飞驰过这滩死水。①

流放的日子有如"这滩死水",回归的时间遥遥无期。普希金为此做过许多努力:向彼得堡写信,托友人们奔走,但都无济于事。1823年1月13日,他一气之下直接给彼得堡的外交大臣涅塞尔罗迭伯爵写了一封信,

---

① 《普希金抒情诗选集》(上),查良铮译,江苏人民出版社1982年版,第486页。

正式提出，哪怕是请假也要回彼得堡一趟。这封信由伯爵转呈给了亚历山大一世。两个月后，外交大臣的信到了英左夫将军那里，信上说："陛下命我通过阁下转告普希金先生，他要求休假，但现在不能答应他的要求。"回彼得堡的希望又一次幻灭了。

大海的勇敢的舟子，我多么羡慕你
生活在帆影下，在风涛里直到年老！
……
伸过手来吧：我们心里有同样的渴望。
让我们离开这颓旧的欧罗巴的海岸
去漫游于遥远的天空，遥远的地方。
我在地面住厌了，渴求另一种自然，
*让我跨进你的领域吧，自由的海洋！*①

在回彼得堡的要求被驳回后，普希金的确产生了逃往海外的想法。他曾写信给弟弟列夫说：真想静悄悄地拿着芦杖和礼帽，乘船去一游君士坦丁堡。神圣的俄罗斯使他觉得太难受了。他想到了一个地方——敖德萨，它已经处于欧洲界内了。当时南俄总督米哈伊尔·沃龙佐夫的办公处正要设到敖德萨。普希金于是向英左夫将军提出，想去敖德萨一趟，哪怕是"换换空气"也好。善良的将军对普希金一直是既同情又疼爱的，他同意了普希金的要求。

与此同时，彼得堡的友人们也在想方设法，向沃龙佐夫游说，希望他把普希金收留在敖德萨。用屠格涅夫的话说，这一方面可以拯救诗人的灵魂，另一方面又争取让诗人的天才得到加强和发展。1823年6月15日，屠

---

① 《普希金抒情诗选集》（上），查良铮译，江苏人民出版社1982年版，第488页。

格涅夫写信给维亚泽姆斯基说:"我亲自找了沃龙佐夫两次,介绍普希金的情况,求将军救救他。我认为一切都会好起来的。那里(指敖德萨)有支持文学事业的资助家和大海,气候宜人,还有历史古迹。可以说是应有尽有。至于天才,除非他失去理智,我是相信他的。"

米哈伊尔·沃龙佐夫最后答应了把普希金带到敖德萨去。7月初,普希金和宽厚、善良的老将军英左夫告别。老将军恋恋不舍地说:"真不知道你为什么要离开我?我对你就像对待亲生儿子一样啊!而沃龙佐夫,他对你会怎么样还很难料想啊……"普希金也隐隐感到,有一种新的忧郁在煎熬着他的心。他也舍不得离开英左夫。在他远离了彼得堡的这些日子里,在这沉闷、孤独的异乡生涯里,老将军给了他默默的爱护和鼓励,给了他无限的友情和温暖。连同诗人忧郁的流放岁月一起,英左夫这个善良的名字,从此也将写进俄罗斯文学的史册之中。

诗人走了,基什尼奥夫肯定也有几位美丽的少女感到伤心——诗人曾经热烈地爱过她们,为她们写过美好的诗篇。

诗人走了,等待着他的将仍然是漫漫的长夜!

第三章　南方的长夜

> 我的朋友，我忘了过往岁月的足迹，
> 忘了我激流跳荡的青春时期，
> 请不要问我为什么已经不在人世，
> 在忧伤与欢乐里我曾得到过什么，
> 我爱谁，以及谁把我抛弃。[①]
> ……

时光在流逝，昔日的好友同学有的已成隔世。而诗人普希金，却像一只受伤的孤雁，既回不到昔日的苇林，也找不到新的栖身的营地。在南方漫漫的长夜里，他独自舔着流血的伤口，遥看着满天的星斗，心中似有万顷波涛在撞击。他静听着沉沉长夜的无言的寂静，耳边响起青春时的友伴们熟悉的絮语；记忆啊，多少次把他悄悄地带回了金色的皇村，那令他魂牵梦萦的神奇地方。在那里，树林、湖水和草地，还有明眸皓齿的纯洁的少女，都曾经使他的心灵感到无限的欢乐和慰藉。而此刻，他只能在心中呼唤着他们的名字，用美好的回忆照亮自己阴郁的流放的日子。他感

[①] 卢永选编：《普希金文集》第一卷，王士燮、韩志浩、丘琴等译，人民文学出版社1995年版，第365页。

到了生命的驿车在匆匆地奔驰，急如星火，但那一路的颠簸和难以承受的重负，也使他感到了命运的残酷和怪戾。"年轻的幻想家啊，你在寻找什么？对什么孜孜以求？"他一遍遍地叩问着自己。他环视着四周，看到的却是那么多的庸俗、虚伪和卑鄙。一切仿佛都已结束，一切又像是都在开始。他不忍抛弃他的竖琴，但是在这沉沉的夜晚，他的琴声就像捧不住阳光的残损的手指。孤独使他痛苦，使他甚至想到了死！"也许，我会裹一身寿衣，把尘世的感情统统抛弃……"但那如同星光般的希望，又总是在痛苦的时刻也接踵而至，飞往他的身旁，仿佛要告诉他：我在等待着你，请跟我来，我会给你一切，就像群星，要从乌云的背后升起……

普希金在痛苦地挨受着流放的岁月，他的思想一刻也没有停止。在南国的天空下，他是一只不眠的鹰，警醒的头总是向着北方的山峰昂起。"夜已深沉，城市已经入睡，夜色安静、潮热、静谧，不闻任何声息。玉兔东升，透明的雾气笼罩着苍茫大地。万籁俱寂，只有黑海在低声絮语……"这南方的长夜对他来说，实在是熟悉得有些厌倦了。但他必须忍受。黎明的到来虽然不可抗拒，但现在它离诗人毕竟尚还遥远。漫漫的长夜对于诗人个人来说是寒冬，但对俄罗斯未来的文学史来说，却是收获的秋季。因为，普希金的许多部不朽的长诗，都是写在这南方的长夜里。它们是普希金从浪漫主义走向现实主义的准备。通常人们把普希金的这一时期就称为"南方长诗时期"。

这些长诗——《高加索的俘虏》《强盗兄弟》《巴赫切萨拉伊的泪泉》《茨冈》等，创造了俄罗斯文学史上的奇迹，用别林斯基的话说，所有的人，不仅是受过教育的人，甚至连许多刚刚识字的人，都认为这些作品不仅是新的诗作，而且是全新的诗歌，他们在俄罗斯语言中不但没有见到过这种先例，甚至连一点相似的东西也从未见到过。俄国所有识字的人都在阅读这些长诗：爱诗的姑娘们把它们写在笔记本上，学生们在课堂上背着，老师抄写它们……

普希金自己说，在整个南方时期，他的心都在为拜伦燃烧，他"因为拜伦而发了狂"。他残存的手稿中，有一篇未完成的文章，是关于拜伦的。他原本准备写一篇长文或者写一本书，全面介绍和论述拜伦，但最终没有完成。我们能够看到的只是全文的开头部分。其中写道：

> 拜伦勋爵的古怪脾气一半是天生的，一半是外来的。莫尔正确地指出，拜伦的性格明显地反映了他的许多祖先的优点和缺点：一方面是勇于进取、宽宏大量、感情高尚，另一方面是放荡不羁的热情，性格怪癖和对舆论的大胆蔑视。毫无疑问，威廉勋爵留下的记忆对他的继承人的思想产生了强烈的影响——他从古怪的伯祖父那儿学会了许多习惯。不能不承认，曼弗雷德和莱拉使人想起那位孤独的纽斯台德男爵。[①]

普希金在这里说的是拜伦，却也使人觉得，他又像是在说他自己。虽然别林斯基曾经提醒世人，很难找到像普希金和拜伦那样在气质上，因而在诗歌的激情上如此截然不同的两位诗人，然而，考察普希金在南方时期的思想游历和创作风格，拜伦这个名字却是时刻会跳出来的。

在19世纪初叶，英国一下子出现了两位杰出的浪漫主义诗人：拜伦和雪莱。他们的诗歌犹如黎明的号角，对整个欧洲文学中的进步的浪漫主义的形成和发展起着决定性的影响。在反抗封建专制制度，反抗庸俗的资本主义现实，号召人们为个性自由和民族解放而斗争上，他们的诗起着巨大的宣传力量和作用。正如高尔基后来所描述的，被我们这个时代一切进步人士，一切为争取和平、民主和社会主义而进行伟大斗争的人们所珍爱的

[①] 卢永选编：《普希金文集》第七卷，张铁夫、黄弗同、刘文娟等译，人民文学出版社1995年版，第306—307页。

拜伦，他既是反抗侵略战争和民族压迫的不妥协的战士，又是统治阶级罪恶的极其真实而无情的揭露者；既是一切侵犯思想自由的虚伪行为和黑暗势力的激烈反抗者，又是庄严的英雄形象的塑造者，是一个憧憬着全人类的解放，并力图实现这一理想的公民和诗人。

进步的浪漫主义精神——对自由的热爱，无羁的叛逆精神，无神论，对未来的追求与赞美，重视民族文化，重视人民的意愿……都鲜明地体现在拜伦的诗歌中。

当拜伦的诗歌传到俄国后，俄国的先进社会思想的代表人物十二月党人，一眼就看到了拜伦诗中的那种公民式的揭露社会的激越感情和那自由不羁的英雄性格。他们相信，拜伦将是欧洲所有反动势力的最危险的对手。同时，在艺术上，拜伦诗作中所体现的那种进步的浪漫主义的素质，也在很大程度上赋予了18世纪以来的古典主义充满理性的文学所缺乏的真挚和感染力。他的诗歌美学也使整个欧洲惊诧。

俄国的浪漫主义不可能不受到西欧浪漫主义的影响，然而促使它萌芽和茁壮成长的沃土却是19世纪初叶的俄国社会的巨大变革和思想界的激烈碰撞。人们公认茹科夫斯基是俄国浪漫主义的创始人，他的忧郁的诗篇的确也展现了自己的内心世界。他说过，"在产生了'我是人'这一伟大思想时，我的心灵就总是变得高尚起来。"然而茹科夫斯基的浪漫主义却只是一种"消极的浪漫主义"，是如同后来高尔基所说的那种粉饰现实，企图使人们与现实妥协，或者企图引诱人们脱离，去徒劳无益地全神贯注于自己的内心世界，去思考"人生的命运之谜"、爱情和死亡问题，去猜度不能用"思辨"、直观的办法，而只能用科学解决的谜的浪漫主义。随着俄国民族、社会的动荡和发展，尤其是以十二月党人为代表的"自由主义者"在思想领域的斗争成果的不断拓展和扩大，消极的浪漫主义也越来越成了一种麻痹人们意志和消解人们的反抗精神的针剂，成了一种空洞和虚幻的东西。在这种时候，十二月党人诗歌带着他们的昂扬的思想，高举着反对一切形式的专制制度和奴役制度的大旗出现了。这就是高尔基后来所说的"积极浪漫主义"：他们力求唤醒人们对生活、对先进的社会理想的愿望，激起人们心中对现实和对现实中的任何压迫的反抗！积极的浪漫主义相对于消极保守的浪漫主义，少了些虚幻和迷蒙，而多的是鲜明的叛逆精神和绝对的独立、自由的思想。

据说茹科夫斯基虽然也醉心于德国的浪漫主义作品，但在阅读拜伦的诗歌时却打起了瞌睡；而十二月党人诗人雷列耶夫等却从拜伦的诗歌里找到了自己的影子，拜伦的积极、热烈和卓尔不群的抒情形象，在所有的十二月党人诗人那里引起了最强烈的共鸣。

普希金也不例外。非但不例外，甚至可以说，他成了拜伦在俄国的最狂热的崇拜者。普希金自己也承认，他的南方长诗，都是"纪念拜伦"的。他的《高加索的俘虏》是这样，他在南方写下的另外几首长诗如《强盗兄弟》《瓦吉姆》和《巴赫切萨拉伊的泪泉》等也是这样。

拜伦的《锡雍的囚徒》（1816年）讲述的是这样一个故事：庞尼瓦和他的儿子们被俘虏后，关在一个防守严密的堡垒里。他的儿子们一个个先后死去，只剩下他一个人活了下来。而当他从监牢里获释时，他已经万念俱灰，仿佛变成了另一个人。普希金的《强盗兄弟》显然受过拜伦的"囚徒"的启发。他在1823年11月11日写给维亚泽姆斯基的一封信上说："我把《强盗》也给你。一件真实的事引起我写这个片断。1820年，我在叶卡捷琳诺斯拉夫里的时候，两个被铐在一起的强盗游过了第聂伯河得救了。他们在沙州上歇息以及一个警卫的溺毙，并不是我凭空捏造出来的。某些诗句有点像《锡雍的囚徒》的译文。这对我来说是一个不幸。"[①]当然，拜伦也许只是点燃了普希金的创作激情的火花，而燃烧的柴火却是来自俄国民族的历史与文化。普希金自己也希望在长诗中能让俄罗斯语言"保留

---

① 卢永选编：《普希金文集》第七卷，张铁夫、黄弗同、刘文娟等译，人民文学出版社1995年版，第364页。

着它那种神圣的大众口语的特点，而不希望在我们古老的语言中加入欧洲语言的典雅色彩和法语的细腻词汇"。他认为，"粗犷、简练，最适合我们的民族语言"。但是很可惜，不知道什么缘故，普希金把《强盗兄弟》其他部分都付之一炬了，留下来的只是一个片断。

"渴望森林、渴望自由、渴望那一望无际的田野"的"强盗"身上，充满了现实生活中的俄国青年的普遍的叛逆精神。他们和高加索的"俘虏"一样，都是一些"当代英雄"。在这些人身上，体现着俄罗斯最下层的"小人物"群体的命运。普希金"第一个指出了他们"。他后来所写的《驿站长》等，反映的也是"小人物"的生活。普希金之后，"小人物"的命运遂成了俄罗斯文学中最引人注目的主题之一。《强盗兄弟》也是普希金尝试在叙事长诗中使用大众口语的一个成功的范例。诗的开头几句弥漫着一种浓郁的俄罗斯民歌的韵味：

不是一群乌鸦飞落在
成堆的腐烂尸体上面，
是一帮亡命的匪徒深夜里
聚集在伏尔加河彼岸的篝火边。①
……

《巴赫切萨拉伊的泪泉》这首长诗是他在1821年开始动笔，到1823年才完稿的。他说过，他这首诗的结尾也接受了拜伦的某些影响。他在克里米亚的尤尔卓夫时，曾听拉耶夫斯基将军的大女儿叶卡特琳娜讲过一位多情的可汗的故事，"泪泉"一词也是她的发明。普希金一直把这个题材珍藏在心中。他把这个遥远而古老的故事加以想象和改编，在历史的土壤上

---

① 《普希金文集·叙事诗一》，冯春译，上海译文出版社1990年版，第213页。

培植出"现代人"的花朵，使这首长诗和《俘虏》《强盗》一样，都传达出了某些十二月党人似的自由与抗争的声响。

普希金的这些浪漫主义长诗的功绩是巨大的。他在写完了《巴赫切萨拉伊的泪泉》后，写信给维亚泽姆斯基说："有一事要求你：为《泪泉》写篇序或跋。"同时告诉维亚泽姆斯基，"我正在写的不是小说，而是诗体小说，有点像《唐璜》。"这部诗体小说就是指《叶甫盖尼·奥涅金》。普希金从1823年5月28日在基什尼奥夫开始动笔，他将用以后的七年的时间才完成它。维亚泽姆斯基促成了《泪泉》的出版。他把这部长诗的手稿卖给了莫斯科书商希里亚耶夫，价钱按照当时的情况说是比较高的——三千卢布。这一当时还没有实行过的稿酬制度使出版者和作家的关系发生了变化，并使作家劳动的职业化有了可能。普希金得知自己的书稿卖了三千卢布，高兴地给维亚泽姆斯基写信说："我开始尊敬我们的书商，并认为我们的手艺真的不比其他行业差。"为此他还专门写了一首诗《书商和诗人的会谈》。

《泪泉》出版时，维亚泽姆斯基果然给它写了一篇序言《出版人和维堡区或瓦西里岛的古典主义者的谈话录》。这篇序言成了俄国浪漫主义的独特宣言。他综合了1823年以前俄国批评界中的所有反对浪漫主义的意见，并以普希金的这首长诗为例，鲜明地指出，在进步的浪漫主义诗人身上，人民性和独创性永远是他的主要特征，而人民性的具体表现就是诗中反映着人民热爱自由的理想和追求自由、敢于反抗的行动。

维亚泽姆斯基从普希金的一首首长诗中欣喜地看到了，虽然痛苦在咬噬着这个流浪儿，这个独立不羁的"阿拉伯魔鬼"，但坚强的生命还是从他身上长出了欣欣向荣的枝蔓。这些欣欣向荣的枝蔓也向人们表明：他，普希金，就是普希金！他和许多诗人，尤其是和拜伦，虽然有着某些极其亲密的精神联系，但他们也同时有着本质的区别。用赫尔岑的话说，普希金比拜伦更了解文明人的一切苦难，可是他对未来充满信心，他相信人类的未来——尤其相信俄罗斯民族的未来。而拜伦，虽然具有一个伟大的自由的个性，但他是一个隐避在独立性，愈益包藏在高傲、傲慢的怀疑哲学中的人，拜伦的忧郁和孤傲，已经使自己陷入了一种神秘主义，结果只能是离现实越来越远。

普希金后来也认识到了拜伦的致命的弱点："（他）对世界和人类的本性投之以片面的一瞥，然后便抛弃它们，沉浸于自我之中了。他给我们展示了一个自我的幽灵。他再度进行了自我创造，时而扎着叛逆的缠头巾，时而披着海盗的斗篷，时而是一个差点死于苦行戒律的异教徒，时而是一个行踪不定的漂泊者……归根结底，他把握、创造和描写的是同一个性格（即他本人的性格）。除了某些散见于他作品中的讽刺性狂言妄语之外，他把一切都归结于这个忧郁、强大的、如此神秘迷人的人物……"[①]

认识到了这一点，对普希金来说将是一个飞跃。那时候，他将完全摆脱拜伦的影响，自己成为自己"思想的君王"了。

1823年7月，普希金来到了充满"欧洲的空气"的敖德萨。这是一个灯红酒绿、车水马龙和尘土飞扬的城市。普希金后来在《叶甫盖尼·奥涅金》里这样描绘过它：

> 那时我住在多灰尘的敖德萨……
> 但是那儿经常有晴朗的天空，
> 那儿一条条大船扬帆出发，
> 那儿的贸易往还繁忙而兴隆；
> 处处像欧洲，处处是欧洲气派，
> 那儿一切闪烁着南国的光彩，

[①] 卢永选编：《普希金文集》第七卷，张铁夫、黄弗同、刘文娟等译，人民文学出版社1995年版，第156页。

到处是五光十色的生动画面。

金子般响亮的意大利语言,

在愉快的街头上到处可闻,

有骄傲的斯拉夫人,有人来自希腊、

亚美尼亚、法兰西、西班牙,

还有笨重的莫尔达维亚人,

还有埃及土地的儿子摩拉里,

那退隐的海盗,都在这儿聚集。①

敖德萨似乎是一个充满商人和冒险家的城市,有事的和没事的人都在奔忙,尤其是那些各地汇聚而来的商人们,每天都要聚在海滨,远远地瞭望船上的旗幡,看老天可曾送来他熟悉的船帆。看看是哪些新运到的货遭到了检疫不能运走,一心盼望的酒桶运到没有,瘟疫情况如何,哪里失了火,看有没有关于饥荒、战争以及诸如此类的新闻可听。

但普希金在这里并没有呼吸到他要呼吸的那种新鲜空气。相反,他很快对这个城市的生活感到了厌恶。他写信给维亚泽姆斯基说:"我们这里只有忧烦和寒冷,在南国的天底下,我几乎被冻僵……""你想得到吗?不读杂志,这是怎样一种亚洲式的生活啊,敖德萨是一个欧洲城市——因此这儿不读俄国书。"②

普希金的新上司沃龙佐夫,更无法和基什尼奥夫的老将军英左夫相比。普希金很快就看透了这个自以为是的诸侯,而敖德萨就是他的首府的官僚的嘴脸:"沃龙佐夫是个吹牛大王,无知的阿谀奉承之徒,一个极端

---

① 卢永选编:《普希金文集》第五卷,智量译,人民文学出版社1995年版,第345页。

② 卢永选编:《普希金文集》第七卷,张铁夫、黄弗同、刘文娟等译,人民文学出版社1995年版,第364页。

自私又爱吹毛求疵的家伙。他想把我当成中学小秘书。"普希金告诉朋友们说，"作家属于最高贵的阶层，贵族的傲气同作者的敏感是一致的。我们不希望由本阶层的人来保护我们。这一点正是沃龙佐夫这个流氓无法理解的。他以为到他前厅去的俄国诗人是为了给他送诗体信或颂歌的，可这位诗人却要求得到他的尊敬。因为诗人也是绅士，他是数百年前就获得了贵族称号的家族成员……"①然而普希金在沃龙佐夫这里获得的不是尊敬而是屈辱。普希金深深地感到了这一点，并为之痛苦，但他又无处可去。他唯一的办法就是把已经被流放了的自己再做一次流放——流放到阅读和写作中去。当他觉得过于劳累的时候，他就悄悄地离开喧闹的人群，一个人到海边散散步，让黑海的风吹一吹他胸中的郁闷之气……

1824年新年过后，他写信给弟弟列夫说，他刚刚读完了米·叶·洛巴诺夫翻译的拉辛的悲剧《费德尔》。他认为，"《费德尔》的结构和人物性格在构思上愚蠢和渺小到了极点。忒修斯无异于莫里哀笔下的第一个戴绿帽子的男人"。他让列夫也读一读这个作品，"你读一读这一整段大受赞扬的诗句就会明白，拉辛根本不懂得塑造悲剧人物。你把它同拜伦的（长诗）《巴里西娜》中的情郎的话比较一下，就可以看出这两位卓越人物的区别"。②

他在敖德萨也密切关注着俄国文学的发展和彼得堡的文学消息。2月8日他写信给别斯土舍夫说："……关于你在《北极星》上发表的中篇小说，我要说的是它并不比你去年发表的小说好（即引人入胜）到哪儿去……科尔尼洛维奇是一个挺不错的人，大有希望——但他为什么要为博得某女士的

---

① [法]亨利·特罗亚：《普希金传》，张继双、李树立、董爱春译，世界知识出版社1992年版，第251—252页。

② 卢永选编：《普希金文集》第七卷，张铁夫、黄弗同、刘文娟等译，人民文学出版社1995年版，第369—370页。

青睐而写作呢,要等到女人发出赞赏的微笑才继续写他的有趣的作品呢?这一切都陈旧了,不必要了,而且过多地散发着沙里科夫的稚气。布尔加林说尼·别斯土舍夫以思想之新与众不同。可以更加敬重地使用'思想'一词。阿拉伯童话美极了;我劝你强迫这个先科夫斯基依从你。在诗人中没有见到格涅吉奇,这很遗憾;也没有雅泽科夫,也为他感到遗憾……普列特尼奥夫(1792—1865年)的《祖国》很好,巴拉登斯基(1800—1844年)——很出色——我的几首短诗则很糟糕。这就是我要向你谈的关于《北极星》的全部意见。"①

他在敖德萨欣喜地注视着同时代人的创作进展,不时地加以评论。对诗人巴拉登斯基的创作,他在不久后写给维亚泽姆斯基的一封信上又评论道:"……巴拉登斯基是个怎样的诗人呢?说实在的,如果他日后能像目前这样前进,他肯定会超过巴尔尼和巴丘什科夫的,要知道,这个幸运儿才二十三岁呢!"

他也为自己的作品能在彼得堡受到欢迎而感到欣慰。他告诉别斯土舍夫说,"我高兴的是,我的《泪泉》潺潺作响。"本来,普希金对《巴赫切萨拉伊的泪泉》没有抱太大的希望,他说过,他是"仅仅为了自己才写这诗的"。但由于维亚泽姆斯基同出版商共同的努力,使这首诗不仅赢得了无数的读者,而且也赚取了使当时整个的俄国作家感到吃惊的一份报酬——3000卢布!一个诗人因为出版诗而获得丰厚的稿酬收入,这在当时还是首例,也是俄国出版史上的一桩胜举。普希金高兴地到处写信宣扬他的好运。他给弟弟列夫写信说:"普列特尼奥夫来信说,大家都在读《泪泉》,谢谢你们,我的朋友们,感谢对我的声誉的亲切关怀……"在写给维亚泽姆斯基的信上,他的激动溢于言表:"衷心地感谢你,亲爱的欧洲人,感谢你的意外的来信和包裹。我开始尊敬我们的书商了,并且想到,

---

① 卢永选编:《普希金文集》第七卷,张铁夫、黄弗同、刘文娟等译,人民文学出版社1995年版,第371—372页。

我们的手艺的确不比别人差。"普希金在敖德萨的日子实在也过得非常拮据,有时不得不靠借债渡过难关。《泪泉》的收入自然使他异常开心。他告诉维亚泽姆斯基,"这些钱在我这儿也呆不长久,虽然我不是一个好挥霍的人。我付清旧债就又来写一部新的长诗……"[①]

维亚泽姆斯基也为普希金在"商业"上的成功而高兴。他说:"普希金的作品要价是3000卢布,这首诗只有六百行,所以一行诗(记住,对投机家们来讲这又算什么诗,只是有八个音步的小诗!)就值5个卢布。波诺马廖夫买下了诗人的手稿,并以此出了名。他知道一部艺术作品的真正价值,而不去考虑它的长短和音步的多寡。为此,他赢得了文化界所有朋友们的感激之情。我们当然十分高兴,但他也没有上当。这一大胆行动不仅为他赚了一笔钱,他还以此冲破了商品的价值规律。"《泪泉》的出版使普希金从此也相信:他今后是完全可以靠写作为生,走上职业化作家的道路的。

维亚泽姆斯基为《泪泉》写的那篇序言,也引起了浪漫主义者和古典主义者之间的激烈的论争。米·德米特里耶夫作为古典主义的维护者,在《欧洲通报》上发表了和维亚泽姆斯基论战的文章,维亚泽姆斯基则在《妇女杂志》上发表新的文章,捍卫自己的观点。普希金在敖德萨也认真地关注着这场论争。他写信给维亚泽姆斯基说:"不久前我读了你前些日子对布尔加林的批评文章,这是你的论战性文章中最好的一篇。《德米特里耶夫的生平》一文尚未见到。然而,亲爱的,你不该贬低我们的克雷洛夫。你的意见应该成为我国文学的法律,而你却根据不可饶恕的偏见,违背自己的良心进行评论,而且鬼知道你袒护什么人。"普希金丝毫不贬低古典主义者在俄国文学史上的意义,但他也旗帜鲜明地表达了自己对维亚泽姆斯基捍卫浪漫主义诗歌的言论的认同和激赏。他写信给维亚泽姆斯基道:"(为《巴赫切萨拉伊的泪泉》写的序言《出版人和维堡区或瓦西里

[①] 卢永选编:《普希金文集》第七卷,张铁夫、黄弗同、刘文娟等译,人民文学出版社1995年版,第373页。

岛的古典主义者的谈话录》）无论从思想，还是从这些思想的表达形式来说都漂亮极了。见解是无可辩驳的。你的文风有长足进步。不久前我还读到了《德米特里耶夫的生平》；文中的论断好极了……读着你的批评文章和信，我自己也认真思索起来，打算近日内写点什么，谈谈我国贫乏的文学，谈谈罗蒙诺索夫、卡拉姆津、德米特里耶夫和茹科夫斯基的影响问题。"①普希金在这封信中也表达了自己对古典主义诗歌的看法，同时指出了维亚泽姆斯基的某些认识上的偏颇：

……你对浪漫主义诗歌的看法是对的。不过，我们这儿是否真的存在着你所攻击的那种旧……古典主义诗歌呢？这还是个问题。我当着福音书和圣餐再次对你说：德米特里耶夫尽管还有影响，但他的分量没有超过，也不可能超过赫拉斯科夫或者我的叔父瓦西里·李沃维奇。难道他一个人就能代表我国古典主义文学，就像莫尔德维诺夫集俄国反对派于一身？他哪一点够得上一个古典主义作家？他的悲剧剧本、醒世长诗或史诗在哪儿？难道致谢维琳娜的书信和翻译的古萨尔的讽刺短诗就能产生古典主义作家？《欧洲通报》的看法不能认为是好看法，对《善良者》是不可以生气的。可是浪漫主义诗歌的敌人在哪里？古典主义的柱石又在哪里？让我们有空时讨论一下所有这些问题吧。②

德米特里耶夫在《欧洲通报》上谈到，维亚泽姆斯基把他的那篇《谈话录》作为《泪泉》的序言，"实在令人遗憾。我想，就是作者本人也会对此感到遗憾的。"对此，普希金在《致〈祖国之子〉出版人的信》中

---

① 卢永选编：《普希金文集》第七卷，张铁夫、黄弗同、刘文娟等译，人民文学出版社1995年版，第375—376页。

② 卢永选编：《普希金文集》第七卷，张铁夫、黄弗同、刘文娟等译，人民文学出版社1995年版，第376页。

回答说，恰恰相反，作者十分高兴于维亚泽姆斯基公爵的这份"出色礼物"，他觉得："《谈话录》与其说专为俄国而写，不如说为整个欧洲而写。（因为）在俄国，浪漫主义的反对者们是极其脆弱和无足轻重的，不值得如此大张旗鼓地进行反击。"[①]

普希金虽然站在反对古典主义者一边，但他也不满于有些人抹杀俄国的文学传统。例如当有人断言茹科夫斯基的影响对俄国文学有很大害处时，他旗帜鲜明地为自己的老师辩护道："我们干吗要咬我们的奶妈的胸脯呢？就是因为长出了牙齿吗？不管怎么说，茹科夫斯基对我国文学在精神上有着明显的影响；而且他的翻译风格也永远是一个榜样。啊，对于我来说是一个文学共和国……"[②]

普希金肯定了茹科夫斯基在俄国文学发展史上的历史作用，但也对浪漫主义者们的过分的伤感情绪保留着自己的看法，认为这种情绪只会使俄国的文学贫血。他认为，我们的诗人尽可以有比通常人多得多的思想，而那些总是沉湎于回忆已逝去的青春时代的文学，是不会有远大前途的。他说："时代的启蒙要求为思想界提供重要的思想对象作为思想界的养料，它们已无法满足于想象与和谐的闪光的游戏了。"

随着他的认识的深入和判断力的提高，他对欧洲的文学风气也渐渐有了批判的眼光，而这种批判的眼光又是和他对俄国本民族文学的越来越高的期望连在一起的。他认为，俄罗斯有自己闪光的语言，有自己的风俗、历史、童话、歌谣……因此他对那些一窝蜂似的模仿外国作家作品的风气极为不满。他在写给维亚泽姆斯基的一封信上明确指出，他已经厌倦了那种在俄罗斯古朴的语言中掺进欧罗巴的矫揉造作和法兰西的精致细腻的文

[①] 卢永选编：《普希金文集》第七卷，张铁夫、黄弗同、刘文娟等译，人民文学出版社1995年版，第4页。

[②] 卢永选编：《普希金文集》第七卷，张铁夫、黄弗同、刘文娟等译，人民文学出版社1995年版，第394页。

风,虽然由于"习惯",他自己暂时也还没有完全摆脱这种文风。

对于拜伦,他的原先的热情也逐渐在淡薄下去,并慢慢地在自己的作品中摆脱他的影响。1824年6月24—25日,他又托人给维亚泽姆斯基捎去一封长信,谈到他对拜伦的认识——这时候他已经知道拜伦病逝在希腊的噩耗了:

> ……你为拜伦的死感到忧伤,我却因他作为诗歌的崇高对象逝世而感到高兴。拜伦的天才随着他青年时代的结束而减色了。在他的悲剧作品(《该隐》除外)中,他已经不是创作《异教徒》和《恰尔德·哈罗德》时的那个热情的恶魔了。《唐璜》的头两章强于随后各章。他的诗作变化很明显。他这个人本身也不是按常规创造出来的;他身上没有一定之规,他忽然变得成熟了——唱了一阵子就沉默起来;他的头一阵歌声已经一去不复返——在《恰尔德·哈罗德》的第四章之后,我们已听不到拜伦的声音了,而似乎是另一个具有人类高度天才的诗人在说话……①

维亚泽姆斯基曾希望普希金(他自己也曾打算过)续写《恰尔德·哈罗德游记》的第五章,描写拜伦死于希腊的情景,对此,普希金说:"这个想法很好——但我却无能为力——希腊叫我讨厌。可以把希腊人的命运看作我们的黑人兄弟的命运,可以既希望前者也希望后者从不可容忍的奴役下解放出来。但要使所有文明的欧洲人热衷于希腊的道路——这是不可原谅的幼稚想法……然而,我答应你为他的死写首不像样的诗。"②

7月5日,他从敖德萨又给维亚泽姆斯基写去一信,再一次谈到他对法

---

① 卢永选编:《普希金文集》第七卷,张铁夫、黄弗同、刘文娟等译,人民文学出版社1995年版,第384页。

② 卢永选编:《普希金文集》第七卷,张铁夫、黄弗同、刘文娟等译,人民文学出版社1995年版,第384—385页。

国文学的见解——我们从中也可以看出普希金这一时期的阅读范围和对法国文化的熟稔。他说：

> 在历史上法国人一点也不比英国人差。如果领先的人多少值得称道的话，那么您想得起来，伏尔泰是第一个走新路的人——他举起了哲学的灯盏，照亮了昏暗的历史卷宗。罗伯逊说过，如果伏尔泰愿意费心指出他所叙述的事件的历史渊源，那么他罗伯逊，就永远不会去写他那部《历史》了。再说，勒蒙是十九世纪的天才——你去读读他的《路易十四王朝论》，就会看出他高于休谟和罗伯逊。

在这封信中，他把当代法国的浪漫主义和俄国浪漫主义做了比较，看到了法国浪漫主义的弱点，认为"所有号称浪漫主义的新诗集，对法国文学来说都是一种耻辱"：

> 对法国来说，浪漫主义时代还没有到来——拉辛只是在亚里士多德的旧框框里冲杀——他是悲剧作家伏尔泰的弟子，而不是自然之子。……
>
> 拉马丁的《拿破仑》和《垂危的诗人》写得好——总的说来，好就好在给人一种新的和谐感。
>
> 没有谁比我更加不喜欢那位非常可爱的安德列·谢尼耶——可他却是最古典主义的古典主义者——他浑身散发着古希腊诗歌的气味。[①]

他期待并且相信，"拉辛和布瓦洛的祖国的第一位天才会热衷于那种疯狂的自由，热衷于文学的烧炭党精神"的，但目前，他觉得，和俄国的

[①] 卢永选编：《普希金文集》第七卷，张铁夫、黄弗同、刘文娟等译，人民文学出版社1995年版，第386—387页。

诗歌相比，法国的诗歌却是不尽如人意的。他在一篇未曾发表的残稿《论古典主义和浪漫主义诗歌》里，也说到过类似的看法：法兰西文学虽然是诞生于前厅的，但后来却未进入客厅："这种升堂而未入室的伪古典主义诗歌，未能摆脱某些天生的习性。因此我们在其中看到了具有古典主义严格形式的种种浪漫主义的矫揉造作。"

1824年1月，普希金开始写作他的第四部"南方长诗"《茨冈》，同年10月完成。普希金的弟弟列夫说，还是在基什尼奥夫的时候，"有一回，普希金失踪了，好多天杳无音讯。这些日子里，他随着一群茨冈人漂泊流浪。这促使他后来写成了《茨冈》这篇叙事诗。"列夫还说，在这首诗的末尾，遗漏了这样两节——写诗人自己的：

跟随着他们懒散的人群，
我在旷野里悠闲地游荡，
分享他们粗糙的饭食，
安睡在他们的篝火旁。

在缓慢的行进中，我喜爱
他们欢快嘹亮的歌唱，
并将可爱的马莉乌拉的芳名
久久地念叨，铭记在心上。

如果说《俘虏》《强盗》和《泪泉》都还或多或少地带着拜伦的色彩的话，那么，在《茨冈》里，拜伦的影子已被诗人彻底摆脱干净了。这首诗显示了普希金由浪漫主义走向现实主义的端倪，在艺术上也超越了前面的几首长诗，达到了未曾在《俘虏》和《泪泉》等诗作中达到的完美与游刃有余的境地。

《茨冈》的主人公阿列哥，像高加索的俘虏一样，从与自己格格不入的、令人窒息的城市生活中奔逃了出来，进入了一个没有法律更没有专制，也没有任何相互义务约束的环境里——一群以过游荡生活为特点的茨冈人当中。在这样的环境里，阿列哥似乎完全地满足了自己追求绝对的、没有任何限制的自由的愿望。在茨冈人中间：

>他这个到处漂泊的放逐者，
>像无忧无虑的鸟儿一样，
>既没修下坚固的巢，
>也没学会任何行当。
>他到处流浪，到处奔走，
>到处可以找到过夜的地方；
>早晨醒来，又把这一天
>交给上帝去做主张，
>生活的忧虑丝毫不能
>扰乱他那懒惰的心房。
>迷人的名声像远方的星星，
>有时也会引起他的向往。
>有时，他也会突然想起，
>往日的豪华和游乐的时光；
>在他那孑然一身的头上
>常常有沉雷轰隆作响；
>可是他不管雷雨还是晴天，
>一样沉睡在甜蜜的梦乡。
>……

然而就在他的追求自由的意愿背后,却藏着一个不可救药的利己主义的灵魂。诗人借老茨冈人之口说:

>……
>你生来不是野蛮人的命运,
>你要自由,只是为了自己。

在这里,主人公的浪漫主义理想已被否定,代之而起的是一种对沉重的现实的思考:

>……大自然的贫穷子孙!
>在你们中间也没有幸福。
>在那破破烂烂的帐篷底下,
>你们做的是痛苦的梦。
>你们那到处流浪的帐篷,
>在荒原里也未能免于不幸,
>到处是无法摆脱的激情,
>谁也无法与命运抗争。[①]

这个结尾使我们看到,普希金已经完成了对拜伦式的浪漫主义的本质的揭示和超越。虽然他的结论是悲观的,但这里却是通向现实主义大道的出口。

在这首长诗中,普希金也严格地控制着自己的主观感情,避免对自己

[①] 卢永选编:《普希金文集》第三卷,王士燮、余振、查良铮等译,人民文学出版社1995年版,第294页。

的人物的语言和行动的牵引，而是尽可能地把他们放在典型环境之中，让他们自己说话和行动——在一段段的对话和一个个行动中，人物形象得到了鲜明的凸现。

1824年10月，普希金写完《茨冈》后，并没有急于发表。虽然他已经告诉过维亚泽姆斯基，说自己"付清旧债就又来写一部新的长诗"。这部作品是诗人在三年后到了米哈依洛夫斯克村时才发表的。其原因是，有人猜测，可能是普希金虽然已经克服了他的浪漫主义的危机，但他还没有向外界表达他的新的观点，因此他不想急着发表如此有力量的作品。三年后这部作品发表了，著名的十二月党人诗人雷列耶夫激动地告诉普希金说："雷列耶夫拥抱普希金，并对他的《茨冈》的成功表示祝贺。这部长诗证明，我们认为你有才华的见解是完全正确的。你以巨人的步伐向前迈进，并使真正的俄罗斯心灵欣喜。"

《茨冈》也成了普希金在南方时期以浪漫主义笔法创作的最后一部长诗。它是诗人通向广阔的现实主义创作道路的转折性和过渡性的一部作品。

在敖德萨，普希金和他的上司沃龙佐夫的关系越来越紧张。他忍受不了沃龙佐夫的傲慢劲儿。他写了一首短诗，刻画了沃龙佐夫的形象：

>一半像豪绅，一半像商贩，
>一半像学者，一半像文盲，
>一半像恶棍，但大有希望
>最后具有各色人等的特点。

其中"一半像豪绅"是指沃龙佐夫是当时俄国驻伦敦大使的儿子，曾在英国受过绅士教育，并以此自命不凡；"一半像商贩"是指这位敖德萨总督经常参与当地的商务活动，从中取得利益。

当普希金写作和阅读劳累了的时候，他像在基什尼奥夫一样，照例也会到外面去向众多的姑娘们写诗、调情。敖德萨的不少女人，都上了他的"唐璜名单"。他这一时期照样也留下了一批有据可查、有本事可以索隐的爱情诗。其中有一位颇为轻佻和风骚的少妇，叫普希金为之神魂颠倒，寝食难安。她不是别人，正是那位让普希金大伤脑筋的上司沃龙佐夫伯爵的夫人伊丽莎·沃龙佐娃。沃龙佐娃聪明、美丽，十分懂得风情。诗人第一次见到她时就深深地为她倾倒了。也有人说，这位年轻的伯爵夫人本来就不是安分贤良之辈，况且沃龙佐夫也有外遇，所以她要给自己不贞的丈夫戴一顶"绿帽子"也就是极其自然的事儿了。总之，伯爵夫人和诗人一度打得非常火热。普希金后来写过一首题为《护身符》的短诗，其中有言：

在海水永远溅泼的地方，
在那荒凉的嶙峋的石岸，
透过夜的薄雾，皎月的光，
把良宵的一刻照得更暖。
在那儿，后庭的欢娱无尽，
回教徒可以日日安乐。
那儿，爱抚我的娇媚女人
把一个护身符交给了我。

所谓的护身符，即是沃龙佐娃送给诗人的一只金戒指。普希金一直把这枚戒指带在身边。他们的暧昧关系很快就被沃龙佐夫觉察到了。于是，诗人普希金不仅是沃龙佐夫的政治上的敌人，而且又成了他情场上的对手了。他想方设法要赶走普希金。先是他手下的人整了一份普希金的"黑材料",送到了彼得堡,其中说道:"像普希金这种人,用他的特殊才华去干坏事,难道就不能禁止他发表那些颠覆性的臭诗吗?"接着,沃龙佐夫也悄悄地、一再给外交大臣写信,说普希金在敖德萨有着太多的追随者,让普希金住在敖德萨,只会使他那些荒诞和危险的思想更广泛地传播开来的,所以,应该让他早日离开这个地方。沃龙佐夫还为彼得堡出谋划策道:"假如还让他回到英左夫将军那里,那将毫无用处,因为那里离敖德萨很近,他反而可以逃脱我的监督。基什尼奥夫离我这里也太近,这些追随者可以到那里去找他,而且在基什尼奥夫,他可以在年轻富翁和年轻的希腊人中间找到市场。"沃龙佐夫的言下之意大概是:不如把这个危险人物送到西伯利亚去算了!

不久,沃龙佐夫找到了一个整治和侮辱普希金的机会。这年五月,南俄地区发生了巨大的蝗灾。5月22日,沃龙佐夫对诗人普希金下了这样一道命令:"我命令您到科尔逊、埃里扎沃戈拉德和亚历山大各县去,到那里调查下述情况:蝗虫在何地被消灭?消灭了多少?根治蝗虫的标志是什么?用什么办法才能根治蝗虫?然后请您视察一下受灾最为严重的地区,并评价一下当地清除蝗灾工作的效果如何,还要考察各县委员会所采取的措施是否有效。您所调查的这一切,回来后要亲自告诉我……"

也亏得沃龙佐夫想得出来这一招!诗人普希金在这卑鄙的伎俩面前感到受了莫大的侮辱。他忍受着这等侮辱和强制性的命令,还是去了蝗灾区。不过,他的耳边虽然响着该死的蝗虫在田野里啃咬着庄稼和植物的声音,心头却在思索着比蝗灾更为可怕的"专制政体"——也就是沃龙佐夫所说的他那从不停止的、带有颠覆性质的思想。他想到了:

老朽的欧罗巴可会长久发疯?
德意志已为新的希望而沸腾,
奥地利在动摇,尼阿波里起义了,

在比利牛斯外,是否自由能
把人民的命运主宰得久长?
难道专制政体只荫蔽着北方?

啊,自由的创始者,你们在哪里?
好了,辩论吧,尽你们去找天赋人权,
哲人啊,尽你们去鼓动愚蠢的人群,
凯撒在此。布鲁塔斯呢?啊,滔滔的雄辩,
请吻一吻俄国的王杖,
吻一吻这惩罚过你们的铁的脚掌。①

普希金不是带着什么蝗灾报告,而是揣着他的烈火般的诗篇回到了敖德萨。他遵嘱向沃龙佐夫做了关于蝗灾的"汇报",汇报的内容只有四行诗:

蝗虫飞呀飞,
飞来就落地,
一切都吃光,
然后飞无迹。

沃龙佐夫当然明白,这是普希金在戏弄他。他气得暴跳如雷,恨不能立刻代替彼得堡下一道命令:把普希金流放到最寒冷、最荒无人烟的地方去!

果然,他的阴谋得逞了。就在普希金从蝗灾区回来后不久,他写给老同学丘赫尔别凯的一封私人信件被彼得堡的警察局截获了去。在这封信

---

① 《普希金抒情诗选集》(下),查良铮译,江苏人民出版社1982年版,第2—3页。

中，普希金写道："……读莎士比亚和圣经，圣灵偶尔合我的意，但我宁愿读歌德和莎士比亚。——你想知道我在做什么——我在写一部浪漫主义长诗的五光十色的诗节——并且在接受纯无神论教育。这里有一位英国人，是位默默无闻的哲学家，我所见到的绝无仅有的聪明的无神论者。他写了满满一千页东西，证明不可能存在英明的造物主与统治者，同时把灵魂不灭的脆弱证据摧毁殆尽。这种哲学体系并不像人们通常所想象的那么令人快慰，然而不幸得很，它却比什么都合乎情理。"[①]正是这封赞同无神论的书信，帮助了普希金的仇敌，也成了彼得堡再次惩罚普希金——把他从敖德萨又流放到普斯科夫省的偏僻乡村去的借口。

于是，亚历山大一世下令：将普希金从外交部除名，理由是"行为不端"，但又切不可让他逍遥法外，而应立即把他押送到他父母的领地上，即普斯科夫省，交当地警察局和教会监管。

新的黎明还未到来，诗人命运的驿车，再一次驶进了更漫长的黑夜之中。

"这是蝗虫毁了他啊！"诗人的伯父——诗人瓦西里沉重地、意味深长地说道。

按照当局的要求，普希金在一份文件上签了字。那上面这样写着："本人保证马上离开敖德萨，并按照敖德萨总督规定的时间和路线到普斯科夫去。途中不随意停留，一到普斯科夫就马上去见当地文职长官。"云云。

普希金看着这张纸上的文字，嘴角露出一丝轻蔑的微笑。看来，诗人还并不是像混蛋沃龙佐夫所说的那样，"只是贵族拜伦的模仿者"。不！他不是拜伦，更不是什么"模仿者"，他是普希金——他是自由、人道、叛逆和正义的化身！否则，沙皇政府何以要如此惧怕他呢，惧怕得必须给他规定行走的时间和路线了！

1824年7月的最后一天，普希金和敖德萨的朋友们一一告别。自然，

[①] 卢永选编：《普希金文集》第七卷，张铁夫、黄弗同、刘文娟等译，人民文学出版社1995年版，第378页。

那些被他深深地爱过，也一度颇为动情地爱过这位多情的诗人的女人们，也将无可奈何地和他分手了。她们的眼里噙着泪水，心里头却珍藏着他的诗篇。

诗人的那位老仆人，注定要跟着主人颠沛流离一生的。他默默地帮着主人收拾好了行装。他往箱子里装进了主人的衣服、领带、手帕和许许多多的诗歌手稿，包括《叶甫盖尼·奥涅金》的前两章，尚未发表的《茨冈》，还有《恶魔》《致外国女郎》等。他不忍心丢弃主人的任何一页纸片，因为他知道，给他的主人带来幸福和欢乐的是这些纸片，而给主人带来灾难和不幸的，也是这些纸片。

启程之前，普希金最后一次穿过敖德萨的街道，站到了波涛汹涌的黑海边。他要向大海——这"自由的原素"告别。

再见吧，自由的原素！
最后一次了，在我眼前
你的蓝色的浪头翻滚起伏，
你的骄傲的美闪烁壮观。

仿佛友人的忧郁的絮语，
仿佛他别离一刻的招呼，
最后一次了，我听着你的
喧声呼唤，你的沉郁的吐诉。

自由、狂放的海洋，永远是诗人卓尔不群的灵魂的寄托和归宿。深沉、有力的海洋，无论何时何地，都将给孤独和忧郁的诗人送上安慰、遐思和无边的鼓舞：

世界空虚了……哦，海洋，
现在你还能把我带到哪里？
到处，人们的命运都是一样：
哪里有幸福，必有教育
或暴君看守得非常严密。

再见吧，大海！你壮观的美色
将永远不会被我遗忘；
我将久久地，久久地听着，
你在黄昏时分的轰响。

心里充满了你，我将要把
你的山岩，你的海湾，
你的光和影，你的浪花的喋喋，
带到森林，带到寂静的荒原。①

---

① 《普希金抒情诗选集》（下），查良铮译，江苏人民出版社1982年版，第31—34页。

第四章　幽居岁月（上）

在俄罗斯，白天总是那么短，而黑夜总是那么漫长，尤其是到了寒冷的冬天。

从西伯利亚荒原上吹来的彻骨的冷风，疯狂地掠过了俄国广漠的大地，所有的城市、村庄、田野、河流和山岗，仿佛都冰结在十二月的寒风里。风暴把幽暗布满了整个天空，天空呈现着土色的忧郁……

古老的白桦林和樱桃园已失去了往日的生机，这残酷年代的凄厉的风雪，在它们身上刻画下了深深的悲哀。河流干枯了，道路阻塞着行人，萧疏的林木和沉默的村庄，散布在灰暗的天幕下，空中，正在旋转着雪花的风涛。

风，在呜呜地呼啸着。它一会儿像是野兽在嗥叫，一会儿又像婴儿在啼哭；它时而停留在破旧的屋顶上，把茅草吹得沙沙作响，时而又越过颓垣与荒冢，像晚归的旅人走进村庄，停留在任何一家小屋外，用力敲打着那紧关的门窗……

寒冷在封锁着苦难的俄罗斯乡村。风雪在加厚着俄罗斯乡村的忧郁……

这是1824年的冬天，一个比以往更寒冷的季节。命运多舛的诗人普希金，已经从敖德萨回到了自己童年的村庄，回到了他的故园——普斯科夫省的米哈依洛夫斯克村——他父母的领地。他将在这里度过他生命中的又一段孤独的流放岁月。

他是8月9日抵达米哈依洛夫斯克村的，当时，他的父母、姐姐和弟弟等家人正在这里消夏。他暂时忘掉了被流放的痛苦和忧伤，和全家人度过了一段短暂的团聚时光。

然而现在，冬天到了，他的家人都先后离开了这个偏僻和闭塞的村庄，回到了彼得堡。但普希金却不能离开这里。他得在这里接受当地的警察局和修道院对他的监视，过起与世隔绝的幽居生活。因为，他是一个被流放的诗人。

他住在米哈依洛夫斯克村那所破败荒寂的大房子里。冬天已经来到了他的身边。屋外便是荒凉的田野和山岗，他夜夜可以听见那吹着刺耳的呼哨的疾驰的风声。他身边没有亲人和朋友，唯一的伴侣是他童年时的乳娘阿琳娜·罗季奥诺夫娜。她成了他最好的亲人、朋友和伴侣。不过现在，乳娘也已经变老了。岁月已经在她慈祥的脸上刻凿了数不清的深深的皱纹，她满头的青丝已变成了白发。童年的记忆里的她那双温柔、丰腴的大手，如今也因为不停地操劳而变得起皱了、粗糙了，她的忧郁的眼睛里似乎也常常噙着古老的泪水……现在，能够陪伴着亚历山大·普希金的只有她了，这位善良、勤劳和苦难的老人！

可怜的阿琳娜·罗季奥诺夫娜当然无法明白，她的好动和任性的小亚历山大究竟犯了什么弥天大罪，要遭到如此不公平的惩罚。她是看着他长大的，她不信她哺育大的这个小主人会变成什么坏人。不！他一定是冤枉的——当她独自坐在黄昏或黑夜里时，她会忍不住而低声抽噎着，在胸前画着十字，祈祷仁慈的圣母玛丽亚保佑这个孩子，快把他迷途的灵魂——假如他是真如村里的人传言的那样犯了什么罪的话——唤回到那明亮和平坦的大路上去吧！

我们在这颓旧的茅舍里，
屋里凄凉而且幽暗。
我的老妈妈，你怎么了，
默默无言地坐在窗前？
可是听着这旋风的嘶吼，
亲爱的，你渐渐感到疲倦？
还是你纺车的单调的声音，
使你不由得在那里困倦？

我们且饮一杯吧，乳妈，
我不幸的青春的好友伴，
以酒消愁吧！那杯子呢？
它会让心里快活一点。
请为我唱支歌，唱那山雀
怎样静静地在海外飞；
请为我唱支歌，唱那少女
怎样在清早出去汲水。①
……

　　是的，诗人现在只有和他的年老的乳妈相依为命了。极度的孤独和寂寞在吞噬着他无聊的生活。"……寂寞啊，没有什么可做"，他给朋友们写信说，"这里既没有大海，也见不到正午的天空，又听不到意大利歌剧。因而也没有蝗虫，又没有沃龙佐夫之流的大人。我的孤独是十足的——闲散得难以忍受。我的邻居很少，我只能跟一家人家相识，连去看

---

① 《普希金抒情诗选集》（下），查良铮译，江苏人民出版社1982年版，第134—135页。

这家人家的时间也十分少——我白天整天骑马——晚上听我奶娘讲童话故事。她是达吉雅娜的奶娘的原型……她是我唯一的朋友——只有同她在一起我才不感到寂寞……"①

年老的奶妈也真是一个讲故事的圣手。每当夜晚降临，他们就关紧所有的门窗，相对坐在昏暗的灯光下，靠着那一个个古老的故事来消磨这漫长的、寒冷的冬夜。橘黄色的灯光映照着奶妈苍老而慈祥的脸庞，也映照着诗人满头的火焰般的鬈发。奶妈所讲述的民间故事，有的是他在童年时就听过了许多遍的，有的则是第一次听到，如神父和一个长工的故事，母熊的故事，渔夫和金鱼的故事，还有年轻的公主和七个勇士的故事，等等。无论是以前听过的还是第一次听到的，普希金觉得，只要它们是从奶妈嘴里讲出来的，就都是那么新鲜有趣，那么悦耳动听。小时候他只管听故事，为故事里的人物的命运担忧去了，现在，他长大了，他已经懂得了俄国的人民，懂得了俄罗斯民族的古老的语言所具有的那种魅力。他从这些淳朴和生动的民间童话里，看到了俄罗斯的美，俄罗斯的魅力……

这年冬天，他给弟弟列夫写信说："……你知道我现在的工作情况吗？午饭前写日记，午饭吃得晚；午饭后骑马，晚上听童话故事——以此来弥补我所受的该死的教育的不足。这些童话故事多美啊！每一个童话故事都是一篇叙事诗……"②几年之后，老奶妈讲述的这些童话故事，都成了他童话诗的直接素材。而且，当他用笔去讲述这些童话的时候，他还将一字一句地去模仿老奶妈的口吻和语气。他觉得，唯有这样，才能逼真地传达出俄罗斯民间的智慧与精神，否则就有可能伤害它们和曲解它们。

---

① 卢永选编：《普希金文集》第七卷，张铁夫、黄弗同、刘文娟等译，人民文学出版社1995年版，第391页。

② 卢永选编：《普希金文集》第七卷，张铁夫、黄弗同、刘文娟等译，人民文学出版社1995年版，第390页。

我冷酷的岁月的伴侣，
　　我年迈的老妈妈，亲人！
　　你独自在荒野松林里
　　久久地，久久地等我来临。
　　你在自己的堂屋窗下，
　　像岗哨，苦苦度着光阴；
　　在你叠皱的手里，那织针
　　每一分钟都缓缓停下。
　　你望着那荒凉的门口
　　和幽黑而遥远的路径，
　　预感、思虑，深深的忧愁，
　　每一刻窒压着你的心。①
　　……

　　老奶妈成了诗人孤独的幽居岁月里的母亲、姊妹和朋友。在未来的俄罗斯文化史册之上，凡是闪烁着诗人普希金的光华章节，也将同时闪耀着阿琳娜·罗季奥诺夫娜这位普通的俄罗斯乡村农妇的伟大的光华。诗人这一时期为这位亲爱的老乳娘写下的许多深情的诗篇，也将作为俄罗斯文学中最优美、最动人的一部分，长存在人间！

　　在米哈依洛夫斯克村，普希金除了听奶妈讲故事，就是靠写诗消愁，靠读书度日。

　　故园的风声响在他的耳边，伴着这呜呜不停的风声，一本本书也进入他的心灵。

---

① 《普希金抒情诗选集》（下），查良铮译，江苏人民出版社1982年版，第175页。

他给弟弟列夫写了许多信,几乎每一封信上都要求列夫给他找书、买书:

诗歌,诗歌,还是诗歌!《拜伦谈话录》!瓦尔特·司各特!这是精神食粮……现在托你一件事儿,替我找来《斯金卡·拉辛历史摘录》,他是俄罗斯历史上唯一富有诗意的人物。

把勒布伦的作品给我送来吧,包括颂歌、哀歌等。还有《埃麦尔卡·普加乔夫传》和《姆拉维约夫达佛里达之行》。

《圣经》,《圣经》!但一定要法文版的《圣经》!

亲爱的,如有可能,设法弄到(买或借,偷也可以)富歇的回忆录!他的回忆录比拜伦的回忆录更有意思。

我的灵魂,快给我寄些芥末、卢姆酒、泡菜和书。《拜伦谈话录》、《富歇回忆录》、西斯蒙第的文学著作、施莱格尔的戏剧,以及新版的俄国诗集。但它很贵,要75个卢布。我不会为俄国所有的诗人付这笔钱的。

若有可能,寄我一本最新版的瓦尔特·司各特的作品集《西伯利亚通信》,全要……还有酒,酒,12瓶卢姆酒,芥末、"柑桔花",一个旅行箱、里姆布尔奶酪、一本关于骑马的书籍,我想像阿尔菲耶里和拜伦那样去驯服烈马。[①]

以上是普希金从米哈依洛夫斯克村写给列夫的一些书信的片断,都是向列夫要书的。他的读书范围是如此之广,所要的书五花八门。这一时期,他先后阅读了富歇、瓦尔特·司各特、莎士比亚、歌德、席勒、拜伦、阿尔菲耶里、穆尔、萨迪、塞万提斯、但丁、彼特拉克、弥尔顿等作家、历史学家和哲学家的著作。就像后来他在《叶甫盖尼·奥涅金》里写

---

① [法]亨利·特罗亚:《普希金传》,张继双、李树立、董爱春译,世界知识出版社1992年版,第293页。

到的那样:

> 他又开始不加选择地读书。
> 他读了吉本、孟佐尼的著作,
> 卢梭、赫德尔、尚福尔的著述,
> 还有斯太尔夫人、毕夏、狄索,
> 和怀疑主义者培尔的论文,
> 还读冯泰纳尔的一些作品,
> 读他们当中某些人的大作,
> 什么都读,什么都不放过。①

我们从这一时期他写给友人们的书信中,也可以看到他大量的对同时代的作家与作品的评论与见解。

他的好友普希钦曾托人把格里鲍耶多夫(1795—1829年)的喜剧《智慧的痛苦》的手抄本捎给他。他读完后写信给别斯土舍夫说:"我读过恰茨基(《智慧的痛苦》里的一个人物),但只读过一次,并且读得不那么认真,而它是值得认真读的。"他认为,"评论一个剧作家,应该根据某些值得承认的原则。因而,对格里鲍耶多夫这部喜剧的布局也好,开端也好,礼节性问题也好,我都无所指责。它的目标是描写人物的性格和鲜明的风俗画。"接着,他对剧中的一些人物评论道:"在这方面,法穆索夫和斯卡洛茹勃塑造得十分出色。索菲亚的形象不鲜明:不知是……还是莫斯科的贵族小姐。莫尔恰林的卑鄙劲儿还远远不够;是否应该把它写成一个懦夫呢?一只老练的发条,然而又是一个穿便服的懦夫……现在有一个问题。在喜剧《智慧的痛苦》中,谁是聪明的人物呢?答案是:格里鲍耶

---

① 卢永选编:《普希金文集》第五卷,智量译,人民文学出版社1995年版,第310—311页。

多夫。你知道恰茨基是何许人吗？一个热情奔放、气度高雅、性格善良的人，他跟一个非常聪明的人（即格里鲍耶多夫）度过了一段时间，吸收了他的思想、机敏和讽刺性言论的养料……在这部出色的喜剧的独特手法中，恰茨基不轻易相信索菲亚对莫尔恰林的爱情，这一点写得太出色了！这是多么自然啊……"他请别斯土舍夫转告剧作家："我看他的喜剧，不是妄加批评，而是真心欣赏。这些意见是在欣赏之后涌入脑际的，以致非说出来不可。"在这封信上，他还对发表在《北方之花》杂志上的一篇《英明的奥列格之歌》辩护道："你不喜欢《奥列格》，这是不对的。年迈的大公对自己的坐骑的友爱以及对它的命运的关切，这一点是感人至深而且朴朴实实的，而故事朴实本身就很富有诗意。"[1]

诗人雷列耶夫创作了历史题材的组诗《沉思》，普希金读过后，给作者写信道："关于《沉思》，我应该对你说些什么呢？在所有诗里，都有生机盎然的诗句，《彼得在奥斯特罗戈斯克》的最后几节特别有独创性。但总的说来，它们在构思和叙述上都是不足的。全是千篇一律，老生常谈。情节发生地点的描写、人物的语言等都是训诫性的。诗中除了名字以外，没有一点民族的、俄罗斯的东西（《伊凡·苏萨宁》除外，这是我得以在你身上开始发现天才的第一篇《沉思》）。"[2]

这些写在书信里的读书评论率真而坦诚，反映了普希金作为一个诗人评论家的鲜明的个性，同时也显示了他对同时代人的关注与尊重。

他在致雷列耶夫的信上还提到，"你在彼得堡感到寂寞，而我却在乡下感到寂寞。寂寞是有思想的人的属性之一。那有什么办法。"

的确，寂寞的幽居岁月，使诗人感受着难以挨受的孤独，也培植着他

---

[1] 卢永选编：《普希金文集》第七卷，张铁夫、黄弗同、刘文娟等译，人民文学出版社1995年版，第395—397页。

[2] 卢永选编：《普希金文集》第七卷，张铁夫、黄弗同、刘文娟等译，人民文学出版社1995年版，第401页。

的读书和沉思，作为一个思想家的素质。在孤独中，他对许多历史的、哲学的、文学的问题，思考得更深刻、更透彻和明白了。

别斯土舍夫在《北极星》上发表了论文《俄国文学一瞥》，普希金读到后，马上做出了反应，他在给别斯土舍夫的长信中写道：

> 回答你的《一瞥》的第一段。在罗马人的庸庸碌碌世纪之后，有着天才的世纪——从维吉尔、贺拉斯、提布卢斯、奥维德、卢克莱修这样一些人那儿夺去天才的头衔，这是不应该的，虽然他们——错了！贺拉斯不是模仿者——（后两人除外）都走着一条模仿的道路。我们没有希腊人的批评。在意大利，但丁和彼特拉克之后有塔索和阿里奥斯托，这两人之后则有阿尔菲耶里和福斯可洛。英国人弥尔顿和莎士比亚的写作早于爱迪生和蒲柏，在他们之后出现了骚塞、瓦尔特·司各特、莫尔和拜伦——虽然由此未必能得出某种结论和定理。你的话只能完全适用于法国文学。

普希金对别斯土舍夫认为的"我们有批评，但是没有文学"的观点也发表了自己的看法。他认为：恰恰相反，俄国"文学"是有的，没有的却是"批评"：

> "我们有批评，但是没有文学"。你是从什么地方发现这一点的？我们缺少的却正是批评。罗蒙诺索夫（我敬重他是一位大人物，但当然不是一位伟大的诗人。他懂得俄语的真正源泉及其美，这是他的主要贡献。）和赫拉斯科夫因此而出了名，如果说后者为奥论所击倒，那也肯定不是被麦尔兹里亚科夫的批评所击倒的。杰尔查文的偶像（四分之一是金的，四分之三是铅的）时至今日尚未被重视。《费丽察颂》同《显贵》并驾齐驱，《神颂》同颂诗《悼麦谢尔斯基》齐

名，《祖波夫颂》不久前才为人所发现。克尼亚日宁在安然地享受声誉，波格丹诺维奇跻身于大诗人行列，德米特里耶夫也是如此。我们没有一篇述评文章，没有一本批评著作。我们不知道克雷洛夫是谁，克雷洛夫大大高出于拉封丹，就像杰尔查文高出于让-雅克·卢梭一样。你管什么叫批评呢？《欧洲通报》和《善良者》吗？格列奇和布尔加林的传记公报吗？自己的那些文章吗？然而你会承认，所有这一切不能在公众中确立起任何舆论，不能起到审美法典的作用。卡切诺夫斯基迟钝乏味，格列奇和你则尖刻滑稽——这就是有关你们的全部情况吧——然而哪里有批评呢？没有！你说的那句话说反了：要说文学，我们是有一些，可是没有批评。并且你自己在后面也稍稍同意这种看法。

只有一个民族的批评是紧随文学之后的，那就是日耳曼人的批评。

在这封信中，普希金还欣喜地谈到了俄国文学中"高尚"和"独立"的品质："我们可以正当地感到自豪：我们的文学尽管不如别人的那样富于天才，但没有奴隶般的屈辱的痕迹，因此在别人面前显得突出。我们的才华是高尚的，独立的。"他分析其中的原因说，在俄国的一代代作家身上，贵族的高傲和作者的自尊结合在一起，"我们不愿意接受各种人物的保护"。他由此又想到了自己在敖德萨所蒙受的耻辱："沃龙佐夫这个混蛋就不明白这一点。他认为，一个俄国诗人会拿着献词或颂诗到他的前厅里去，而这位诗人却像一个六百岁的贵族那样，到他那儿去是要求尊重。——多么巨大的差别！"

普希金也坦诚地欢迎别斯土舍夫对他的作品进行直率的批评："你没有把心里的全部看法都说出来……假如我们迁就于我们的私人关系，那么我们就不会有批评了——而你理应创立这种批评。"或许是作为一种"批评"的"示范"，也可能是为了"抛砖引玉"，普希金在这封信上也直言不讳地先对别斯土舍夫近期的作品发表了自己的看法：

> 你的中篇小说《骑士比武》很像瓦·司各特的《骑士比武》。抛弃这些德国人，掉转笔锋来写我们的东正教人吧；你不要再写具有浪漫主义主旋律的、情节进展迅速的中篇小说了——这对拜伦的长诗才是相宜的。长篇小说要求生动而直接地再现现实生活；毫不隐讳地说出一切吧。你的（长篇小说《叛逆》中的人物）弗拉基米尔讲的是德国戏剧的语言，他在中午望着太阳，如此这般。不过你对立陶宛军营的描写，对木匠同哨兵的谈话都写得很出色；结尾也如此。说实在的，处处可以看到你那种不同凡响的生动文笔。①

从普希金这一时期写给朋友和家人的书信中看，他在米哈依洛夫斯克村既在不停地阅读欧洲的经典性著作，更是大量地、认真地追踪着同时代俄国作家的文学进展。他从二者之间寻找着一些亲缘和承传关系。他吸纳着其中最好的养料，来完善和丰富着自己的文学观，并把某些高明的手法运用到自己的创作中去。他抱怨别斯土舍夫说："你在1822年勇于抱怨我国文学的隐晦朦胧，而今年却对希什科夫老头一句感谢的话也不说。我们的生动描写不归功于他又归功于谁呢？"②他写信给维亚泽姆斯基，谦虚地承认自己之于前辈作家的承传关系："……你在同茹科夫斯基的关系中过于袒护我了。我不是他的后继者，而是他的学生，正因为如此我才没敢走他的康庄大道，而是走着一条乡间小道。谁也没有也不会有能同他的强有力和多样化的笔调相媲美的笔调……在他的文笔还这么优美时，就说他

---

① 卢永选编：《普希金文集》第七卷，张铁夫、黄弗同、刘文娟等译，人民文学出版社1995年版，第402—406页。

② 卢永选编：《普希金文集》第七卷，张铁夫、黄弗同、刘文娟等译，人民文学出版社1995年版，第407页。

的才华已经枯竭，这是可笑的。"①

普希金在米哈依洛夫斯克村读得最多、下的功夫最深的书，恐怕是有关俄国历史方面的著作了。因为这一时期，他正从事同样题材的创作。他曾多次写信给朋友们，询问卡拉姆津的《俄国史》的进展。在给杰尔维格的信上，他问道："你见过卡拉姆津了吗？《史》在写下去吗？写到什么地方啦？是否写到选出罗曼诺夫家族了？那些忘恩负义的家伙……"当时卡拉姆津正在写《俄国史》的第十七卷。

普希金认真地、一遍遍地拜读着这部大书以及两位俄国史上的农民领袖普加乔夫的传记和斯捷潘·拉辛的生平材料。他正为自己的历史题材的创作做准备。

早在1818年卡拉姆津的《俄国史》前八卷刚问世时，普希金就迷上了这部著作。那时他刚从皇村毕业，正躺在彼得堡的病床上。他就躺在病床上把八大卷史书一字一句地读完了，读得津津有味。这套书是打开俄国历史大门的一把钥匙，它们在普希金面前展开了一个如同哥伦布所看见的"新大陆"。普希金后来这样评述这位卡拉姆津的功绩："我们中没有人有能力研究卡拉姆津的这部巨著。可是对这位大学者竟然没有人对他说声谢谢——他默默无闻地笔耕不已，为这部著作奉献出了整整十二个春秋。而今，他的声誉正如日中天，他却依然枯坐自己的书房。《俄国史》显示了卡拉姆津博大精深的知识，这些知识是他在芸芸众生自以为学业已成、知识到顶之时苦苦钻研而得，而此时其他人早已弃学而去，为谋求自己的一官半职而四处奔走。年轻的雅各宾们对之不甚满意，他们觉得书中的个别论断于专制制度有利。书中所叙述的事件忠实而令人信服，但他们觉得让野蛮和欺压占了上风。他们忘了，卡拉姆津是在俄国出版自己的著

---

① 卢永选编：《普希金文集》第七卷，张铁夫、黄弗同、刘文娟等译，人民文学出版社1995年版，第410—411页。

作的，统治者免除了对他的书刊检查，这种信任的表示反倒使得他不得不表现得谨小慎微，措词温和。他以一个史家的忠实展开他的叙述，言必有据，除此之外你予他还能有何可求？我愿重复说一遍：《俄国史》不仅是一个伟大作家的著作，而且还是一个正直的人的业绩。"①

正是在卡拉姆津的《俄国史》的启发下，普希金从1824年年底起，开始着手创作历史剧《鲍里斯·戈都诺夫》。这部大型的悲剧以卡拉姆津的《俄国史》和《俄国编年史》为素材，截取了16世纪末叶的一段真实的历史事件，目的是要完全真实地再现过去的那个时代。

在写作之前，普希金曾把自己的打算写信告诉过尼古拉·拉耶夫斯基。1824年5月10日，拉耶夫斯基回信说："谢谢您的悲剧计划。我还能说什么呢？您所缺乏的不是非凡的构思，而是将构思变成文字的毅力。看来您还想在民族戏剧方面有所造诣。至于耐心，我希望您去调查卡拉姆津自以为已经研究透了的东西，而不要拘泥于他的某一篇故事。别忘记，席勒在写《华伦斯坦》三部曲之前，专门研究过星相学……您的剧本能否叫响，对我们的文学至关重要。我们的六音部诗一直是死气沉沉、毫无生气，希望您能赋予它新生；您要设法使对话更为活跃，使之如同真正的交谈，而不是像现在这些用词藻堆砌起来的句子；您要把这种既简单又自然的语言普及到群众中去。尽管有《茨冈》和《强盗兄弟》这样的优秀榜样，公众对这种语言还是听不明白；您要把诗歌从高处移下来，移到群众中间去。"②

小拉耶夫斯基给普希金出的主意，和普希金自己本来的打算是不谋而合的。普希金之所以选取这么一个题材，正是想通过反映人民的历史而使

---

① [俄]亚历山大·普希金：《普希金散文选》，谢天振译，百花文艺出版社1995年版，第22—23页。

② [法]亨利·特罗亚：《普希金传》，张继双、李树立、董爱春译，世界知识出版社1992年版，第341页。

俄国文学更具体地走向人民。他认为，人民的历史应该是属于诗人的，只有人民的历史才能说明人民的真正要求。这是他潜心研究俄罗斯民族历史的结果。这也是从普加乔夫到斯捷潘·拉辛这些农民领袖的命运史所告诉他的。

在写作之前，他也认真研究过莎士比亚和拉辛等古典作家的悲剧。他觉得，"莎士比亚的人民大众式的剧作比拉辛的贵族式剧作更适合俄国的戏剧艺术"，虽然在莎士比亚的笔下，改写历史的人物仍然是皇帝、王子和英雄。他认为，这其实仍然是莎士比亚的局限。在历史上真正起主要作用的，永远不是皇帝和王公大臣，而是人民群众。所以，"悲剧的目的是什么？在悲剧中要发挥什么思想？"他认为，首先是人和人民：人的命运，人民的命运，亦即是对国家、对民族命运的思考。这是剧作家在处理主题和题材时的首要任务，然后他才考虑具体的戏剧艺术手段。

1825年7月，普希金在写给小拉耶夫斯基的一封法文信中，具体谈到了他在这部悲剧里想要进行的尝试和对悲剧的艺术上的见解。他写道：

……我现在感到十分孤独……没有另外的人可以交往了，剩下的只有年迈的奶娘和我的一部悲剧。这部悲剧在写下去，我对此感到满意。在写它时，我开始思考悲剧的一般问题。这可能是最不易理解的一种诗体。无论古典主义者还是浪漫主义者，他们都把自己的规则建立在逼真的基础上，然而它正是为戏剧作品本身的性质所排斥的。且不说时间等等，一个剧场分成两半，其中一半坐着两千人，这些人似乎是舞台上的人所看不见的，真见鬼，有什么逼真可言。其次，语言。比如说，在拉阿尔普笔下，菲洛克杰特听了比尔的一段冗长的话，用纯法语说道："哎呀！我听到了甜蜜的希腊话"，等等。请想想古人的情形吧：他们的悲剧面具，他们的双重角色——所有这一切不是一种程式上的不逼真吗？第三，时间、地点等等，真正的悲剧天才从来不关心逼真与否。您看，高乃依处理《熙德》有多么灵活。"啊，你们乐意遵守二十四小时的规则吗？那么好吧。"于是他写了一大堆事件，时间长达四个月。在我看来，对业已确立的规则只作小小的改动就加以运用，这是最无益不过的事了：阿尔菲耶里对这旁白的荒谬惊异不已，他取消了旁白，然而把独白拉长了，他以为这样就是对悲剧体系进行了一系列改革。这有多么幼稚！[①]

普希金在这里显然对传统悲剧中严格的"三一律"表示了不以为然。他在自己的剧本中所设置的时间大胆地突破了古典悲剧规定的二十四小时，而是延续达数年之久；故事和人物活动的地点也不断地发生着变化，主要人物即鲍里斯·戈都诺夫也不是一贯到底，而是早在整个悲剧结束之前就完成了自己的"使命"而和观众分了手。所有这一切，都是普希金在艺术上进行的革新和突破。他用自己的现实主义的创作原则和陈旧的艺术体系做了一番较量，其目的当然在于要用时代和人物的真实性，用历史场景、历史性格的变换与发展来击碎陈旧的艺术俗套，从而显示出真正的悲剧力量来。

他是这样理解"悲剧的真正规则"的：

情景的逼真和对话的真实——这才是悲剧的真正规则。（我既没有读过卡尔德隆的作品，也没有读过维加的作品）然而莎士比亚是多么令人叹服啊！我对他真是五体投地。悲剧作家拜伦和他相比，却显得那么渺小！拜伦一生只塑造了一种性格（他笔下的女人是没有性格的，她们只有青春期的情欲；唯其如此，描写她们才那么容易），就是这个拜伦把他本人性格的某些特征赋予了他的主人公：让有的人骄傲，有的人憎

[①] 卢永选编：《普希金文集》第七卷，张铁夫、黄弗同、刘文娟等译，人民文学出版社1995年版，第416页。

恨，有的人忧郁，如此这般。这样一来，他把一个既阴郁又刚毅的完整性格分裂开来，创造出几个渺小人物——这压根儿不能叫作悲剧。

悲剧的题材、主题、结构以及人物命运和性格等都有所规划了，最后还有一个悲剧的语言问题。普希金早就认为，要通晓俄语的特点，必须研究古代歌谣、民间故事等，吸收它们的丰富的表现力。在《鲍里斯·戈都诺夫》里，普希金就充分利用了自己所熟悉和掌握的民间创作素材，尤其是民间语言、俏皮话、俗语、民谣，等等，使它们尽可能地成为剧中人物尤其是下层人物的性格语言。他认为：

……当作家构思某一人物的性格时，不管他强迫这个人物说什么话，哪怕是毫不相干的话，也总要打上同一性格的烙印（菲尔丁的旧小说里的学究们和水手们就是这样的）。一个阴谋家说："给我点水喝。"作为一个阴谋家，这真是可笑……读一读莎士比亚的作品吧。他从来不担心损害自己主人公的声誉，他总是让他的主人公无拘无束地讲话，像在日常生活中那样，因为他确信，在适当的时刻，在适当的场合下，他都能为他的主人公找到符合他们性格的语言。

最后，普希金在写给小拉耶夫斯基的这封长信中还谈到了他的创作状态："您问我：您的悲剧是性格悲剧还是风俗悲剧？我选择的是最容易的一种，但我试图把二者结合起来。我边写边思索。大部分场次需要的只是推理。当我写到需要灵感的场次时，我就等待灵感的到来，或者暂时搁下这一场等以后再写——这对我来说是一种全新的工作方法。我感到我的内心力量得到了充分发挥，我有能力创作。"[1]

---

[1] 卢永选编：《普希金文集》第七卷，张铁夫、黄弗同、刘文娟等译，人民文学出版社1995年版，第417—418页。

从这里可以看出普希金在写这部剧作时的从容、老练与自信。这也正说明他在创作上的成熟。现在的普希金，已经走在宽阔的现实主义的大道上了，比在彼得堡，比在南方时期都要坚实和游刃有余得多了。有时连他自己都不禁为自己的良好的创作状态鼓起掌来。他在写给维亚泽姆斯基的一封信上这样说道："亲爱的，快祝贺我吧，我已经完成了我的悲剧。那里有我的第一号人物鲍里斯·戈都诺夫！我的悲剧写完了，我朗读了它，击掌叫道：'普希金，真是好样儿的！狗东西，真不赖呀！'"

他的这部剧作共有24场，场次简单但情节却是波澜壮阔的。出场的人物包括了16世纪末叶那个最富于戏剧性的时期的各个阶层如人民、贵族、僧侣、沙皇及其波兰仇敌等。诗人自己则代表着整个人民的声音出现于舞台之上。整个剧本开合自如、张弛有序，虽然时间跨度大，场次变幻多，但却因为主人公的命运的惊心动魄而紧紧地抓住了观众的心。

普希金后来在为这部剧本的出版所写的序言草稿里，再一次说到了，这部作品是他的"一部坦白的书"："这部悲剧是我远离令人心寒的世界，在极其孤寂的状态中写成的，它使我得到了一个作家所能享受的一切：生气勃勃、充满灵感的工作，内心里确信我已竭尽全力。"他还说到，他这部作品应该归功于卡拉姆津："是他的天才鼓舞和支持了我；他的称赞是对我的想象的最愉快的奖励，也是我孤寂工作中的唯一慰藉。"根据卡拉姆津的亲人们的要求，普希金将自己的这部悲剧题献给了这位伟大的历史学家："谨以虔诚和感激将本剧献给俄罗斯人所珍贵纪念的尼·米·卡拉姆津，本剧系受其天才鼓舞而作。"当然，普希金也要感谢拉辛和莎士比亚。"在对莎士比亚、卡拉姆津的著作和我国古代编年史进行研究之后，我产生了用戏剧形式体现现代史上最富于戏剧性的一个时代的念头。"他承认说，"我模仿莎士比亚的奔放、洒脱的性格描绘，以及计谋布局的随意和朴实，而在事件发展的清晰方面我仿效卡拉姆津，并且竭力从编年史中揣摩当时的思想方式和语言。多么丰富的源泉啊！我是否善于利用，我不知道，然而至少我的工作是勤奋和认真的。"①

　　普希金在这里显然是有着自谦的成分。实际上他是吸取了戏剧家和历史学家的两家之长而取得了自己的最大成功。有人甚至认为，就反映历史而言，《鲍里斯·戈都诺夫》之于俄国16和17世纪的社会生活，胜过任何一部史学著作；而就艺术来说，普希金的这部悲剧也已经站到了所有戏剧创作的顶峰——后来的史实证明，它确是人类戏剧的经典作品之一。别林斯基也曾有过这样的说法：《鲍里斯·戈都诺夫》在众多的悲剧之林中，就像鹤立鸡群，非常醒目。它的纯正的笔法，典范的语言等同其他人的剧作相比，就像"小人国里的巨人"。雷列耶夫当时也曾致函普希金，深情地祝愿道："全体俄国人的眼睛都注视着你，爱戴你，相信你，模仿你。愿你成为一位真正的诗人和公民。"

　　普希金孤独地住在偏远的乡村。

　　孤独使他的思想变得坚实和犀利，也使他的创作迅速跃上一个制高点。随着他的一部部作品的诞生，现实主义在他那里取得了节节胜利。连茹科夫斯基都惊叹了：他怎么会这样深刻地了解俄国和俄国人民？

　　然而，孤独也使他比往常更渴望友情，渴望热烈的欢聚。他不是一个能够忍受孤独的人。可是，因为普希金正"戴罪在身"，许多人——包括他的家人和一些朋友，都远离了他，很少和他接近。当时茹科夫斯基、维亚泽姆斯基、屠格涅夫等，都不敢去乡村看望他。他们知道，普希金在那里是受着警察局和教会的双重监视的，弄不好就会受到牵连，同时也害了诗人。

　　然而，1825年1月，令普希金大为惊喜的是，他皇村时的好朋友、老同学普希钦却勇敢地来到了米哈依洛夫斯克村，走到了"米哈依洛夫斯克

---

　　① 卢永选编：《普希金文集》第七卷，张铁夫、黄弗同、刘文娟等译，人民文学出版社1995年版，第176—179页。

的隐士"、诗人普希金的门可罗雀的小屋前。

普希钦的从天而降，使与世隔绝的普希金激动得热泪滚滚。虽然普希钦在这里最多只能停留24小时，但这24小时对普希金来说，胜过一生！这是令这对昔年的同窗好友和风华少年最觉愉快、美好和充实的一次相见。事后，普希钦在自己的回忆录里详细地记录下了这次相见的情景，记下了他所看到的诗人在偏远的幽居之地的生活状况。正如亨利·特罗亚所言，普希钦的叙述生动、热情，值得全部引录下来。——这也是关于普希金在米哈依洛夫斯克村时的一份最真实的史料。

……翌晨，离渴望的目的地已经不远了。我们终于从大道拐向小路，在森林中沿着山间小道奔驰，可我总感到不够快！我们从山上下来，离庄园已经很近了，但由于隔着茂密的松林，看不见庄园；突然，我们的雪橇在坑洼处向一边倾斜，车夫从雪橇上摔下来。我和那位从皇村学校门槛到要塞大门始终与我为伴的阿列克谢勉强支撑在雪橇上，牢牢地握着缰绳。

现在马在雪堆中间疾驰，用不着再担惊受怕，因为不会摔到旁边去了，四周是一片森林，积雪贴着马腹，不用驾驭也行。后来我们又沿着蜿蜒的小路向山上驰去；突然一个急转弯，随着一阵叮当的响声，我们猛然闯进了一扇虚掩的大门。我们已经没有力气使马停在台阶前了，雪橇驶过台阶旁，陷在尚未打扫的庭院的积雪中……

我环顾四周，看见普希金站在台阶上，赤着脚，穿一件衬衣，双手高举着。我当时的心情是可以想见的。我跳下雪橇，将他紧紧拥抱，把他拖到屋内。室外寒风刺骨，可是在有些时候，人是不会感冒的。我们彼此端详，亲吻，相对无语。他忘了应该穿衣服，我也没有想到要脱下蒙着一层白雪的皮袄和皮帽。

这时是早晨八点左右。我记不清当时的情景了。一位老太太走进来，看见我们还像进屋时那样拥抱着——一个几乎光着身子，另一个满身是雪。热泪终于夺眶而出（即使现在，事过三十三年，热泪又沾湿了我的镜片，使我难以命笔），我们的神志清醒过来了。在这位妇人面前，我们感到很难为情。可是她一切都明白了。我不知道她把我当作什么人，但她什么也没有问，马上跑过来拥抱我。我立刻猜出，这就是他多次吟诗赞颂的善良的奶娘——我热情地拥抱她，差一点使她喘不过气来。

所有这一切发生在一间小小的房间里。亚历山大的房间靠近台阶，窗户朝着院子。他听到铃声，从窗户里看见了我。这间斗室里放着他的床铺，挂着帐子，一张书桌，一个书柜，还有一些别的东西。一切都显示出诗人生活的杂乱无章：到处都乱放着写满字迹的纸张，到处都扔着咬过的烧坏了的羽笔（从皇村学校起，他总是用勉强可以夹在手指间的咬过的羽笔写字）。他的房门直通走廊；在他房门的对面，是奶娘的房门，奶娘房里摆着许多绣架。①

普希钦的到来给寂寞的普希金带来了莫大的安慰。他在《十月十九日》这首著名的诗篇里写道："……噢，普希钦，你第一个到了我这个失宠的诗人的家园，你给流放的凄凉岁月带来了温暖，你把这一天变成了对皇村学校的纪念……"普希钦也深知这一次相见对于他们这些人来说是多么珍贵。"总的来说，我感到普希金比以前严肃了一些，然而快活的性格不减当年。"普希钦回忆说，"也许，这是他的境遇本身使我产生的印象。他像孩子一样，为我们的相会而兴高采烈，多次重复道，他不相信我们真的又见面了。他往日活跃的性格在各方面——在每句话语，每个回忆

---

① 《伟大诗人普希金》，冯春、张勉、侯华甫等译，上海译文出版社1989年版，第78—79页。

中都显露出来。我们一刻不停地闲谈，无休止地追忆着往事……"①

普希钦感到，诗人对过去时代的那些常常使他茫然的纷扰生活已经有了厌倦感。他甚至不再愿意和老同学谈论诸如在敖德萨的那些不愉快的经历。不过，他还是十分关心彼得堡和莫斯科的人们在怎样谈论他。普希钦安慰他说，广大读者都是爱戴和关注他的，感谢他献出的每一部文学作品，他的诗在整个俄国已获得人民的承认，而且亲友们也都在怀念他，爱戴着他，衷心希望他的流放生活早日结束。普希金告诉老同学说，起初，这种生活使他感到孤独和痛苦——因为连他自己也并没有彻底弄明白被流放到这里来的真正原因。然而几个月来，他渐渐有点适应这里的生活了，他毕竟是摆脱了往日那种喧嚣而动荡的生活，心灵得到了暂时的休憩。他在这里读书、写作，听奶娘讲故事，和缪斯亲密相处，怀着强烈的创作欲勤奋地写作。而且，这里还有三山村的邻居，邻居家的女主人和女孩子们使他感到快乐和幸福。当他谈到一些乡村趣闻时，他们会忍不住纵声大笑起来。这笑声使年老的奶娘感到惊奇——她的亚历山大可是好久没有这么快乐过了啊！自然，普希金见到了皇村时的同窗好友，忍不住最想知道的就是他们那首届的同学们的情况了。普希钦一一告诉他所能知道的一切。普希钦自己现在也由一位炮兵而变成了一名法官。普希金说，这非常合乎他的心意，他为普希钦自豪和骄傲。接着，他们又谈到了关于"秘密团体"的事情——普希金一直觉得并且相信，普希钦在"秘密团体"方面是躲避着自己的。普希钦对此也总是怀着一种难以两全的歉意。他回忆道：

> 我告诉他，我不是单枪匹马去从事这种为祖国效力的新事业的，他从椅子上跳起来，大声喊道："对，这一切都同拉耶夫斯基少校有关，他在蒂拉斯波尔要塞已经关了四年多了，可什么也拷问不出

---

① 《伟大诗人普希金》，冯春、张勉、侯华甫等译，上海译文出版社1989年版，第80—82页。

来。"他平静下来后,继续说:"不过,我并不强求你说出来,亲爱的普希钦。也许,你不信任我,你是对的。的确,我有许多愚蠢之处,不配享受这种信任。"我默默无语,热烈地吻他;我们相互拥抱,然后出去散步……①

俄罗斯的冬天是寒冷的,米哈依洛夫斯克也不例外。两位好友在覆盖着厚雪的院落里谈笑着,大口地呼吸着晴空下的清洁的空气。一群小麻雀在一块空地上叽叽喳喳地寻找着食物。莹莹的雪光映照着他俩因为激动而微微泛红的脸庞。普希钦觉得,诗人的外貌变化很小,只是长满了络腮胡子;普希金觉得,他这位一向沉稳和机敏的老同学,越来越成熟和深沉了,越来越像一位思想家和哲学家了。作为一位大法官,他的形象是再合适不过了。"你以自己的德行使你选择的职位变为神圣,你在世人的心目中为它赢得了公民的尊崇。"普希金在自己的诗中如此赞美过他的法官同学。

他们在雪地上站了一会儿,又回到小屋里来。时间对于他们来说是珍贵的,他们有多少话题要谈论啊!善良的米哈依洛夫斯克村的老乡们知道普希金来了客人,都三三两两地前来祝贺他们的相会。奶娘喜气满面地和村里的一些女孩子招呼着大家,气氛十分亲切而融洽。"我不由得怀着某种新的感情注视普希金。"普希钦写道,"这种感情是由他的特殊处境引起的,他的处境使他在我心目中变得崇高起来。"

午饭过后,他们又开始了愉快的交谈。

我给普希金带来一件礼物:《聪明误》;他为得到当时的这一喜剧手抄本而心满意足,在此之前,他几乎完全不了解这个作品。吃完午饭,喝咖啡的时候,他开始朗读这部喜剧……

---

① 《伟大诗人普希金》,冯春、张勉、侯华甫等译,上海译文出版社1989年版,第83页。

正在朗读时，有人乘车来到台阶前。普希金朝窗外望了一眼，似乎窘住了，匆匆打开桌上的《圣徒言行录》。我发现他面有窘色，但不知原因何在，于是问他是怎么回事。他还没有来得及答话，一个身材矮小、头发浅褐的修道士走进屋来，他向我介绍说，他是邻近修道院的院长。

我走上前去接受他的祝福。普希金也这样做了，并请他就座。修道士抱歉地说，也许他打扰了我们，然后说道，得知我的姓氏后，他指望遇见他的熟人巴·谢·普希钦，此人是大卢茨克人，好久没有见到他了。显然，有人向院长报告了我来到的消息，修道士是在耍滑头。

尽管他来意不善，可我还是想假戏真做，竭力向他解释道：我是另一个普希钦，与主人在皇村学校是同学；而他的熟人普希钦将军在基什尼奥夫担任旅长……后来，他起身告辞，对打断我们学友间的谈话再次表示歉意。

我们摆脱了这位客人，我很高兴。可是，我为普希金感到难堪：他在院长面前像个小学生似的，言谈举止都规规矩矩。我向他说出了我的懊丧：是我招来了这场麻烦。

"算了吧，亲爱的朋友！要知道，即使你不来，他也常常光临，我是受他监视的。这种废话有什么可说的！"

接着普希金毫不在乎地继续朗诵喜剧；我异常满意地听他那有声有色、富有生活气息的朗诵，我为自己能给他带来如此巨大的欢乐而感到满足。

之后，他给我读了一些自己写的东西，其中大多是片断，后来都写进了他那些卓越的剧本；他又朗诵了为《北极星》撰写的长诗《茨冈》的开头部分，并要求我紧紧拥抱雷列耶夫，感谢他写出爱国主义诗篇《沉思》……[①]

[①] 《伟大诗人普希金》，冯春、张勉、侯华甫等译，上海译文出版社1989年版，第84—85页。

时间在不知不觉中流逝着。黄昏时分，窗外又飘起了鹅毛大雪，天地一片白茫茫的。普希金和普希钦这一对手足般的同窗好友都知道，他们分别的时刻到了。两人依依不舍，都希望时间走得慢些，再慢些。时至午夜，他们打开了第三瓶酒。他们紧紧拥抱，噙着泪花为未知的明天干杯。"车夫已经把马套好，铃声在台阶前叮当作响，时钟敲了三下……"他们不能不分手了！普希钦写道，"我们再次碰杯，但饮酒时心情却很惆怅：似乎感到这是最后一次共饮，永诀时的共饮！我默默地把皮袄披在肩上，朝雪橇跑去。普希金还在我身后说了些什么，我一点儿也没有听清，我望着他：他手执蜡烛，站在台阶上。马朝山脚下奔去。我听见一声'再见了，朋友！'大门在我身后吱呀一声关上了……"

　　两位好友怎么也不会想到，这个午夜的分手，正是他们的生命的最后的诀别——这年年底，十二月党人起义失败，普希钦被判处二十年的苦役。许多年后，当他在风雪漫漫的西部流放地再听到诗人普希金的消息时，那已经是一个可怕的噩耗了……

　　在普希钦告别了米哈依洛夫斯克村之后，普希金在他的《十月十九日》里就隐隐地抒发了自己别离的伤感：

斟满酒，再满一些！心火在燃烧，
再干一杯，一滴也不要剩下！
……
趁我们还活在人世，就开怀畅饮！
可惜，我们的人，越来越稀少，
有的人在远方无依无靠，有的人寿终正寝，
日月飞驰；我们在枯萎，命运注视着我们，
我们不知不觉地驼了背；寒气袭身，

我们一步步又走向自己的出发点……
我们中间谁到了晚年会是
纪念皇村学校校庆的最后一个人？

不幸的朋友啊！在新的一代中间，
他将是个多余的、陌生的、惹人讨厌的来宾，
他会想起当年团聚的日子，想起我们，
他会用颤抖的手把双目遮掩……
即使他心情低沉，我们也祝愿他
伴随着酒杯，在慰藉中把这一天纪念，
如同今天的我，远离你们的失宠的伙伴，
在不知痛苦、不知忧虑中度过了这一天。①

一年之后，1826年12月13日，普希金又写了《致普希钦》一诗，再次提到他念念难忘的，在米哈依洛夫斯克村的这次会见：

我的第一个知交，我的珍贵的朋友！
我曾歌颂过命运，
就在我孤寂的庭院
盖满凄凉的白雪时，
响起了你马车的铃声。
我祈求神圣的上苍：
愿我的声音能给你的心灵
以同样的慰藉！

---

① 卢永选编：《普希金文集》第二卷，乌兰汗、魏荒弩、卢永等译，人民文学出版社1995年版，第49—50页。

愿它用皇村学校明媚日子的光辉，
照耀你流放的生活！

其时，普希金已被流放到了茫茫的寒冷的西伯利亚。普希金托十二月党人尼·穆拉维约夫的妻子穆拉维约娃把这首诗捎给了流放中的普希钦。这首诗成了普希钦所听到的这位童年伙伴、同窗好友和不幸的诗人的最后的声音。在以后的漫长的苦刑岁月里，普希钦都把这首诗的手稿作为瑰宝珍藏在身边……

在完成了悲剧《鲍里斯·戈都诺夫》之后，1825年12月13日和14日，普希金又用了两个上午的时间写出了一部长诗《努林伯爵》。这是普希金的第一部现实主义的长诗。

这首长诗得之于他对莎士比亚的长诗《鲁克丽丝受辱记》的阅读。莎士比亚的长诗写的是罗马的一个传说故事：骄狂的塔昆涅斯国王的儿子侮辱了正在前线打仗的柯拉廷纳斯的妻子鲁克丽丝。鲁克丽丝在羞愤中自杀身亡。柯拉廷纳斯得知内情后，愤然邀集了朋友勃鲁托斯发动了人民暴动，把皇族赶出了国都，放逐到异地去了。普希金在后来写的一则关于《努林伯爵》的创作札记里说："在反复阅读莎士比亚一部相当差劲的长诗《鲁克丽丝受辱记》时，我琢磨着：假如鲁克丽丝忽然想到给塔昆涅斯一记耳光，事情会变得怎样呢？也许，这就扫了他的兴致，使他不得不羞愧而逃？鲁克丽丝也许就不会自杀，普勃里科拉多（按，应为柯拉廷纳斯，即鲁克丽丝的丈夫）就不会发怒，勃鲁托斯就不会放逐国王，而世界及世界史岂不就不如此了……于是我想模仿一下历史和莎士比亚。我无法抗拒这双重的诱惑，于是用了两个早晨写了这个故事。"[①]

[①] 卢永选编：《普希金文集》第七卷，张铁夫、黄弗同、刘文娟等译，人民文学出版社1995年版，第246—247页。

普希金的故事大意是：年轻、漂亮的努林伯爵从欧洲长途旅行归家途中，因为车子抛锚，只好借住于一座城堡里。城堡的女主人是位美貌、多情的少妇，因为丈夫打猎成癖，多日未归，只好一人独守空房，寂寞度日。现在一位年轻又潇洒的伯爵从天而降，少妇感到十分高兴，原本忧怨交加的心上有如照进了阳光。伯爵也为少妇的美貌和热情所动，不由地想入非非。于是，当夜深人静之时，伯爵异想天开，忍不住钻进了少妇的卧室。哪想到少妇竟是"叶公好龙"之辈，面对伯爵的非礼，她回报他的竟是一记响亮的耳光。伯爵出师不利，羞惭难当，只好怏怏而回。第二天一早，赶紧悄悄溜走了事儿。等到丈夫狩猎归来，少妇将此事原原本本地讲给丈夫听，消息很快在周围传开，成为人们的一大笑料……

显然，这是一幅充满了诙谐、戏谑色彩的生活风俗画。故事本身就充满了笑料，普希金在处理这个题材时，又是特意强化了它的滑稽与真实性，并且大量地使用日常生活中的口语和谑语，使平淡无奇的故事具有了强烈的讽刺意义和"浮世绘"的风格。普希金本来就喜欢在叙事中加入轻快的讽刺和戏谑，加上这一两年来他对乡村庄园生活的熟悉，所以他写起这首戏谑性的长诗来举重若轻，游刃有余。他自己也认为这首诗是他驾驭得最好的诗作之一。别林斯基后来也评价说，普希金在这首诗中以精湛的技巧在努林伯爵身上表现了在生活中司空见惯的上层贵族圈子里的无聊。而且在这首长诗中，"一切都呈现出俄国大自然的景色，俄国农村日常生活的灰暗色彩。只有普希金才能如此轻松、如此鲜明地描写出异常忠实于现实的图画……"

且看长诗的俏皮的结尾吧：

> 话说那马车离去以后，
> 妻子把一切告诉了丈夫，
> 还把伯爵的这一番壮举

> 对左右芳邻细细描述。
> 和娜塔丽亚·巴甫洛夫娜
> 一起,谁笑得特别开心?
> 您可猜不出。这是为什么?
> 丈夫吗?怎么会!决不是夫君。
> 他觉得这是奇耻大辱,
> 他说,这伯爵是个大坏蛋,
> 乳臭未干;早知道这样,
> 就该放出猎狗去咬他,
> 叫他哇哇地乱叫一番。
> 哈哈大笑的是地主利金,
> 他是二十三岁的芳邻。①

这些轻松愉快的戏谑的诗行,也不能不使我们想起普希金早期诗作中本来就善用的巴丘什科夫式的俏皮与机智。只不过,他使它们更贴近了真实的生活,成了日常生活的出色的速写。

在《努林伯爵》里,普希金在写到娜塔丽亚·巴甫洛夫娜独自在家、忍受着孤独、渴望着友伴的心情时,有如此的描写:

> 天气眼看变得越来越阴沉,
> 真好像有点要下雪一样……
> 突然间响起了一阵铃铛声。
> 朋友们,谁曾在冷僻的乡村
> 长久地生活,他一定知道,

---

① 《普希金文集·叙事诗二》,冯春译,上海译文出版社1991年版,第21页。

有时候远远传来的铃声

怎样使心儿激烈地怦跳。

来的可会是迟到的朋友,

无所顾忌的青春时代的伙伴?

会不会是她呢?……我的天哪!

喏,近了,近了,心跳得多欢。

但是铃声却从一旁掠过,

渐渐地微弱……终于在山后隐没。①

这与其说是在写少妇的闺怨,不如说是普希金对自己幽居乡村的寂寞的、总是对远方有所期待的心情的摹写。

是的,在米哈依洛夫斯克,普希金比那位独守古堡的少妇更寂寞,更忧愁。他总是期盼着村外响起马铃声,目光时常一边盯着书本一边又望向窗外:"有人来吗?是来看我的吗?"有时为了一封朋友的信,他会翘首而盼,"等了又等,但没有等到",他这时的失望的心情正仿佛少妇听见马铃声在山后隐没了一样。

风暴肆虐,卷扬着大片大片的雪花,迷迷茫茫地遮盖了天涯。

普希金望断了天涯路,也不见春天的踪影。

他的幽居的日子,似未有穷期……

---

① 卢永选编:《普希金文集》第三卷,王士燮、余振、查良铮等译,人民文学出版社1995年版,第300—301页。

第五章　幽居岁月（下）

普希金在他生命的每一个时期里，都写下过许许多多美妙的爱情诗。他一生爱过许多女性，并且为这些女性都唱过热诚的颂歌。他自己也承认过，他对自己所见到的漂亮女性，多多少少都有一种爱慕和缱绻之情。这是这位多情的诗人的剪不断的"情结"。他为自己爱过的女性所写的赞美诗，经过考证，一般都能证明这一首是献给谁的，那一首又是为谁而赋的。然而一首诗一旦变成了社会存在，对于一般读者来说，尤其是对于年代相隔已经十分遥远的读者来说，这些诗无论是献给谁的，都是一样的。重要的是，它们都是诗人心灵的歌唱，是他那善良、多情、温柔和浪漫的精神世界的真诚写照。到最后，也许其中不少女性不仅会被读者与文学史忽略和遗忘，就连诗人自己恐怕也会不记得她们的音容笑貌了，但那美丽的诗篇却留存了下来。爱情或许并不如意，而且可能是短命的，随风即逝，但歌唱爱情的诗却像纪念碑一样矗立在诗人生命的旅程中，那么醒目，那么动人。或者也还可以说，普希金从每个女性那里找到的，只是他心目中的爱情的最美的幻影，他真正钟爱的却是诗神缪斯。他这样做，只是为了激发自己的与众不同的灵感，只是为了写诗。他只管在爱情的田园上播种，而前来收获的却是未来的文学史……

三山村这个地方，对于普希金来说一点也不陌生。普希金刚从皇村中学毕业那一年，曾到米哈依洛夫斯克村来度假，同时也结识了邻村即三山村的庄园主伍尔夫·奥西波夫一家。使普希金难以忘怀的不仅是三山村秀丽的自然景色：湖泊、田野、小河、树林和木屋等，更有庄园的女主人奥西波娃和她的漂亮的女儿们。她们是普希金在米哈依洛夫斯克村的真正的芳邻，而三山村也成了他的精神上的"老家"。普希金幽居在米哈依洛夫斯克村时期，三山村更是成了他唯一可去的，而且能够使他愉快和产生幻想的地方。他是三山村的常客，也是奥西波娃一家最受欢迎的客人。

　　普希金有一首献给奥西波娃的抒情诗这样写道：

我也许不会再享有多少
流亡生活中的平静的时间，
不会再为缠绵的往昔哀叹，
我这颗无忧无虑的心不可能
再悄悄地把农村缪斯怀念。

但是，到了远方，到了异乡，
我凭借一往情深的思绪
还会来到三山村老家，
来到草原上、溪水畔、山冈旁，
来到家园中的椴树的荫凉下。

当明朗的白昼渐渐消遁，
思乡的孤魂有时就会
飞出幽暗的土坟，
飞回自己的家园，

用温柔的目光看看亲人。[①]

这是普希金的短诗中最动人的篇章之一。三山村对于遭贬的诗人来说，是一个伊甸园，一个天堂。他的孤独和寂寞的心灵在这里找到了欢乐和温暖；他的琴声在这里获得了听众和知音。奥西波娃虽然已经徐娘半老，但她有教养，爱好文学，知书达礼，而且也还不失风韵。她欣赏普希金的才华，是普希金的诗朗诵的最认真的听众。她还有些浪漫主义的想法，也许心灵深处总把普希金当成年轻、浪漫的诗人偶像来尊崇的。

普希金也天生是一个情种。他的弟弟列夫说得一点也不错：普希金长得并不怎么漂亮，甚至还可以说有点丑陋，但他的脸却富于表情和朝气，他的身材纤细但体格非常强壮和匀称。他天生讨女人们喜欢。他和女人们在一起时，便显得分外迷人。实际上也确曾有很多女人为他倾倒。女人对他来说是兴奋剂，只有当他向某位女性大献殷勤或者对她真的产生爱情的时候，他才变得特别饶舌，谈吐也会变得特别娓娓动听和滔滔不绝……普希金在三山村的太太和小姐们中间就是这样。

奥西波娃的三女儿玛丽亚后来回忆说："每天下午两点多，普希金从米哈依洛夫斯克村来我们这里，通常骑一匹英武的骏马飞驰而来，有时也骑一匹农家的驽马蹒跚而至。我的姐姐，当然也有我（那时我还是个孩子），都出去迎接他……记得有一次，他骑一匹农家的驽马，脚差点儿搭拉到地上，我一看就笑开了……间或，他也步行，有时神不知鬼不觉地挨近屋子，如果是夏天，窗子敞着，便突然从窗口钻进来……至于他钻的是谁的窗口，苍天在上，我可不能告诉您：这样的窗口还少吗？谁的窗口他没钻过……普希金一来——一切都来了个底儿朝天：谈笑声，打趣声，把房间都给掀起来了。我对付不了翻译习题时，更是急切地等他；他一露面，我就向他跑过

[①] 卢永选编：《普希金文集》第二卷，乌兰汉、魏荒弩、卢永等译，人民文学出版社1995年版，第8页。

去：'普希金，请翻译一下！'——一眨眼工夫，翻译题就做得啦！话又说回来，德语他并不精通，也不喜欢它，在不得不从德语翻译什么东西时，他便带着书来找我的几位姐姐。他多么好动啊！——从来不能安安生生地坐在一个地方，不是往返踱步，就是跑来跑去……"[①]

在和这些如花似玉的小姐们眉来眼去、嬉戏欢闹之时，普希金的一些优美的抒情短诗诞生了。如《"假如生活欺骗了你"》这首著名的小诗，就是题在奥西波娃的二女儿奥菲拉丝（姬姬）的纪念册上的：

> 假如生活欺骗了你，
> 不要忧郁，也不要愤慨！
> 不顺心时暂且克制自己，
> 相信吧，快乐之日就会到来。
>
> 我们的心儿憧憬着未来，
> 现今总是令人悲哀：
> 一切都是暂时的，转瞬即逝，
> 而那逝去的将变为可爱。[②]

再如下面的这首小诗，也是因为不甘寂寞的奥西波娃太太在深秋时节送给诗人一枝野花，诗人触景生情而成：

> 田野上残留的一枝花朵
> 比初开的花簇更可亲；

[①] 《我们的邻居——普希金》，见果戈理等：《回忆普希金》，刘伦振译，天津人民出版社1986年版，第225—226页。

[②] 《普希金抒情诗选集》（下），查良铮译，江苏人民出版社1982年版，第113页。

> 它能在我们悒郁的心窝
> 引动更多的幻想和柔情。
> 同样，有时候，别离的一刻
> 比甜蜜的会见更动心。①

普希金的缪斯有时如同自由、狂放的大海，汹涌澎湃；有时又似温柔、清亮的小溪，潺漏悦耳。他的这些写给女孩子们的短歌，正是那在林荫下和花丛中涓涓流淌的亮丽的溪流。三山村的少女们都接受过这亮丽的溪水的滋润。除前面提到的这些小诗外，普希金这一时期所写的《仿可兰经》《致吉娜》《承认》等，都是赠给三山村奥西波娃家的女孩子的。她们的芳名和这些美丽的抒情诗一起，写进了俄罗斯的诗歌史册之中。

倘若要从普希金写在三山村的一系列诗歌中寻找出一首最优美、最动人的"绝唱"来。那要数《致凯恩》无疑了——时间已经做出证明，这首诗已成为普希金创作中乃至俄罗斯抒情文学之林里最优秀、最具魅力的篇章之一：

> 我记得那美妙的一瞬：
> 在我的面前出现了你，
> 有如昙花一现的幻影，
> 有如纯洁之美的天仙。
>
> 在那无望的忧愁的折磨中，
> 在那喧闹的浮华生活的困扰中，
> 我的耳边长久地回响着你温柔的声音，
> 我还在睡梦中见到你可爱的倩影。

---

① 《普希金抒情诗选集》（下），查良铮译，江苏人民出版社1982年版，第116页。

许多年代过去了。暴风骤雨般的激变
驱散了往日的梦想,
于是我忘却了你温柔的声音,
还有你那天仙似的倩影。

在穷乡僻壤,在囚禁的阴暗生活中,
我的日子就那样静静地消逝,
没有倾心的人,没有诗的灵感,
没有眼泪,没有生命,也没有爱情。

如今心灵已开始苏醒:
这时在我的面前又重新出现了你,
有如昙花一现的幻影,
有如纯洁之美的天仙。

我的心在狂喜中跳跃,
心中的一切又重新苏醒,
有了倾心的人,有了诗的灵感,
有了生命,有了眼泪,也有了爱情。①

——1825年

安娜·彼得罗夫娜·凯恩(1800—1879年)出身于贵族之家。她有个姑父阿·尼·奥列宁是彼得堡的美术学院院长、公共图书馆馆长,他的府邸也是彼得堡有名的艺术沙龙,这里经常聚集着一些文化名人:作家、

---

① 《戈宝权译文集·普希金诗集》,戈宝权译,北京出版社1987年版,第106—109页。

画家、音乐家和科学家等。普希金从皇村刚毕业时的那几年，也是奥列宁的文艺沙龙的常客。1819年，凯恩到彼得堡看望姑父，在一个晚会上，第一次和普希金相识。那时她才十九岁，不过已经嫁给了一位五十二岁的将军。凯恩的美丽的容貌和非凡的气质给了普希金很深的印象。后来他多次对人讲起，凯恩的形象是如何如何光彩照人。"怎么会这样漂亮啊！"他的头脑里从此时时浮现出凯恩的可爱的脸庞。

凯恩后来也回忆说，他的那首诗的第一节："我记得那美妙的一瞬……"写的就是他对她初见的印象。而《叶甫盖尼·奥涅金》第八章中的许多诗行，所写的就是他们两人在奥列宁的客厅里的初次见面的情景：

> 一阵窃窃私语在大厅中传开，
> 瞧，人群显得动荡不稳……
> 一位贵夫人正向女主人走来，
> 她后面跟着个显赫的将军。
> 你看她一点儿不显冷淡，
> 不显慌张，也不唠叨多言，
> 她对谁都不用傲慢的目光，
> 也不怀哗众取宠的奢望，
> 她毫无这类小户人家的做作，
> 毫无鹦鹉学舌之类的花样……
> 她的一切都纯朴而且安详，
> 她像是这句话的忠实描摹：
> 仪态端庄……（对不起，
> 我不知道应该怎样来翻译。）

凯恩离开彼得堡后不久，就回到了波尔塔瓦省她父母的身边。她对普希金也有了很深的印象，因为她从很多人那里听到过这位青年诗人的情况，而且也读到了他写的《高加索的俘房》《巴赫切萨拉伊的泪泉》《强盗兄弟》等诗章。巧合的是，凯恩的舅妈不是别人，正是与米哈依洛夫斯克村毗邻的三山村庄园女主人奥西波娃。她的前夫伍尔夫即是凯恩的舅舅。在波尔塔瓦，凯恩和舅妈家的表姐安娜·尼古拉耶夫娜·伍尔夫保持着通信联系。安娜表姐和普希金自然很熟识，因为他们是邻居。有一次，她给凯恩写信说："你同普希金在奥列宁家的会见给他留下了深刻的印象；他逢人就说，你简直是光彩照人……"在安娜写给凯恩的另一封信上，普希金还在旁边添了拜伦的两句诗："我们曾经见过那一闪即逝的形象，今后永远也无法见到？"这些来往的信件所传达的诗人的心仪与向往，使在婚姻问题上颇为不幸的凯恩获得了心灵上的安慰。她对普希金也有着深深的好感，愿意再见一见普希金。

机会终于有了。1825年6月，凯恩来到了三山村看望舅妈，并在这里做短期逗留。普希金得知喜讯，打心眼儿里高兴。幽居生涯中的所有不快和郁闷顿时化为乌有，现在他心里只剩下了天仙似的美女凯恩。他的整个魂儿都被这位年轻美艳的少妇吸引过去了。那些日子，他几乎天天待在三山村，眸子里闪动着异常明亮的光芒，那是因为爱情之火正在他心中燃烧。"有一次，他带着个黑色的大本子来到三山村，本子的页边上画着许多小刀子和小脑袋。"凯恩回忆说，"他说，本子是为我带来的。不一会儿，我们围着他坐了下来，于是他给我们朗诵了他的《茨冈》。我们是初次听到这首美妙的长诗，我永远也不会忘记那种充溢我们内心的喜悦！我感到陶醉，既因为长诗那美妙流畅的诗句，也因为他的朗诵。这种朗诵充满了音乐性，使我渐渐感到心醉神驰；他有一个悦耳的动听的嗓子，就像他在《茨冈》中提到的奥维德一样：他的嗓音有如流泉淙淙……"[①]

[①]《回忆普希金》，见安·彼·凯恩：《普希金情人的回忆》，张铁夫译，漓江出版社1992年版，第12页。

在三山村，凯恩也为普希金哼唱过威尼斯船歌，并用船歌的调子吟唱过老诗人科兹洛夫的《威尼斯之夜》：

> 南方的春夜啊，
> 多么美丽、多么明亮，
> 布伦泰河静静地流淌，
> 河面上泛着银色的月光。
> ……

美丽的诗行再加上凯恩温柔和甜美的声音，使普希金听得如痴如醉，不知东方之既白。他在写给友人普列特尼奥夫的一封信上说道："请快告诉科兹洛夫老人，这里有一位可爱的女子，会唱他的《威尼斯之夜》。遗憾的是他看不见她！但愿他能听到她的歌声！"

凯恩清晰地记得普希金把那首著名的爱情诗交到她手上的情景。那是在凯恩即将离开三山村前一天的黄昏，吃过晚饭后，奥西波娃建议大家去米哈依洛夫斯克村去，看看普希金在诗中写到的"沉思的森林女神栖身的地方"。普希金也非常赞成这个建议。于是，大家欢欢笑笑着一同乘车前往。

"这是一个月光皎洁的六月之夜，天气极好，田野里凉爽宜人，香气馥郁。"凯恩回忆道，"我们分乘两辆马车：舅母和他的儿子乘一辆，表姐、普希金和我乘另一辆。不管在此之前还是在此之后，我都没见过他如此兴致勃勃，和蔼可亲。他一路开着玩笑，但却没说过一句刻薄话或挖苦话；他赞美月亮，不说它'毫无韵味'，而说'当月亮照着美丽的面孔时，我非常喜欢它。'……到达米哈依洛夫斯克之后，我们没有进屋，而是径直走进那个荒芜的旧花园，走进那个'沉思的森林女神栖身的地方'。花园里古木参天，小径幽深，路边上树根纵横交错，绊得我跌跌撞撞，吓得我的游伴发抖。舅母紧随我们到达村里。她说：'亲爱的普希金,你要好好招待呀,让这位女士看看您的花园吧。'他迅速递给我一只手,然后飞快地跑了起来,宛如一个突然获准玩耍的小学生……第二天……普希金一早就来了,并且给我带来了一份《叶甫盖尼·奥涅金》第二章(应为第一章)的发表稿作为临别纪念。书页没有裁开,我在书页中间找到了一张叠成四折的信笺,上面写着一首诗:'我记得那美妙的瞬间……'当我打算把这首赠诗藏进首饰箱时,他望了我好一阵,然后颤抖着伸手把它夺去,再也不肯还给我。我好不容易才把它要回来。当时他脑子里闪过的是什么念头,我不得而知……"①

不久,凯恩把这首诗寄给了杰尔维格,他把它刊登在自己主编的《北方之花》杂志上。音乐家米·伊·格林卡还为它谱了一首美丽的乐曲。这样,一首优美动人的"千古绝唱"终于为世人所共有了——虽然它原是诗人只为凯恩一人所唱。如今,它成了俄国最有名的情歌之一。

凯恩离开三山村后,普希金顿觉心头空荡荡的,整个灵魂都被凯恩带走了似的。三山村的其他女孩子再也引不起他的兴趣了。他的心只为凯恩一人燃烧。他在写给安娜的一封信上说:"……我每天夜里都在自己的花园里散步,并且自言自语:'她曾经来过这里……绊过她的那块石头现在摆在我桌子上那棵(她曾给我的)枯萎了的向日葵旁边。因此我的诗写得很多。这一切也可能酷似爱情吧……"不久,他禁不住心中的思念与激情,直接写信给凯恩了。"我实在经不起诱惑——我这儿哪怕有您那只倩手所写的一个字也好啊!"他写道,"您的三山村之行给我留下的印象比我们当初在奥列宁家的会见要生动得多,也令人难过得多。"他请求凯恩给他回信:"假如您虑及自己的名誉,那您就换个笔迹,随便签个什么名字吧,我的心仍然会认出您的。"在收到了凯恩的回信后,他变得欢欣若狂,不能自已了。"给我写信吧,写多一些,写详细一些,随便划拉

---

① 《回忆普希金》,见安·彼·凯恩:《普希金情人的回忆》,张铁夫译,漓江出版社1992年版,第13—14页。

都行。""请您再到三山村来吧,我向您保证……我将做您命令我做的一切,并且整个星期都将跪在您的脚边。"他的心底的火焰愈烧愈旺,几乎使他发狂。他完全拜倒在了凯恩的石榴裙下。

几个月后,凯恩从里加寄给他一本新版的《拜伦诗集》。这是他早就想弄到的一本书。普希金收到书后,又给凯恩写了一封狂热的信:"……如今,拜伦在我的心目中获得了新的魅力。他所有的女主人公——包括古娜勒和莱拉——在我的想象中都将呈现出令人无法忘怀的形象。我将把她们看作是您……总之,您又被命运派到我的身边,又给我的孤独生活注入诱人的魅力,您是一位安慰天使……"爱情使诗人变得彻夜难安,也让凯恩春心摇荡。她无法拒绝这个真诚的、死心塌地地爱上了她的抒情诗人。于是,这年10月,凯恩再次光临三山村。这一次,她做了真正的安慰天使,把自己的一切都献给了诗人。诗人的灵与肉都得到了安抚与满足,他那心底的火焰平息了许多。当他们再一次相见时,已经是几年之后,诗人解除了在米哈依洛夫斯克的流放,重返彼得堡的时候了。

普希金是个天生的情种,喜欢在爱情的旋涡里扑腾和沉浮;同时他又是个极其勤勉的诗人。女人们的石榴裙并没有成为他写作的羁绊,恰恰相反,正因为他处在女人们的包围之中,他才有着那么多的激情和灵感。他的爱情之火熊熊燃烧之时,也就是他的灵感之泉滔滔汩汩之日。

在米哈依洛夫斯克村,他先后完成了悲剧《鲍里斯·戈都诺夫》,长诗《努林伯爵》以及从敖德萨带来的尚未杀青的长诗《茨冈》。同时,一系列优美的抒情诗,如献给奶妈的,献给三山村的女孩子们的,献给普希钦等友人们的,怀念皇村中学的,等等,也诞生在这些日子里。

在米哈依洛夫斯克村,他还有一项浩大的创作工程仍在继续进行着,那就是诗体小说《叶甫盖尼·奥涅金》的写作。

1823年他还在基什尼奥夫时,就已开始动笔写作这个作品。这年11

月4日他从敖德萨写信给维亚泽姆斯基说："……至于说到我的工作，我正在写的不是小说，而是诗体小说，这真有天壤之别。有点像《唐璜》——关于出版，暂时想都不敢想；我写得漫不经心。我们的检查机关是那么与众不同，你简直无法估计它的活动范围——最好还是不去管它——要吃就吃个饱，不然，又何必弄脏嘴巴呢。"①他的意思是，他暂时还无意把这部作品的片断抛出去。十几天后，他在写给杰尔维格的一封信上又提到这部正在创作中的作品："我现在在写一部新的长诗，在这部长诗里我十分饶舌……天晓得我们什么时候能一块儿来读它——枯燥吗，然而是我的乐趣！这是我生活中的副歌……"②12月1日，他给屠格涅夫写信时，也报告了他这个作品的进度："我又写了一首诗，在这首诗里，我尝到了自己的苦恼。其中两章已经写完。"一个月后，他给弟弟列夫的信上又说道："……我可能给他（指杰尔维格）寄去《奥涅金》的一些片断；这是我最好的作品。不要听信尼·拉耶夫斯基，他指责这部作品——他希望我写浪漫主义作品，找到了讽刺和犬儒主义，他对我很不理解。"③

这部作品跟随着普希金，从基什尼奥夫流徙到了敖德萨，又从敖德萨流徙到米哈依洛夫斯克。颠沛流离的生活没有使诗人中止这部作品的进程。1823年10月22日，第一章完成；这年的12月8日夜，第二章又杀青；接着写第三章，于1824年10月2日完成。普希金幽居米哈依洛夫斯克村时，写完了这部作品的第四、五、六章。

叶甫盖尼·奥涅金是一个漂亮的贵族青年，彼得堡的上流社会的生

---

① 卢永选编：《普希金文集》第七卷，张铁夫、黄弗同、刘文娟等译，人民文学出版社1995年版，第363页。

② 卢永选编：《普希金文集》第七卷，张铁夫、黄弗同、刘文娟等译，人民文学出版社1995年版，第366页。

③ 卢永选编：《普希金文集》第七卷，张铁夫、黄弗同、刘文娟等译，人民文学出版社1995年版，第370页。

活,养成了他游手好闲的花花公子的德性。他受过良好的教育,衣冠楚楚,有知识,懂得风情,但心灵空虚,整日里无所事事,只好沉湎于声色犬马之中。正当他对这种醉生梦死的奢靡生活感到百般厌倦之时,他的叔父突然病故。于是他离开了首都的酒色和脂粉之乡,来到了叔父在乡村的领地。他期望在远离城市的乡村能找到新的感觉,换一下环境呼吸一点清新的空气,以消除心头的无聊和忧郁。他在这里结识了邻居家的一位青年诗人和哲学家,同样是贵族出身的连斯基。连斯基和奥涅金不同,他热情、乐观,内心里充满幻想。他——

> 正当青春年少,相貌英俊,
> 是个康德的崇拜者和诗人。
> 他从烟雾弥漫的德国
> 把学问的果实带回家乡。
> 爱好自由的种种幻想,
> 热烈而又相当古怪的性格,
> 永远洋溢着热情的谈话,
> 直垂到两肩的黑色卷发。
> 上流社会中冷酷的淫乱,
> 尚不曾使他心灰意冷,
> 他心头依然热烈地充满
> 友谊的温暖和姑娘的爱情;
> 他的心依然纯洁无瑕,
> 希望在亲切地抚爱着他,
> 世上的声色犬马、新奇巧妙,
> 仍在诱惑他年轻的头脑。
> 对胸中时而涌现的怀疑,

他用甜美的梦把它们打消；
我们活着为了什么目标？
这对他是一个诱惑性的谜，
他曾绞尽脑汁，思索再三，
揣测着奇迹或许会出现。①

总之，连斯基比奥涅金更热爱生活，更积极乐观地对待人生、爱情和整个世界。连斯基爱上了邻村的一位少女奥丽嘉。他把奥涅金介绍给这位少女和她的家人。没想到少女还有位姐姐名叫达吉雅娜，比奥丽嘉更娴淑和聪慧：

她没有妹妹那种美丽，
没有妹妹红润鲜艳的面颊，
她一点儿也不引人注意。
她忧郁、沉默、孤傲不群，
像只林中的小鹿，怕见生人，
她在自己爹妈的身边，
仿佛领来的养女一般。
……
她经常一个人整天、整天，
默默无声地坐在窗前。
沉思冥想作为她的友伴，
从她在摇篮中便已开始，
在她村居闲暇的时间，

---

① 卢永选编：《普希金文集》第五卷，智量译，人民文学出版社1995年版，第61—63页。

她用幻想点缀她的日子。

……

她喜欢站在小阳台上，
静静地等候朝霞的出现，
那时，地平线上一片苍茫，
星星的圆舞正渐渐消散，
大地的边缘在悄悄转亮，①

……

达吉雅娜高傲而又腼腆，比妹妹更有学识。她喜欢看小说，从理查逊到卢梭，她都喜欢。当奥涅金来到她家时，她一眼就看上了这个来自首都的风流倜傥的青年人。然而奥涅金因为长期生活在彼得堡的无聊的应酬和虚假的爱情之中，无法领略达吉雅娜的纯真的感情。他对这位少女的一见钟情无动于衷。

终于盼到了……她睁开眼；
那个人就是他！——她说了声。
唉！如今不论白天、夜晚，
或是在灼热而孤独的梦境，
到处都有他；不论在哪里，
都像有种魔力对可爱的少女
一再提起他……②

---

① 卢永选编：《普希金文集》第五卷，智量译，人民文学出版社1995年版，第76—78页。

② 卢永选编：《普希金文集》第五卷，智量译，人民文学出版社1995年版，第96页。

达吉雅娜深深地爱上了奥涅金。奥涅金成了少女心目中的王子和英雄。但她无法向谁倾诉她的爱情。她患上了深深的相思病。她的年老的奶娘——普希金说过，他的奶娘阿琳娜·罗季奥诺夫娜就是达吉雅娜的奶娘的原型——也看出了达吉雅娜的心事，却也无能为力，只好在心里祝福着达吉雅娜。

为撕心裂肺般的爱情所折磨着的达吉雅娜，最后决定孤注一掷，给奥涅金写了一封充满天真和纯洁的爱慕之情的书信——这封诗体的书信如今早已成了普希金的最美的作品片断之一，一代又一代的俄罗斯的少男少女都曾被这封真挚的书信感动过——

> 我在给您写信——难道还不够？
> 我还能再说一些什么话？
> 现在，我知道，您完全有理由
> 用轻蔑来对我加以惩罚。
> 可是您，对我这不幸的命运
> 如果还保有点滴的爱怜，
> 我求您别把我抛在一边。
> 最初我并不想对您明讲；
> 请相信：那样您就永没可能
> 知道我是多么地难以为情，
> 如果说我还可能有个希望
> 在村里见到您，哪怕很少见，
> 哪怕一礼拜只见您一次面，
> 只要能让我听听您的声音，
> 跟您讲句话，然后专心去想，
> 想啊想，直到下次再跟您遇上，
> 日日夜夜只惦着这一桩事情。

……

在信的最后，一向高傲和矜持的少女，几乎是在向奥涅金乞求了：

也许，这一切全是泡影，
全是幼稚的心灵的欺骗！
命定的完全是另一回事情……
然而，就算它是这样！
我也从此把命运向你托付，
我站在你面前，泪珠挂在脸上，
我恳求得到你的保护……
你想想，我在家里孤孤零零，
没有一个了解我的人，
整日里头脑昏昏沉沉，
我只有默默地了此一生。
我等你：请你用唯一的你的眼，
把我心头的希望复活，
或是把这场沉重的噩梦捅破，
唉，用我应该受到的责难！[①]

但是达吉雅娜没有想到，她的满腔热望和一片痴心，却遭到了奥涅金冷淡地拒绝。达吉雅娜的纯洁和高傲的心灵受到了深深的伤害。她默默地咽下了自己酿造的苦酒……

这时候，连斯基正狂热地爱着他的奥丽嘉。在达吉雅娜的生日舞会

---

① 卢永选编：《普希金文集》第五卷，智量译，人民文学出版社1995年版，第115—119页。

上，天知道奥涅金是出于一种什么古怪的心理，故意不断地邀请奥丽嘉跳舞。轻佻的奥丽嘉忘乎所以，也快乐地迎合着奥涅金对自己的亲昵。这一切使连斯基忍无可忍了。他在一位好斗的剑客的挑唆下提出要和奥涅金决斗。一声枪响，连斯基倒下了——

> 他用手轻轻地捂住胸部，
> 便倒下了，他矇眬的目光
> 描绘的是死亡，不是痛苦。
> 仿佛是，沿着倾斜的山岗，
> 一团雪球缓缓地向下滚落，
> 太阳照耀着它，银光闪烁。
> 奥涅金突然浑身冰冷，
> 连忙奔向这个年轻人，
> 看着他，呼唤他……毫无办法：
> 他已经死了。年轻的歌手
> 过早地走到了生命的尽头！
> 狂风陡起，一朵美丽的花
> 竟在清晨的朝霞中凋谢，
> 一盏神坛明灯从此熄灭！……

连斯基死了，奥涅金的良心受到深深的谴责。于是他弃家而去，到全国各地流浪去了。

《叶甫盖尼·奥涅金》的第六章就在奥涅金远去的背影里结束。诗人在这一章的最后一节如此写道：

> 让我回首一顾。再见吧，浓荫，

那儿,我的岁月流逝在荒野中,
充满懒散的日子,充满激情,
充满沉郁的心灵所做的梦。
然而,你,我的年轻的灵感,
你要把我的想象激为波澜。
要活跃我昏沉欲睡的心怀,
你要更勤地向我这儿飞来,
我求你,别让诗人的一颗心,
变得冷酷、无情,甚而僵死,
到头来竟化为一块顽石,
社交界寻欢作乐、麻木不仁,
这堕落的深渊本是个无底洞,
亲爱的朋友,你我都浮游其中!①

  诗人在这里既是为奥涅金的命运做总结,同时也有夫子自道的意味。他稍稍松了一口气。不过,整个长诗全部写完,还要等到四年之后。奥涅金后来在莫斯科一个晚会上再遇见达吉雅娜时,她已嫁给了一名年长的将军。达吉雅娜的美丽与端庄,使身心疲惫的奥涅金的目光变得明亮,他的心底燃起了爱的火焰。但这时候的达吉雅娜已为人妇了。她告诉奥涅金说,她已不可能属于他了,虽然她在心底还爱着他……
  《叶甫盖尼·奥涅金》是普希金耗费了七年多的时间最终才完成的一部作品。他没有理由不看重自己的这篇作品。事实上,它确也成了普希金的代表作之一。它的完成,不仅是俄国现实主义文学的重要收获,而且也为整个欧洲和世界文学宝库增添了一件光彩夺目的瑰宝。别林斯基称赞这

---

  ① 卢永选编:《普希金文集》第五卷,智量译,人民文学出版社1995年版,第234—235页。

部作品是普希金最真诚的作品，是他幻想的宠儿，很少作品能这样充分、明确、清晰地反映一个诗人的个性。他认为：我们在这里看到他的全部生涯、他的心灵、他的爱情。我们也看到他的种种情感、观念和理想。衡量这样一部作品意味着衡量诗人的全部创作活动。

奥涅金是普希金精心塑造的俄国当代彷徨、苦闷的一类贵族青年的典型人物。他的身上，有普希金本人以及周围的许多朋友如恰达耶夫、维亚泽姆斯基、小拉耶夫斯基等人的影子。他受过良好的贵族教育，而且也接受了时代精神和国外进步思潮的影响，渴望自由与改革，但自己并没有力量起来行动，因此和那些身体力行、代表着整个民族和大众意愿的进步青年如十二月党人，有着很大的距离；他游手好闲、醉生梦死，却也时时感到这种生活的罪恶与痛苦，心灵深处总是藏有一种深深的惶恐与忧郁。这又使他和那些骄奢淫逸、一味沉湎于声色犬马的花花公子们拉开了距离。他是俄国青年中的"第三种人"。这种人不乏智慧与才华，但在社会上却找不到自己的位置；这种人也有感情和良知，但在爱情中又总喜欢逢场作戏。这种人是"聪明的废物"，也是"无聊的才子"。赫尔岑曾经有言，说像奥涅金这类人，在1825年前后的俄国，"每走一步路都会碰上一个"的。他们的性格决定了他们的命运：鄙弃上流社会的生活却又离不开这种生活；幻想过乡村的改革却又远远地脱离着人民；学富五车却又百无一用……到最后，他们都只能成为一种"多余人"。

奥涅金是俄国文学中第一个"多余人"的形象。在奥涅金之后，俄国文学的人物画廊里，更多的"多余人"接踵而至，成为19世纪俄国文学中的一道独有的风景——这原本也是19世纪俄国社会的一道独有的风景。普希金通过奥涅金这一典型形象的塑造，揭示了19世纪20年代俄国贵族青年中的大多数人的精神和命运。

连斯基的形象和奥涅金不同，他是俄国贵族知识分子中的另一个浪漫主义的典型。普希金最初的手稿中曾用"爱大声呐喊的诗人，叛乱者和诗人"来为连斯基的形象定位。连斯基热爱自由，富于幻想，对爱情、对荣誉、对一切美好的事物都怀着真诚的向往和崇高的信念。在他的身上，有着比奥涅金更多的亮色。普希金最初甚至希望他走上雷列耶夫的道路。也有人认为，连斯基比奥涅金更像是某一个时期的普希金本人：

> 对幸福的纯洁由衷的爱慕，
> 心头的义愤，满腔的同情，
> 为荣誉而受的甜蜜的痛苦，
> 早已使他的热血不能平静。
> 他怀抱竖琴在世上游荡；
> 来到席勒和歌德的故乡，
> 他们诗篇中的熊熊火焰，
> 将他的一颗心立即点燃；
> 崇高的女神们掌管的艺术，
> 从不曾被这位幸运儿辱没：
> 他骄傲地唱着他自己的歌，
> 那无比美妙的庄严的纯朴，
> 那处子的梦幻对心灵的激荡，
> 那永远崇高的情感，他永怀不忘。

> 他歌唱爱情，对爱矢志效忠，
> 他的歌声那么清澈明朗，
> 好比婴儿枕边的甜梦，
> 好比天真的姑娘的遐想，
> 好比澄静的天际的月轮——
> 专司爱情隐秘和叹息的女神；

> 他也歌唱离别和悲伤，
> 歌唱某个什么和迷雾的远方，
> 也歌唱浪漫主义的玫瑰；
> 他还歌唱那遥远的国度，
> 在那儿，他曾长久地居住，
> 在寂静的怀抱中流过热泪；
> 他也歌唱生命褪色的花朵，
> 这时他连十八岁还不曾度过。[①]

从这些咏赞的诗行里可以看出，普希金对连斯基是充满了欣赏和同情的。他在连斯基身上赋予了更多积极的浪漫主义的东西，这种东西是许多十二月党人诗人身上所特有的。如果说奥涅金身上表现出了更多的是个人主义、利己主义的色彩的话，那么，连斯基身上则明显地闪烁着一种为整个人类甘愿牺牲自己的崇高的光华。然而，现实生活并没有使连斯基们的理想得以实现。相反，他也成了"没有目标"的奥涅金的枪口下的牺牲品——其实是成了无聊、庸俗和浑浑噩噩的上流社会的牺牲品：

> 风华正茂，充满欢乐的希望，
> 却未能为世人实现它们，
> 刚刚脱下孩提时的衣裳，
> 便枯萎了！他的灼热的激情，
> 和他心头的高贵的憧憬，
> 年轻、崇高、温柔、大胆的思想
> 以及情感，如今又在何方？

[①] 卢永选编：《普希金文集》第五卷，智量译，人民文学出版社1995年版，第64—65页。

这也是十二月党人时代的许多贵族青年的悲剧性的命运。从连斯基身上，同样映射着俄国的那个时代特征。

和奥涅金、连斯基相比，达吉雅娜则是一颗在混乱中发光的星星。普希金自己曾说过，在这位少女身上，凝聚着他所热爱过的所有俄罗斯女性的特点。她是普希金的理想的化身，美好的激情的产物，温柔的回忆里的最可爱的一部分。达吉雅娜真挚纯洁，内心里充满美好的幻想，但又一点不矫揉造作。她读过外国作家的小说，常常为小说中的人物命运担忧，但她最喜欢的是俄罗斯民间故事和歌谣。她是在善良的奶娘的纯洁的目光下长大的，她的根须连着俄罗斯的肥沃的土壤，所以她身上永远也不可能具有那些只有受着"东鳞西爪"的上流社会教育的人才可能具有的装腔作势和空虚无聊。她忠于爱情，对心中的恋人充满痴情，但又不乏独立思考的能力。她比具有怀疑主义思想的奥涅金更有怀疑生活和认识社会的能力，但她从不游戏人生，而是真诚地看待人生，恪守着自己的道德原则。在彼得堡的浮华的生活面前，她是一朵清纯的俄罗斯之花；在奥涅金的庸庸碌碌的人生面前，她是一束明亮的星光，足以照耀他那可怜的、无助的灵魂。虽然生活在19世纪20年代的达吉雅娜也难逃自己不幸的命运，但是作为一个平民，她的精神和道德面貌却远远高于她周围虚伪的上流社会。在她的身上，体现着普希金对俄国的人民道德的一种认识和歌唱。

《叶甫盖尼·奥涅金》是一部长篇小说，但又是一首通篇浸润着诗意的长诗。在结构上，作者采用《唐璜》式的编号分段的方法，每一段都是一首独立的诗篇，而整个故事随着主人公的命运，在这一首首仿佛绵绵群山般的诗篇中缓缓向前发展。诗人有时候让主人公停下来，暂且休息一下，而他自己则把目光投向了某一处的风景，或让心灵驻足于某一沉思的草地和湖畔。第二天一早，他又带上他的人物，走向新的地平线。他的跋涉既从容而又艰难。他对自己的人物也特别小心翼翼，有时甚至不得不放弃自己的主见而跟着他们走过一段弯路，然后再回到原本的轨迹上来。譬如他多想让奥涅金去接近那些十二月党人，可他的奥涅金却总是让他百般失望：这个聪明的废物压根儿就不配加入这个崇高的行列；他也曾把希望寄予连斯基，但连斯基自身也有弱点，而死亡又大大缩短了他追求崇高理想的时间……普希金的激情被他的主人公们左右着，他的抒情插笔有时候是那么悠闲，荡出于千里之外；有时候又那么匆忙，刚刚出走又赶紧回还。当然，在这漫长的跋涉里，他也时常把他所折服的那些伟大的人物如拿破仑、卢梭、伏尔泰、拜伦、歌德、拉辛、荷马、吉本等拉来做伴，当他觉得暂时不再需要他们了，他又会轻松地告别他们，只带着自己的主人公飞驰而去……

《叶甫盖尼·奥涅金》是完全属于普希金的作品。整个俄罗斯的众生相：乡村，城市，海洋，社会生活，剧院，舞会，庄园里的劳动，灯光下的幻想，四季的风景，占卜，决斗……在这部作品里应有尽有。而普希金又把它们处理得那么井井有条，畅达不紊。别林斯基称这部作品是俄国的一部"百科全书"，是一点也不夸张的。高尔基在他的《俄国文学史》里也写到过，奥涅金作为一个典型，在二十年代才逐渐形成，但诗人立刻看透了这一心理，研究了它，理解了之后就写出了俄国第一部现实主义长篇小说——这部长篇小说，除了它不朽的美以外，对于我们还有其作为历史文献的价值：它比迄今为止许多卷帙浩繁的历史著作更加准确、更加真实地描写了时代。

在米哈依洛夫斯克村，普希金暂时还没有为奥涅金打上句号。奥涅金四处飘荡去了，暂时不知命运之所终；而普希金却还要在这里继续度完他的幽居的日子。

幽居生涯，阴显晦明。它折磨着诗人，也使诗人得到了修炼。凯恩太太在离开三山村之后，甚至有过这样的感觉：沙皇亚历山大一世强迫普希金长期住在米哈依洛夫斯克村，其实是大大促进了他的天才发展。"在孤寂僻静的生活中，他的诗歌变得成熟了，思想变得集中了，心灵也变得坚强和理智了……"①仅从普希金的创作来看，凯恩太太的感觉是不错的。

就像是一只被缚的蛹，他正在一点一点地咬破那层厚茧。他渴望着自由飞翔的那一天！

普希金说过，在米哈依洛夫斯克村的日子里，他经历了好几个日期上的"巧合"。

就在他刚刚写完悲剧《鲍里斯·戈都诺夫》的最后一幕不久，沙皇亚历山大一世驾崩的消息传到了他的幽居之地。普希金仿佛看到了一线希望。他想，他的头号仇敌、将他流放到偏僻乡村的主谋不存在了，那么，他回到彼得堡的日子也就不远了吧？

1825年12月12日，即将继位的新皇帝尼古拉正在憧憬着"后天，我将成为全体俄罗斯人的皇帝"的时候，普希金也在米哈依洛夫斯克为自己的长诗《努林伯爵》打上了句号。而几乎与此同时，在遥远的首都，他的那些慷慨激昂的朋友们：雷列耶夫、别斯土舍夫、普希钦、奥波连斯基等，也正聚集在雷列耶夫家，为一场神圣的起义在做准备。

这些热血男儿中有诗人，有军人，有文人。复仇的火焰在他们每个人的心中燃烧。他们在烟雾缭绕的房间里达成了一致的意见：趁着新沙皇正要即位之机，奇迹般地推翻他！不成功则成仁！即便是被推上断头台，也在所不辞！他们决定于12月14日（俄历）即尼古拉宣誓就职之时举行暴动……

仿佛有某种感应似的，普希金在14日到来的前两天，也总是心神不宁，浑身不自在。他翻开书，没读过几行，就忍不住又丢开了它。他的思想集中不到书上来。他的心似乎已经飞回了彼得堡，和那些朋友们在一起。他相信，他这时候投进他们的怀抱，他们是绝不会拒绝他的。然而那风雪迷漫的天气阻止了他。他被困在大雪掩盖的村庄里，犹如一只困兽。

---

① 《回忆普希金》，见安·彼·凯恩：《普希金情人的回忆》，张铁夫译，漓江出版社1992年版，第22页。

他错过了一个历史性的时刻。

两天后,一个不幸的消息传到了米哈依洛夫斯克村:十二月党人的起义失败了!雷列耶夫、别斯土舍夫等五人被判处死刑,其余暴动者则被判处流放西伯利亚那片"流放者的坟地"。冷酷的消息使普希金浑身冰凉,脸色发白,久久说不出话来。他望着被大雪封住的村口和门口,感到自己像被活埋了一样。他为他的朋友们感到万般的痛惜!他们为了俄罗斯奋斗了一生,最后却付出了如此昂贵的代价!他甚至在一夜之间感到自己苍老了许多,失去了许多。是的,他一下子失去了那么多精神上的伙伴,心灵中的知己。他为俄罗斯的这些优秀的儿子所遭到的不公正的待遇而怒火万丈,焦灼难安!

被心灵的饥渴折磨不止,
我缓缓行在幽暗的荒原——

他抚摸着黑夜里的冰冷的窗棂,听着外面呼啸的风雪声,心里充满了深重的苦痛。他奋笔疾书,用最深情的诗来献给那些先知和先驱者:

起来吧,先知!要听,要看,
让我的意志附在你的身上,
去吧,把五湖四海都走遍,
用我的真理把人心烧亮。①

他感到,自己颤抖的心也已经被人挖走,而一块火焰熊熊的红炭,正塞进他痛苦的心坎。他为那些被处决的朋友痛苦,为那些被囚禁的朋友

---

① 《普希金抒情诗选集》(下),查良铮译,江苏人民出版社1982年版,第163页。

的命运焦虑。"吊死的已经死去，但一百二十位朋友和兄弟被判入狱，这也太残酷了！"他给维亚泽姆斯基写信说，"你脖子上没有链套，可你怎能待在俄罗斯这种地方呢？要是沙皇给我自由，我一个月也不在这里待。我们生活在凄凉的时代……"他感到，米哈依洛夫斯克村的冬天和春天，都因为彼得堡的悲惨的消息而变得更加压抑、死寂和漫长。他在艰难地活着，为了挺过这生命中最为不堪的悲痛和愤怒的时期。

与此同时，随着对十二月党人的审讯，普希金的诗句也正伴随着这些热血男儿的思想的长风，飞遍了整个俄罗斯大地。几乎所有的起义者都自豪地宣称过，是普希金的诗歌唤醒了他们对自由的向往！俄国的大地是他们的自由思想的土壤，普希金的诗就是这大地上的春雷和春雨！

就在起义者失败的消息到处传开的日子里，普希金写于1825年的一首原本是歌唱法国革命的诗《安德列·谢尼埃》中的一节，也被人冠以《十二月十四日》的标题，在彼得堡传抄着：

> ……
> 我们推翻了帝王们。可是我们又把
> 杀人犯和刽子手选为皇帝。可耻啊，可怕！
> 然而你，神圣的自由，
> 纯洁的女神啊——不，你没有过错。
> 当暴虐的盲动阵阵发作，
> 当人民陷入可鄙的暴怒，
> 你便躲开我们；你的救治人的容器
> 遮上了一层血腥的帷幕；
> 可是，你会再来的，带着复仇和荣誉——
> 你的敌人们将再倾覆；
> 那一度尝过你圣洁的甘露的人民

总是想再把它啜饮；①
　　……

　　歌颂法国革命的诗被传抄者这样一处理，便完全变成了一首影射尼古拉一世的针对性的作品。密探们把这样一首诗拿到了尼古拉一世面前，焉能不使得新沙皇对普希金暴跳如雷？尼古拉倒是非常想见识一下这个多嘴多舌、不讨人喜欢的诗人的。他想：普希金难道有三头六臂不成，使得全俄罗斯都以传颂他的狗屁诗歌为荣？

　　于是，1826年8月28日，尼古拉一世的一道命令传了下去：命普希金立刻到莫斯科来！沿途不得耽搁和停留！

　　9月13日夜晚，一名宪兵军官见过了普斯科夫总督后径直来到米哈依洛夫斯克村。当时普希金正在火炉边一边烤火，一边翻看着自己的一束手稿。宪兵的到来，使他赶紧机警地把这束手稿投进了炉膛。这似乎已成了他的习惯。他常常把一些他认为是重要的东西放在手边，以便在突遭不测时好赶紧销毁。在他听到十二月党人起义失败的消息之时，他就这样在一瞬间烧毁了自己的通讯录和另外一些书信，他知道，那上面的一些名字和地址一旦落入政府之手，后果将不堪设想。宪兵的到来，使年老的奶妈不由得大哭起来。老人家这些日子已经知道京城里所发生的事了。她正过着一夕数惊的日子。她知道，她的亚历山大和那些被吊死的人是一伙的。那么，现在，他们也要把她的亚历山大抓了去，然后不是吊死就是送到寒冷的西伯利亚去吧？

　　"不，不要哭，亲爱的奶妈，"普希金紧紧地拥抱着年老的阿琳娜·罗季奥诺夫娜说，"不要怕，不管他们把我弄到什么地方，他们都会让我吃饱的……"奶妈流着泪为亚历山大·普希金系上了燕尾服的扣子，

---

①《普希金抒情诗选集》（下），查良铮译，江苏人民出版社1982年版，第91—92页。

然后不停地在胸前画着十字。她不知道,彼得堡来的人要把普希金带到什么地方去。她呜咽着说:"什么时候你再回来,我会到村口去等待你,愿圣母玛丽亚保佑你平平安安……"

9月14日,普希金在宪兵的"陪同"下,告别米哈依洛夫斯克的乡亲们,告别奶妈和仆人,离开了这个风雪村庄。他还没有忘记,给三山村的奥西波娃写了一封短信说:"夫人,我相信,我在侍卫陪同下突然离家,一定会叫您大吃一惊。我自己也吃了一惊……我要径直去莫斯科……一旦有可能,我就马上返回三山村,因为我的心永远留在三山村了……"

普希金走了,离开了米哈依洛夫斯克村和三山村的田野和树林。

看不见灯火,也看不见
黝黑的茅屋,只有冰雪、荒地……
只有一条里程在眼前
朝我奔来,又向后退去……

他走过了这荒凉的冬天的道路。他把一些美好的回忆留给了米哈依洛夫斯克村的农民、马车夫和绣女们。

许多年后,普希金在米哈依洛夫斯克村的一位老马车夫彼得·帕尔费诺夫回忆说,亚历山大·普希金住在村里,就像村里的一员。他的房间只有一面窗户,窗前有一张小书桌。如果他在家,总是坐在那里读书,一整夜一整夜地读书,有时候他睡着了,又突然间跳起来,坐起身来就写些什么。村里只有他这里的灯火是通宵达旦地亮着的……

马车夫还记得,普希金走了后,"我们从这里给他送书去……书多得很,我记得,我们用上了十二辆大车,满满的二十四箱,有书,也有他的文稿。"他对他的奶妈也十分好。"只要在家,他总是跟她相伴相依。"

147

马车夫说,"早晨,一睁开眼,他就跑去看她:'妈妈,你身体好吗?'他总是管她叫妈妈。而她对他,说起话来总是像唱歌似的:'少爷,你怎么总管我叫妈妈?我哪能是你的妈妈呀!''——你当然是我的妈妈:不是生我的妈妈,而是用奶汁养大我的妈妈。'只要这位老妈妈身体稍有不适,你猜怎么着,他总是守在身旁……"①

不仅他的奶妈喜欢他,村里的每一个农民都很喜欢自己的这位主人。他们经常看见他或是骑着马,或是拿着手杖自由地在田野里散步。他的打扮也很好笑:穿一件红衬衫,扎一条宽腰带,裤子又肥又大,头上戴一顶白草帽。"他既温和又可爱,看上去有点儿疯疯癫癫的样子,"另有一位村民也记得,"有一次,我正在米哈依洛夫斯克路口,见他正向我走来。可是突然之间,他像是被人当头打了一棍,站住不动了。这番情景,使我感到害怕,便赶紧躲进黑麦地里。我偷偷盯着他,见他自言自语大声喊叫起来,还舞动着胳膊,声音时高时低,真像个神经失常的人……"

田野里,集市上,教堂里,卖艺人的圈子里……都常常可见普希金的身影。他像是在看热闹,但谁知道他从那些地方学到了多少地地道道的民间歌谣和俗语。"人民大众的口语值得深入调查一番。"他说,"诗人阿尔菲耶里就是在佛罗伦萨市场上学习意大利语言的。对我们来说,经常听听做圣饼的老太太讲话并非坏事儿,她们的语言往往十分纯洁和规范……"他自己就非常喜欢到教堂附近去听女圣歌队唱歌。

三山村的女孩子之一的玛丽亚——奥西波娃太太的幼女——回忆过普希金留在她童年的心灵中的美好的印象:"他的心眼儿多好啊,遇上什么倒霉事儿,他准能帮你的忙。我的母亲突然心血来潮,叫我去啃语法,还偏偏选上了罗蒙洛索夫的。我开始学了起来,自然,学这玩艺儿,简直是活受罪。'普希金,替我说说情吧!'您猜怎么样?他真的跟母亲说开

---

① 《普希金在米海洛夫》,见果戈理等:《回忆普希金》,刘伦振译,天津人民出版社1986年版,第232—236页。

了,说得这般令人信服,母亲完全软了下来。当时,普希金说:'我有生以来就没有学过语法,从不知道它是什么东西,可是,谢天谢地,我照样写作,也并非文理不通。'此后,母亲彻底抛开了罗蒙洛索夫。一般说来,普希金晓之以理的谈话对母亲具有很大的影响。"[①]

奥西波娃与前夫所生的儿子阿·尼·伍尔夫(1805—1881年),在普希金幽居米哈依洛夫斯克村时,还是位大学生。他也清晰地记得普希金在米哈依洛夫斯克村的"书房"里的陈设:"我登上这位首屈一指的俄国诗人那破旧房子的摇摇晃晃的台阶。我看见他戴着摩尔达维亚红色小帽、穿着晨衣,坐在写字台后面……写字台上还放着孟德斯鸠的著作,《乡村丛书》和《彼得一世日记》……此外还可以看见阿尔菲耶里、卡拉姆津的月刊和藏在半打文选中的圆梦书……"[②]

普希金把最深切的怀念留给了偏远的乡村的人们。许多年后,他们将在那里立起界碑,插上木牌,告诉子孙们:这是亚历山大·普希金生活过的土地,他的树林从这里开始……

……
可是,友人啊,要是你们
还珍惜着对我的追念,
请答应把我临终的这个愿望实现:
悄悄地哀悼我的命运吧,亲爱的,
不要用眼泪惹起对你们的怀疑;
要知道,在我们这时代,眼泪也犯罪:
现在,连弟兄都不敢互相惋惜和安慰。

[①] 果戈理等:《回忆普希金》,刘伦振译,天津人民出版社1986年版,第226—227页。

[②] 《伟大诗人普希金》,冯春、张勉、侯华甫等译,上海译文出版社1989年版,第420页。

> 我还有一个恳求：你们已听了上百遍
> 我那些倏忽情思的急就章，那些诗篇
> 是我整个青春的繁复而珍重的遗言：
> 希望和梦想，眼泪和爱情，啊，朋友，
> 我的一生全在那些稿纸中……①

当米哈依洛夫斯克村和三山村的人们在大风雪中默念着诗人的名字，为他的命运担忧的时候，诗人正走在将要去觐见尼古拉一世的路上。他的怀里揣着他献给十二月党人的诗歌《先知》。有一段后来据说只是流传在人们的口头上的文字是这样的：

> 起来吧，俄国的先知，
> 穿上耻辱的袈裟，
> 把绳索缠在脖颈上，
> 来到可憎的刽子手身旁。②

这时候，他感到，不仅是那些被推上了断头台的革命者和被发配去西伯利亚的人们是俄国的先知，他自己——也正怀着一种神圣的、庄严的激情，而把"先知"的使命放到了自己的肩上。

通往莫斯科的道路就要走到尽头了。在那里，等待着他的将是怎样的命运呢？

---

① 《普希金抒情诗选集》（下），查良铮译，江苏人民出版社1982年版，第92—93页。

② [俄]切尼科夫：《欣悦的灵魂·普希金传》，曹世文、宿瓦林、曹明译，湖南文艺出版社1993年版，第130页。

第六章　莫斯科的玫瑰

在孤独的流放的日子里，普希金曾写过一段笔记——他与亚历山大一世的一次假想性的谈话。"假如我是沙皇的话，"他写道，"我要把普希金叫来，对他说——"

"普希金，你的诗写得倒不错啊。"

普希金一定会不无惶恐、谦卑地对我鞠躬，而我要继续对他说：

"我读过你的那首题为《自由颂》的诗。整首诗有点自相矛盾，有点凭空瞎编，但其中有三行诗倒还不错。你表现得不大理智，但总算还没有散布流言蜚语在百姓中败坏我的形象。你可以有你那些虚妄的意见，但我发现，你总算尊重真理，尊重每个人、包括沙皇的个人荣誉。"

"啊，陛下，您为何要提这首如此幼稚的小诗呢？您最好能读一读《鲁斯兰和柳德米拉》，如果不能全读的话，哪怕只读其中的三首或六首歌也行；要不读一读《高加索的俘虏》、《巴赫切萨拉伊的泪泉》，《奥涅金》正在印刷，但我会荣幸地给陛下的图书馆寄两本去。假如陛下还有时间……"

"得了，普希金。我们帝国的法则是'不干事，就别走'。你告诉我，为什么你跟英左夫相处得不错，但跟沃龙佐夫伯爵却合不来？"

"陛下，英左夫将军是个善良和可尊敬的老人，他是个地地道道的俄罗斯人。他宁可要自己的同胞，不管是认识的还是不认识的，而不要头一号的英国浪荡鬼。他已不再拈花问柳了，他已经不是十八岁了。他身上的那份欲火，即使有过的话，也早已熄灭。他相信崇高的感情，因为他自己就有崇高的感情，他不怕人家的嘲讽，因为他所能得到的嘲讽也就止于此了。他对所有的人都彬彬有礼，不冒失，不相信恶意的中伤。陛下，请您回想一下，所有自由主义的话，所有反法规的文章都加在我的头上，而一切机智的思想却都归于齐齐阿诺夫公爵。我不否认我写过一些蹩脚的诗，但我向往有好的名声。要我拒绝自己的好名声，我也做不到。这是我不可容忍的弱点。"

"那么你是个雅典主义者了？所以你哪儿也不合适。"

"陛下，怎么能依据写给同学的一封信去对一个人判罪呢？同学间的打打闹闹，难道可以视作是罪犯么？我的两句空话，怎么就当作了对全民性的宣传了呢？我过去和现在一直都很尊敬您，把您看作目前欧洲诸国君王中的明君（我会看到查理十世的下场的）。但是您最近一次对我采取的行动（恕我大胆设想您的立场）与您的法规和您的出色的思维方式不相吻合……"

"你承认不承认，你一直在期待我对你的恩赦？"

"这可是对陛下的大不敬了。如陛下明鉴，我错误地估计……"

但这时普希金开始冲动起来，对我讲了许多废话，我也会大发雷霆，把他发配到西伯利亚去。他在那里也许会用各种格律和韵脚写歌颂叶尔马克或古楚汗的长诗。①

应该说，普希金一直是怀着被皇帝赦免的希冀的，但他同时也深知，

---

① [俄]亚历山大·普希金：《普希金散文选》，谢天振译，百花文艺出版社1995年版，第49—51页。

只要他还没有最终放弃他的竖琴，他就不会有什么更好的命运。所幸的是，亚历山大一世还没来得及把普希金流放到西伯利亚去，自己就先翘了辫子。这使得普希金对重返首都又有了新的希望。

1826年9月8日，诗人普希金在宫廷特派的侍卫官的"陪同"下到达了万神聚合的莫斯科。

> 啊，弟兄们，我心中多么高兴！
> 当我因别离而忧伤悲哀，
> 当我迫于命运，颠沛流离，
> 莫斯科啊，我总是想念着你！
> 莫斯科……对一颗俄国人的心说来，
> 多少东西在这声呼唤里交融！
> 多少东西回响在这声呼唤中！[①]

但他暂时还不能去拥抱他的莫斯科。他必须先进殿觐见那位刚刚加冕的新沙皇尼古拉一世。普希金已经做好了充分的准备，准备接受如同他那些英勇的十二月党人朋友同样的灾难的命运。他甚至也像与亚历山大一世所做的一番假想性的对话一样，在脑子里把尼古拉一世的可能性的作为又假想了一番。他的怀里揣着最近写的那首《先知》。他已经做好了准备，一旦尼古拉一世有把他流放到西伯利亚去的意思，他会二话不说，递上这首宣言似的诗篇便去追赶他那些朋友们。

然而令人不可思议的是，尼古拉一世这个只喜欢数学和阅兵，而对诗歌毫无兴趣的新皇帝，见到了诗人却显得彬彬有礼、和颜悦色。

"你好，普希金！"

[①] 卢永选编：《普希金文集》第五卷，智量译，人民文学出版社1995年版，第264页。

"你好，陛下！"

"能回到首都你高兴吗？"

"非常高兴，陛下。莫斯科是我日思夜想的地方……"

"最近还在写诗吗？"

"没有，陛下。从《匕首》之后，我什么也写不出了。"

"为什么呢？你不是很喜欢写诗的吗？"

"审查得太严了，陛下。"

"为什么要写审查通不过的东西呢？可以多写点风花雪月，那不是很好吗？"

"不，风花雪月也会被扣压。审查委员会往往不分青红皂白，给许多无辜的诗歌判了死罪……"

"听说被我流放到西伯利亚的人当中，有几位是你的朋友？"

"不是几位，陛下，是很多人。我敬仰他们。他们都是有思想、有才华的人……"

"这么说，假如12月14日你不是在普斯科夫而是在彼得堡，你也会参加到他们的暴乱的队伍中去啦？"

"毫无疑问，陛下。我会的。只因为我当时不在场，错过了这历史性的时刻，当然，也幸免于难……"

"那么，如果我给你自由，你能向我保证，今后改变行为——改变立场吗？"

"自由？这不可能，陛下。只要有审查委员会的大人们存在，自由就不会靠近我的诗歌。"

"不，不需要审查委员会了。今后我就是你的检查官，相信我，把你所写的诗稿都寄给我，怎么样？"

"你？"

"对，我。现在，我宣布，你，自由了……"

事情真是出乎普希金的意料之外。难道自由会来得这么容易吗？这个身材高大、一身军服的新皇帝，葫芦里装的到底是什么药呢？

普希金感到有些茫然。

他把手伸进口袋里。他触着了那里面的《先知》。看来，暂时不必把这首诗掷给尼古拉一世了。

起来吧，俄国的先知，
穿上耻辱的袈裟，
把绳索缠在脖颈上，
来到可憎的刽子手身旁。

尼古拉一世自然无缘看到这样的诗行了。当天晚上，这位自我感觉异常良好的新沙皇，来到法国大使马尔蒙元帅的舞会上，颇为得意地向众人宣布道："刚才，我和俄国最聪明的人——诗人普希金谈了很久。他完全被我说服了……"

几天之后，普希金出现在莫斯科的大剧院里。他已经被赦免了！莫斯科到处都在传播着这个消息。这个城市万钟齐鸣，欢迎着《鲍里斯·戈都诺夫》和《自由颂》的作者。

一位女诗人这样写道：

人群向前涌跑，
有人对我说："瞧，他来了，
我们最崇敬的天才，
我们的诗人，我们的荣耀。"

尽管他身材矮小，但他却是那样崇高，
他勇敢，敏捷，灵巧。
他匆匆从我面前走过，
但却久久地印进了我的头脑，
他那阿拉伯人的身影使我难忘，
他那热情的目光把我的心田照耀。①

他来到了莫斯科，这是莫斯科的荣耀。无论是王公大臣，贵族太太和小姐，宫中女官，还是大学生、军人和流浪汉，都知道诗人普希金来到了莫斯科。"他就是那位被流放的诗人，是所有孤独的心灵的朋友！"一位同时代的历史学家忠实地记录着这一幕："普希金走进剧场时……整个剧场一片喧哗。大家不停地重复他的名字，所有的目光和注意力都被他所吸引。散场时，有一群人围住他……"②

他在莫斯科很快和朋友们都建立起了联系。这些朋友包括维亚泽姆斯基、恰达耶夫、巴拉登斯基等。他们常常在伏尔康斯基公爵夫人的热闹的沙龙里聚会。"公爵夫人的沙龙是当时一切杰出、优秀人物雅致的聚会之所。"维亚泽姆斯基回忆说。普希金在这里朗诵了他带回来的悲剧《鲍里斯·戈都诺夫》。

"这是一部成熟而格调很高的作品。"维亚泽姆斯基写信给屠格涅夫和茹科夫斯基说，"这是一出悲剧，但是更像一幅历史画卷，这一点我暂时一个字也不说。要给它起码的评价就必须细细地听，细细地琢磨。但是问题在于：这部作品在习俗、语言、诗情的美等方面，其历史真实性达到

---

① [法]亨利·特罗亚：《普希金传》，张继双、李树立、董爱春译，世界知识出版社1992年版，第383—384页。

② [法]亨利·特罗亚：《普希金传》，张继双、李树立、董爱春译，世界知识出版社1992年版，第383页。

了非常完美的程度；普希金的才能得到了非同一般的发挥；他的思想成熟了；他的头脑非常清醒；还有，他的这部作品达到了他本人前所未有的高度……"[1]

历史学家米·彼·波果津（1800—1875年）也是亲自聆听过普希金朗诵的听众之一。他详细地记录下了在一个场合听普希金朗诵时的情景与感受：

……我们听到了质朴、清晰、明白易懂而又引人入胜的诗人的语言。我们安静地，或者更确切地说，是带着一种困惑的心情听完了开头的几场。但是愈往下听，感情就愈炽烈。编年史家同格利戈里的一场戏简直使所有在场的人大为震惊。我简直无法形容我当时的心情……我听见了俄国古代编年史编纂者的活生生的声音。当普希金朗诵到皮敏叙述伊凡雷帝来到基里洛夫修道院，僧侣们为他祈祷："求上帝赐予这饱经忧患和动荡不安的灵魂以安宁"时，我们所有的人简直就像是失去了知觉。有的人感到燥热，有的人感到发冷。头发都竖了起来。谁也无法克制自己。有的突然从座位上霍地跳起来，有的突然大叫起来。有的热泪盈眶，有的露出笑容。忽而一阵沉默，忽而一阵感叹，譬如在朗诵冒充的皇帝的诗句时：

伊凡雷帝的英灵收养我做他的儿子，
他从棺材里敕封我为季米特里，
我周遭，聚集了各族人民，同仇敌忾，
声讨鲍里斯，他是我的牺牲品，业已
注定……

朗诵结束了，我们还长久地彼此相视。接着，大家向普希金奔去。开始拥抱起来，掀起一场喧闹，响起了笑声，流出了眼泪。大家

---

[1] 《伟大诗人普希金》，冯春、张勉、侯华甫等译，上海译文出版社1989年版，第134页。

纷纷表示祝贺。"啊，来喝一杯！"送上了香槟酒。普希金看见他的作品对优秀青年产生了如此巨大的影响，于是受到了鼓舞。他对我们的厚意感到非常愉快。他精神焕发地开始给我们朗诵斯坚卡·拉辛之歌，讲他夜里乘坐尖头小舟沿伏尔加河划去……①

波果津当时是无数个崇拜和热爱普希金的贵族知识者之一。不久，由他任主编的一份双月刊《莫斯科通报》创刊了，普希金欣然参加了这份刊物的编辑工作。编辑人员中还有波兰诗人亚当·密茨凯维奇（1798—1855年）、巴拉登斯基（1800—1844年）等。

密茨凯维奇也喜欢朗诵自己的新作。普希金在别人面前狂妄之至，但面对这位波兰诗人却恭敬得像个小姑娘。他很仰慕密茨凯维奇的学识与才华，密茨凯维奇也十分欣赏普希金的率真与浪漫。他们像一对双子星，互相照亮了对方。"他是一位伟大的天才！真正的圣人！同他相比，我算老几？"这话由普希金说出来，已是十分难得了！

他生活在我们中间，
……而我们
爱他。安详的，友善的，他参加了
我们的会谈。我们和他共同享受
纯洁的梦想和歌唱（他的诗歌
赋有神的灵感，他从高处望着生活）。
常常的，他和我们谈着将来，谈着
那么一天：民族间忘了彼此的争端，
开始结合成为一个伟大的家族。

---

① [俄]切尼科夫：《欣悦的灵魂·普希金传》，曹世文、宿瓦林、曹明译，湖南文艺出版社1993年版，第133—134页。

> 我们都倾心地聆听着诗人……①

几年之后，普希金读到了密茨凯维奇在巴黎出版的四卷诗集，还这样回忆过他们有过的亲密的交往。

回到莫斯科后，普希金享尽了热闹与风光。但他没有想到，他所享受的自由是在一定的范围之内的。尼古拉一世的宽宏大量，其实只是一针麻醉剂，他真正的目的是要普希金"归顺"自己。

果然，普希金在莫斯科的活动都处在特务们的监视之中。"他常去的地方是季娜依达·伏尔康斯基公爵夫人家、诗人维亚泽姆斯基公爵家、前大臣德米特里耶夫家……他们主要讨论文学。"一位宪兵上校的密报上说，"……女人们的确极力恭维和宠爱这个年轻人。比如说，当他想到某一公司做事时，马上就有很多人异口同声地说：'做什么事？就用您那崇高的作品来丰富我们的文学吧！'另一位说，'您已经在为天才工作了。'等等。"②特务们的一份份秘密报告写得详细而具体。

尼古拉一世说过要亲自做普希金作品的检查官的，于是他吩咐手下要来了《鲍里斯·戈都诺夫》的手稿。但他哪里有时间阅读这些劳什子呢！即使有时间，他也未必能看得懂。好在他有自己的可靠的代阅者和操刀人。几天后，普希金得到这样的"圣旨"："我认为，要是能细细做一些净化工作，譬如把剧本改为小说或类似瓦尔特·司各特的历史故事，那就好了……"

对此，普希金真有点哭笑不得。不，他已经感到了，他从皇帝这里所享受的自由，必须是以失去自己在作品中的独立精神和个人思想为代价的。他忍气吞声，为了能在莫斯科生活下去。但是他也非常明白，在沙皇

---

① 《普希金抒情诗选集》（下），查良铮译，江苏人民出版社1982年版，第416页。

② [法]亨利·特罗亚：《普希金传》，张继双、李树立、董爱春译，世界知识出版社1992年版，第388页。

和十二月党人之间，他的心永远是属于后者的。

1827年新年过后，十二月党人穆拉维约夫（1796—1843年）的妻子要去西伯利亚探监，普希金立即托她带去了他的火焰般的诗篇。一首给同学普希钦，另一首给所有的西伯利亚的囚徒：

在西伯利亚的矿坑深处，
请把高傲的忍耐置于心中：
你们辛酸的工作不白受苦，
崇高理想的追求不会落空。

灾难的忠实姊妹——希望
在幽暗的地下鼓舞人心，
她将把勇气和欢乐激扬：
渴盼的日子就要降临。

爱情和友谊将会穿过
幽暗的铁门，向你们传送，
一如我的自由的高歌
传到了你们苦役的洞中。

沉重的枷锁将被打掉，
牢狱会崩塌——而在门口，
自由将欢欣地把你们拥抱，
弟兄们把利剑交到你们手。①

---

① 《普希金抒情诗选集》（下），查良铮译，江苏人民出版社1982年版，第183—184页。

尼古拉一世当然不会想到，普希金的诗能够瞒过他而径直传送到了西伯利亚。

普希金的诗不仅给普希钦，也给所有西伯利亚的十二月党人以极大的安慰与鼓舞。"普希金的声音使我欣喜万分！我满怀着深沉的、令人振奋的感激之情，但我不能拥抱他，就像我第一个去流放地探望他时，他那样拥抱我。唉，我甚至不能握一握那位怀着喜悦的心情急于要用友人的怀念安慰我的妇女的手……"[①]普希钦后来这样回忆道。流放者们秘密传阅着诗人的赠诗。大家推举诗人亚·伊·奥多耶夫斯基（1802—1839年）以全体十二月党人的名义向普希金写了酬答诗，其中写道：

　　竖琴弹奏的热情语言，
　　飘然传到我们的耳畔。
　　我们伸手去抓宝剑，
　　摸到的却只是锁链。

　　但请你放心，诗人，
　　我们为镣铐，为命运而自豪。
　　我们虽被铁门禁锁于监牢，
　　心里却将沙皇们嘲笑。

　　我们艰辛的工作不会徒劳，
　　星星之火定将燃成熊熊巨焰——
　　我们信奉东正教的人民，

[①] 《伟大诗人普希金》，冯春、张勉、侯华甫等译，上海译文出版社1989年版，第87—88页。

将汇集在神圣的旗帜下面。

我们把镣铐锻成利剑,
重新点燃自由的火炬。
我们带着火扑向沙皇——
人民必将自由地呼吸。

坚强的意志、崇高的理想和伟大的信念,把诗人和西伯利亚的先知们紧紧地联系在了一起。他们的思想正是那点燃俄罗斯人民心头之火的火种。后来列宁创办《星火报》,取意正是奥多耶夫斯基的这首诗。"他们的事业没有消亡!"成了伟大导师评价十二月党人事业的一句名言。

莫斯科的玫瑰花在为诗人开放。
普希金的名字挂在每一位漂亮的太太和小姐的嘴上。
被美女和鲜花簇拥着,诗人又是激动又是疲倦。

清醒吧,诗人啊,你在把什么东西寻觅?
人家并不是听你诗人的,她无动于衷;
你看——她在开放;你呼唤——却没有回应。[1]

他很快就厌倦了情场上的游戏。

死去了,我们的航海家和舵手!——
只有我,这个神秘的歌手,

---

[1] 卢永选编:《普希金文集》第二卷,乌兰汗、魏荒弩、卢永等译,人民文学出版社1995年版,第105页。

被风暴和海浪推到了海岸，
我仍然唱着昔日的颂歌，
同时把我的湿透了的衣着
借着阳光放在岩石上晒干。①

航海家和舵手们远去了——或是殒身，或是被风暴卷到了遥远的西伯利亚，而他却滞留在了莫斯科。环顾四周，他很快又觉得有一种大孤独。

围绕在《莫斯科通报》四周的那些醉心于浪漫主义和德国哲学的学人们，渐渐地也不再使他产生兴趣。普希金是一个积极的现实主义者，他无法忍受这些先生们的形而上学的那一套，更不愿让自己成为生硬的、高深莫测的专业术语的奴隶。"他很快就脱身出来，而我却全身心卷了进去。"维亚泽姆斯基回忆说。普希金在写给杰尔维格的信上也发牢骚说："在《莫斯科通报》和德国的形而上学一事上你指责我。可你不知道我多么憎恨和轻视这种形而上学！但有什么办法呢？一批头脑发热而又固执的小伙子聚集在一起，他们说东，我却说西。我对他们说：'先生们，在虚无缥缈之中生活，你们会多么愉快！对有丰富知识的德国人来说，这都是好事。但我们呢？……《莫斯科通报》处于困境，却反问：'绳子的本质是什么？'至于时间的本质，我可不愿意因阅读《通报》而失去它……"②他当然只能和这些哲学家们分道扬镳。

1827年春天，普希金希望离开莫斯科到彼得堡去。尼古拉一世同意了他的请求，同时告诫他道："相信你会恪守诺言，高尚正派地做人……"普希金当然知道沙皇所说的"高尚""正派"的意思。

---

① 卢永选编：《普希金文集》第二卷，乌兰汗、魏荒弩、卢永等译，人民文学出版社1993年版，第113页。

② [法]亨利·特罗亚：《普希金传》，张继双、李树立、董爱春译，世界知识出版社1992年版，第400页。

在动身之前，他给三山村的奥西波娃写了封信："对于我在莫斯科逗留和抵达圣彼得堡一事，我能对您说些什么呢？夫人，两个首都尽管千差万别，但都同样平淡无奇和无聊。大家都说我公平，但如果让我选择，我会选择三山村……我正要动身，但无论如何我也要在米哈依洛夫斯克村住几天。我衷心地等待这一时刻。"①普希金的奶妈听说他又要回到米哈依洛夫斯克村来，高兴得整夜整夜睡不着觉。"你快点来吧，亲爱的，别让我等得太久。"她请三山村的女孩子给她的亚历山大写信说，"告诉我你哪一天来吧，我要把所有的马车派到路口去迎接你……"美丽的故园是永远富于诱惑力的。7月底，普希金又一次来到了米哈依洛夫斯克村。阿琳娜·罗季奥诺夫娜、奥西波娃太太以及那些如花似玉的乡村女孩子，像欢度节日一样迎接了诗人。

这一次，诗人只在这里待了三个月。

他仍然在这里骑马、打台球、散步，和女孩子们胡闹。但他又明确地给自己规定：至少要有12小时用来读书和写作。他的床铺上、书桌上摆满了书、纸张和红铅笔。

他写了许多抒情诗。他冷静地审视着"诗人"的意义，这意义来自于他个人的经验：

> 当阿波罗还没有向诗人
> 要求庄严的牺牲的时候，
> 诗人尽在怯懦而虚荣地
> 漫沉于世俗无谓的烦忧；
> 他的神圣的竖琴喑哑了，

---

① [法]亨利·特罗亚：《普希金传》，张继双、李树立、董爱春译，世界知识出版社1992年版，第403—404页。

他的灵魂咀嚼着寒冷的梦；
　　在空虚的儿童世界中间，
　　也许他是最空虚的儿童。

　　然而，诗人敏锐的耳朵
　　刚一接触到神的声音，
　　他的灵魂立刻颤动起来，
　　像是一只惊醒的鹫鹰。
　　他厌烦了世间的嬉戏，
　　不再聆听滔滔的人言，
　　他高傲的头不肯低垂
　　在世俗的偶像的脚前；
　　他变得严峻，性情古怪，
　　心里充满了繁响和紊乱，
　　他要朝向荒凉的海岸狂奔，
　　投进广阔的喧响的森林……①

　　普希金不愧为一位伟大的诗人。他懂得什么是诗人真正的价值。他在一首未完成稿中，也毫不隐讳地吐露出了自己貌似被赦免实则被软禁起来的苦恼。他无法忍受这样一种生活：

　　诗人在显贵的金色的圈子里，
　　受着沙皇们的垂青福分不浅。
　　他将痛苦的真理掺进谎言，

---

① 《普希金抒情诗选集》（下），查良铮译，江苏人民出版社1982年版，第198—199页。

掌管起笑,又掌管起眼泪,
使麻木了的趣味变得新鲜,
给贵族的傲慢以荣誉的桂冠,
让他们的筵席搞得富丽堂皇,
然后注意听取聪明的表彰。
而同时,被仆役驱赶着的人们,
拥挤在黑色的台阶一旁,
不能靠近一扇扇沉重的铁门,
远远地谛听着歌手的吟唱。[①]

他不惜偏离方向,不去彼得堡,而来到乡村的土屋中,正是为了摆脱城市的筵席上的无聊与浮华。他没有忘记他诗人的使命。

在米哈依洛夫斯克村,他还有一项写作计划,就是撰写历史小说《彼得大帝的黑奴》。

早在1825年,普希金得知诗人雷列耶夫准备写一部关于彼得大帝时期的长诗的消息,便给弟弟写信说:"请给雷列耶夫提个建议,让他在写新的长诗的时候,把我们的祖父也放到彼得大帝的侍从之列。他的黑人的皮肤在波尔塔瓦之战的整个场景中,肯定会产生奇异的效果。"后来,普希金又看到了一份关于他的外曾祖父阿勃拉姆·彼得罗维奇·汉尼拔的德文传记材料。这份材料成了普希金小说的文献之一。此外,他还阅读了18世纪末出版的历史学家伊·伊·戈里科夫的著作《彼得大帝的功勋》,载于《1825年俄国古代风俗》文集中的十二月党人阿·奥·科尔尼洛维奇(1800—1834年)——他也是一位著名的历史学家——的特写《彼得大帝时代的俄国风习》,其中包括《俄国最早的舞会》。

[①] 卢永选编:《普希金文集》第二卷,乌兰汗、魏荒弩、卢永等译,人民文学出版社1995年版,第131页。

普希金在自己的作品里利用了这些文献，但又不拘泥于此。实际上，汉尼拔在安娜·伊凡诺夫娜女皇时期，娶的是一个海员的女儿——希腊女子叶芙多吉娅·季奥佩尔，而普希金的小说里却变成了娶了一位俄国贵族小姐。倒是普希金在准备写的自传中，写的却是真实的历史："我的外曾祖父汉尼拔像我的曾祖父普希金一样，同样是不幸的。他的第一个妻子，按血统是希腊女子中的美人，她为他生了一个白皮肤的女儿。他和她离了婚，迫使她削发，进了季赫温修道院……"还有汉尼拔对D公爵夫人的爱情这个情节，自然也是诗人的虚构。

三山村的奥西波娃太太的大儿子阿·尼·伍尔夫亲眼看到了普希金创作这部小说时的情景，当时伍尔夫还是一位大学生，正在三山村度假。他在1827年9月16日的日记里写道：

我登上这位首屈一指的俄国诗人家那破旧房子的摇摇晃晃的台阶。我看见他戴着摩尔达维亚红色小帽，穿着晨衣，坐在写字台后面。写字台上摆满了一个时髦人物梳妆台上的一应物品。写字台上还放着孟德斯鸠的著作《乡村丛书》和《彼得一世日记》，看起来倒也协调。此外还可以看见阿尔菲耶里、卡拉姆津的月刊和藏在半打文选中的圆梦书……他翻开第二本笔记本，让我看他刚刚写好的一部小说的头两章。在这部小说里，主要人物是他的外曾祖父汉尼拔。他是埃塞俄比亚一个可汗的儿子，被土耳其人抢走，俄国公使把他作为礼物从君士坦丁堡送到彼得一世那里，彼得一世亲自栽培他，并且很喜爱他。这部小说的主要情节，据普希金说，是：这个黑人的妻子对丈夫不忠，给他生了个白种婴儿，因此被送进修道院。这就是这部作品的历史根据。[①]

---

① 《伟大诗人普希金》，冯春、张勉、侯华甫等译，上海译文出版社1989年版，第420页。

普希金在这部小说的一开始就细腻地描绘了17世纪初叶法国贵族阶层的生活图景。他的用意是想说明：正是上流社会如此这般的糜烂和没落，导致了法国摄政时期的生活与精神文明中的光辉和自由思想。与奥尔良公爵的无所用心、荒淫无度的精神面貌形成了鲜明对照的是彼得大帝的年轻的、充满创造力的治国风采。普希金在这位俄国君主身上注入了自己的理想神韵，赋予了他开明的思想、宽阔的胸襟、务实的作风、智慧的头脑和善良的心灵。别林斯基评价说，在彼得大帝身上，体现着"俄罗斯伟大的改造者"的鲜明的民族质朴性。他是普希金塑造的充满理想光芒的、具有典范意义的君主形象。

普希金在作品中极其热情地颂扬了彼得大帝及其同僚们所进行的创造性的改革活动。他的用意是良苦的：人们不难看出，后来的十二月党人的思想风貌正是与彼得大帝时代的自由、务实、改革和创造的精神一脉相承的。而这一精神，恰恰与尼古拉一世所崇尚的那种官方的豪华、虚浮之风形成对照。这使得这部历史题材的小说显然又具有了对现实的积极的讽谏意义。

然而很可惜的是，普希金的这部小说并没有写完。这部小说的一些片断曾发表在1829年的《北方之花》和1830年3月的《文学》报上。连《彼得大帝的黑奴》这个题名，都是在诗人去世后，由《现代人》杂志的编辑家们拟定的。别林斯基也很为这样一部优秀的作品没能完成而惋惜。他说："假如小说写完，而且写得和开头一样好，那么我们就会有一部描写俄国历史上最伟大时代的风习的最好的历史小说。"他认为，这部小说的已写出的任何一章，都超过了俄国的擅长写历史小说的作家如扎戈斯金（1789—1852年）或拉热奇尼科夫的任何一部作品，"小说的这七章，比任何单独一部俄国历史小说和所有的俄国历史小说加在一起都要高得多，好得多。"[①]

[①] [俄]切尼科夫：《欣悦的灵魂·普希金传》，曹世文、宿瓦林、曹明译，湖南文艺出版社1993年版，第146页。

实际上普希金自己对这部历史小说也是充满信心的。他和阿·尼·伍尔夫谈过："我感到很奇怪，卡拉姆津在谈到伊戈尔和斯维亚托斯拉夫的时候，怎么能那么冷淡地写他那《通史》的头几个部分。这可是我国历史上的光辉时期。我一定要写出彼得一世的历史，而写亚历山大的历史则要用库尔勃斯基的笔法。一定要写出当代所发生的事件，让后人可以引用我们的著作。现在已经可以写尼古拉的统治和十二月十四日事件了。"①

1827年10月初，普希金收拾起一些未完成的诗稿和几本正在读的书本，离开了米哈依洛夫斯克村，前往圣彼得堡。

这些尚未写完的作品中包括一首长诗《波尔塔瓦》。这仍然是一首历史题材的作品。大学生阿·尼·伍尔夫在10月4日和5日的日记上写道："不久前我顺路到普希金那里去，碰到他在写一首取材小俄罗斯历史的新的长诗：柯楚别伊告发玛泽巴，玛泽巴劫走他的女儿。这首诗像以往那样写得极好，有关年轻姑娘对六十岁的老头，她的教父玛泽巴的爱情以及这个阴险残酷的沽名钓誉者的性格描写得好极了。从开头的情况看，这部作品的篇幅比他以前的几首长诗大得多。场面比以前的作品也丰富得多：他似乎想彻底揭露他的创作对象。只是对玛泽巴性格的描绘我感到有些熟悉；我不知道，从前我似乎读到过类似的故事：这也许是因为他非常忠实于历史，要么是我把他想象成这样。"一个星期之后，伍尔夫又在日记上记道："……到普希金那里去，他给我朗诵了即将完成的长诗。这首长诗共有三章，题目叫《波尔塔瓦》，由于个人的原因，不能叫《柯楚别伊》或《玛泽巴》。柯楚别伊的死刑写得很好，玛泽巴后悔不该把希望寄托在只能打胜仗的查理十二世这个骑士身上。这也是非常真实的，也写得很好。可以相信，普希金在历史小说这方面的成就一定不会比以前的

---

① 《伟大诗人普希金》，冯春、张勉、侯华甫等译，上海译文出版社1989年版，第421—422页。

作品差。"①

这首诗最终完成还要等到一年之后。

在从米哈依洛夫斯克村通往圣彼得堡的途中，在一个小小的驿站上，普希金正在读一本席勒的诗集打发无聊的旅途时光。突然，他看见一名警官押送的一辆三套马车来到了驿站。

"我出去一看，见一名囚犯靠柱子站立着。"普希金后来在笔记里写道，"这是个年轻人，身材高大，脸色苍白、消瘦，一把黑胡子……突然，年轻人向我投来一个热切的目光，我情不自禁地转向他。我们相互长时间地打量着……我认出了他，原来是老同学丘赫尔别凯。我们相互拥抱在一起。宪兵把我们分开，警官抓着我的胳膊，威胁和辱骂我。但我都当作没听见。丘赫尔别凯昏倒了。宪兵给了他一点水，把他架上马车，车队又出发了……"

丘赫尔别凯是被判为终身监禁，从契卢塞尔堡监狱押送到杜纳堡监狱途经此地的。孰料这对皇村中学的老同学竟在这里相逢，又是在这样的不同的境遇中！

普希金的心头又浮现起了他写过的诗句：

死去了，我们的航海家和舵手！
只有我，这个神秘的歌手，
被风暴和海浪推到了海岸。
……

他怀着无比沉重和忧伤的心情回到了圣彼得堡。

1827年冬天和1828年，普希金都是在彼得堡度过的。他没有和父母住

---

① 《伟大诗人普希金》，冯春、张勉、侯华甫等译，上海译文出版社1989年版，第422—423页。

在一起，而是在旅馆另租了两个普通房间，单独居住。在这里，他和诗人杰尔维格、音乐家米·洛·格林卡（1804—1857年），还有一位被他誉之为"杰出的、不同凡响的人"亚·谢·格里鲍耶陀夫等经常交往。杰尔维格是《北方之花》的主编，他们就经常聚集在他家朗诵杂志上的新作。当然，在上流社会的娱乐场所，也会常常看到普希金的身影。

他觉得，在彼得堡的生活，和莫斯科没什么两样。一切都使他感到单调乏味，唤不起他的激情。

这时候，凯恩太太也随丈夫迁到了彼得堡。她觉得，这时候的普希金虽然心情不算坏，"但好像缺少点什么。他似乎对自己和别人都不像在三山村和米哈依洛夫斯克村时那样满意。"凯恩回忆说，多年来的孤寂僻静的生活，已经使他的诗歌变得成熟了，使他的思想变得集中了，使他的心灵也变得坚强和理智了。所以，他一到彼得堡，"就立即开始拼命进行写作，因此我们很少见到他。"①

普希金用诗歌表达着他内心深处的苦闷：

> 啊，春天，春天，爱情的季节，
> 你的出现对我是多么沉重，
> 在我的心灵和我的血液里
> 那是怎样痛苦的激动……
> 我的心啊，对欢乐早已陌生……
> 一切明亮的、使人欣喜的
> 只令我厌腻，只令我疲倦。
> 还是给我飞旋的风雪吧，

---

① 《回忆普希金》，见安·彼·凯恩：《普希金情人的回忆》，张铁夫译，漓江出版社1992年版，第22页。

我要漫长的冬夜的幽暗。①

在尼古拉一世的表面宽容的气氛里,他隐隐地感到了自己的不幸,感到了自己所受的屈辱。"他有一种忧郁和不安的感觉,经常喜怒无常。他好像被什么事情折磨着,总想冲到什么地方去……尼古拉皇帝的庇护和照顾使他感到痛苦和窒息。"一位同时代人这样写道。

这实际上正是普希金的内心的病症。

他写到了一种安渣树,那是一种毒树,绿色的树叶散发着毒汁。

然而,人却能以威严的目光
把别人派到毒树那里,
那人立刻俯顺地前往,
次日一早,带回了毒剂。

他献上了致命的树脂
和叶子已枯萎的树干,
啊,他苍白的前额尽湿,
汗水流下来有如冷泉。

献完了,接着虚弱地倒在
帐篷里的树皮地面,
这可怜的奴隶于是死在
无敌的主子的脚前。②

---

① 《普希金抒情诗选集》(下),查良铮译,江苏人民出版社1982年版,第205页。
② 《普希金抒情诗选集》(下),查良铮译,江苏人民出版社1982年版,第246页。

普希金觉得，他自己就像这个去采挤安渣树毒汁的"可怜的奴隶"，正被人任意支配着，没有尊严，没有自由，没有自己的思想。

他在百般苦恼中靠写作支撑着自己。正如凯恩所说，他几乎是在"拼命"似地写作。约瑟夫维奇（1802—1889年）在自己的回忆录里记述过普希金这段时间的写作状态："他坐在家里，整天写作，甚至在睡梦中都在构思诗句，因此往往夜里从床上跳起来，摸黑把诗句写下来。要是他饿了，就跑到附近的小饭馆去，可诗句老是萦绕在心头，于是到那里他随便吃了点东西，便急忙跑回家写下他在路上和吃饭时想出来的诗。这样，他往往一昼夜就能写几百行诗。有时他的一些想法没有用格律写成，而先用散文记下来，随后进行修改润色，最后草稿中剩下的诗句往往不到四分之一。我看到过他的一些草稿，上面涂满了字，简直无法辨认：在删去的字句下面又有几行删去的字句，以致纸上没有一点空白之处。"[①]

在德姆特旅馆的小房间里，他继续写那首未完成的《波尔塔瓦》。室内寒冷潮湿，窗外风雪呼啸，但全神贯注的创作投入，使他忘记了寒冷，忘记了外面世界的存在。他沉浸在波尔塔瓦的紧张的战役之中。

凯恩回忆说，1828年冬天，普希金几乎每天都沉浸在《波尔塔瓦》的富于诗意的形象与和谐的诗句之中。有时常常一边走路一边口中念念有词。有一次他来看凯恩，一进门就高声朗诵道："战事开始了，波尔塔瓦之战！"他最后把这句诗定稿为"战事爆发了，波尔塔瓦之战！"当他玩味自己的某些得意的诗句，或是某一行诗不知为什么深深地印在他心中时，他总是这样做。凯恩还记得，在三山村时，他有些日子口里总是念叨着这样一句诗："她会失信的，她不会再来！"这是他在《茨冈》里写下的一句诗。

《波尔塔瓦》写得非常紧张。普希金自己说："我不敢把时间拖长，

[①] 《伟大诗人普希金》，冯春、张勉、侯华甫等译，上海译文出版社1989年版，第517页。

否则我会半途而废的。"他也很看重自己的这部作品。他在记事本里写道："多么残酷的主题！没有丝毫高尚情操！没有一点令人安慰的地方！只有诱惑、恶意、背叛、狡诈、卑鄙和残暴……使我高兴的是，诗歌强劲有力，是对所有丑恶现象的深刻揭露……"为了体现自己的独创性，他赋予这首长诗许多重大的使命。他要在这首诗里展示出俄国在其他欧洲国家当中的命运，展示俄罗斯民族在与强大的对手进行战斗中捍卫自己的生命与尊严的力量：

> 经历过许多命运的打击，
> 忍受了长期惩罚的磨练，
> 俄罗斯才日益强大起来，
> 铁锤击碎玻璃，铸成利剑。

在波尔塔瓦之战胜利后，作者满怀深情地歌唱道：

> 在北方大国人民的心中，
> 在它南征北战的命运里，
> 只有你，波尔塔瓦的英雄，
> 给自己建立起一座丰碑。[1]

这是这首诗的第一个主题。它的另一个主题是歌唱在历史的洪流中的人的悲欢与命运。"几个性格强烈的人物和笼罩在这一切恐怖现象上的深刻的悲剧阴影，这就是吸引我的东西。"普希金后来在反驳一些人对《波尔塔瓦》的批评时这样承认说。

---

[1] 卢永选编：《普希金文集》第三卷，王士燮、余振、查良铮等译，人民文学出版社1995年版，第390页。

《波尔塔瓦》并非一首完美之作，但却是一首坚实的、富于思想性的作品。有人评价说，《波尔塔瓦》从总体上看，似乎不够协调，头绪很多、主题纷繁，但每一个片断却都坚不可摧，堪称杰作。普希金自己也认为，《波尔塔瓦》是他"最可信的著作"之一。

彼得堡的冬天同样是漫长的。"豪华的京城，可怜的京城，不自由的内心，端庄的外形。"普希金这样瞅着这座城市，内心里的阴影挥之不去。

> 当喧闹的一天为凡人而沉寂下来，
> 在都市的静谧的广场上
> 覆盖下来那半透明的黑夜的影子
> 和梦——那白天劳碌的奖赏，
> 这时候，寂静中折磨人的不寐时刻
> 对我来说拖得那么漫长：
> 在夜晚偷闲中，内心的毒蛇的咬噬
> 使我的胸膛更加发烫；
> 幻想在沸腾；在被忧伤压抑的心里，
> 交集着千万种沉痛的缅想；
> 回忆在我的眼前默默地展现出
> 它的画卷源远流长；
> 我满心厌恶地审视着我的一生，
> 我咒骂，我内心惶惶，
> 我痛苦地抱怨，痛苦地流着眼泪，
> 但却洗不掉悲伤的诗行。[1]

---

[1] 卢永选编：《普希金文集》第二卷，乌兰汗、魏荒弩、卢永等译，人民文学出版社1995年版，第147页。

他在彼得堡的白夜里这样写着他的《回忆》。他的内心里藏着深重的苦闷。他甚至觉得自己是"被神秘的命运判处了死刑"！

> 是谁凭仗不怀好意的权柄
> 从无生之中呼唤我降生，
> 使我的心灵充满了情感，
> 用疑惑使我的理智焦虑惶恐？……
>
> 我的眼前茫无目的：
> 心灵空虚，头脑空洞，
> 惟有生活的单调的喧嚣
> 用忧伤折磨得我痛不欲生。①

在1828年他的生日之夜，他这样思索和追问着。他这一时期写下的许多抒情短诗，都充满了对于生命的意义，人的命运、道德、爱情以及自由等命题的沉思与发问。

沉重的、反复的生活经验，已经把他变成了一个哲学家，一个成熟的人道主义者。

也就在这一年冬天，命运又在他苦闷的心上狠狠地戳了一刀：他心中的母亲、姊姊和最亲密的女友，他的年老的善良的苦难的奶娘——阿琳娜·罗季奥诺夫娜，在彼得堡与世长辞了。漫天的雪花卷走了奶娘的朴素的灵魂，普希金的心上也像是覆盖上了一层厚厚的积雪。他知道，米哈依洛夫斯克村的旧房子从此将失去生气，命运把他个人生命的最后一条退

---

① 卢永选编：《普希金文集》第二卷，乌兰汗、魏荒弩、卢永等译，人民文学出版社1995年版，第149页。

路——和亲爱的奶娘的亲密的精神联系——彻底地切断了!"命运将在什么时候,在哪里,也给我派来死神,来把我这具寒尸收敛?"他觉得自己一夜间也苍老了许多。

彼得堡的生活让普希金厌倦透了。

"我发现整个上层社会异常兴奋,发疯似地享乐。"1829年1月25日,普希金如是写道:"举办'盛大的交际晚会'已成为时髦之举。我们以前怎么就没有想到呢?我们就是为'盛大的交际晚会'而出生的,因为这些晚会的成功既不需要智慧、活泼,也不需要会话、政治和文学。大家踩着别人的脚就像走在地毯上一样。你只要表示一下歉意,这就代替了会话。"①

他千方百计想离开彼得堡,到另外的地方去呼吸一下新鲜空气。

还在1828年春天时,他就得知俄国正在同土耳其开战的消息,便请求沙皇同意他去高加索服役、参战。但没有得到批准,说是"名额已满"。他请求到国外去旅行一次,也未获批准。1828年冬天过后,他无处可去,只好又从彼得堡来到莫斯科。他内心藏着这样的愿望:或许,从莫斯科会有机会到第比利斯去,然后再从那里到国外去……但他很快就放弃了去国外的念头,原因是他在这里——在莫斯科,见到了大家公认的"莫斯科第一美人"娜塔丽亚·冈察罗娃。她的美貌使普希金大吃一惊,相见恨晚。

那是在一个舞会上。十六岁的娜塔丽亚身材轻盈飘逸,明眸皓齿,宛若仙女下凡。她还是一个纯真得略显腼腆的少女,当她知道邀她跳舞的人就是诗人普希金时,她的眼睛里放射出钦慕和自豪的光彩,她甚至感到自己能与赫赫有名的诗人共舞,有点受宠若惊了。而普希金呢,他也觉得有点受宠若惊,因为他是荣幸地在和一位如此美丽动人的少女共舞。他觉得自己的血涌动得很快,心跳也加快了速度。不,他觉得他面对的不是一个

---

① [法]亨利·特罗亚:《普希金传》,张继双、李树立、董爱春译,世界知识出版社1992年版,第436页。

人,而是一尊神——一尊美神!他在一瞬间就拿定了主意:就是她了!他梦寐以求的爱情形象,他的天仙,他的命星,他的女神!

他迫不及待地立刻就去拜访了娜塔丽亚·冈察罗娃的家人。娜塔丽亚的父亲冈察罗夫在外交部任职,他有三个女儿和三个儿子。娜塔丽亚是他最小的女儿,他的掌上明珠。三个女儿中数娜塔丽亚最美。美到什么程度呢?有位索洛古布伯爵这样写道:"我一生见过许多美女,有的也许比她(指娜塔丽亚)更迷人。但我还从未见过像她这样完美的女性。她的小脸和腰身看上去十分典雅。她身材高大,十分苗条,胸部丰满,迷人的脑袋像朵百合花晃来晃去。我从未见过如此动人的身段和如此标致的女性。她的皮肤多么娇嫩,眼睛多么迷人,一口银齿晶莹剔透,两只耳朵小巧俊美!是的,这是个真正的人间尤物。她的出现令群芳失色,这理所当然,即使姿态相当秀丽的女性也会自惭形秽。"

普希金无法不对这样一位仙女发狂。不久,他就向冈察罗夫家提出求婚。但冈察罗夫夫人却一口反对。在她看来,她的小女儿年轻、漂亮,应该嫁一个比普希金更强的人。普希金有什么好呢?不富有,这倒不说他。他会写诗,可名声却并不太好,而且,"诗人"往往意味着灾难和见异思迁,越是好诗人越可能是坏丈夫。还有这一见钟情式的爱情,怎能轻易答应?总之,妈妈暂时不同意把自己的女儿这么轻易地送给这个火烧火燎似的小子。

"如果普希金真的爱上了我们的小娜塔丽亚,那就让他耐心等待着吧,反正娜塔丽亚还小……"冈察罗夫太太丢下了这么一句话。

有了这句话,普希金虽然并不满意,但也应该知足了。等待,不就意味着希望存在吗?可是,等待,又是多么难以忍耐啊!

他感到,他无法在莫斯科待下去了,这样待下去,他会发疯的——为娜塔丽亚!为他的天仙与命星!

他决定暂时离开莫斯科,让自己别再天天见到娜塔丽亚,让时间和距离来浇熄——不，来稍减他心中的熊熊燃烧的爱情的烈焰。否则，他会被烧化的。他决定到高加索一带去转转。他明知道这样的请求不会得到批准，但他顾不了那么多了。和爱情的力量相比，皇帝的禁令又算得了什么呢？他想方设法弄到了一张去第比利斯的往返通行证，于1829年5月1日悄悄地离开了莫斯科。"这是一种不由自主的苦恼把我赶出了莫斯科。"他在离开莫斯科之前，给冈察罗夫夫人写了一封信，信上说道："……我理解母亲的谨慎和对女儿的偏爱！但请您原谅我的焦急心情，这是沉醉于幸福之中的病态心理。我马上就要离开这里，心灵深处带着绝代佳人的形象离开此地，而您正是这位绝代佳人的生母……"不久，他给未来的岳母大人又写了一封信，再次解释了他这时候离开莫斯科的原因："我第一次见到她（当时她的美貌刚刚引起人们的注意），就爱上了她。她使我头晕目眩，我便向她求婚，但您的答复含糊不清，使我几乎发疯……一种不由自主的苦恼驱使我离开了莫斯科。经常看到您和她，我会受不了的……"同时，他在信上也对自己的作为略略做了一点澄清："我的确有些放荡，但谣言夸大了事实。遗憾的是，这些传闻几乎已是家喻户晓了，您当然可以相信，我不敢抱怨……"[1]他尚未说出口来的，大概还有这样的意思：请相信，人是可以改变的，只要您答应把您的美丽的女儿交给我，我将保证……

实际上也正是这样，美丽的娜塔丽亚·冈察罗娃成了普希金生命中的最后一朵玫瑰。在未来的日子里，诗人将把整个心灵和生命都献给了她。

5月初，普希金从莫斯科出发，开始了他的为期四个月的埃尔祖鲁姆之旅。

埃尔祖鲁姆是土耳其东部的一个小城，与俄国交界。诗人此行历尽艰辛，跋山涉水，沿途了解了许多民间风俗和当地的民间传说。

---

[1] [法]亨利·特罗亚：《普希金传》，张继双、李树立、董爱春译，世界知识出版社1992年版，第440—441页。

在卡尔梅克人的帐篷里，他和一位野性的当地少女亲切地拉着家常；在斯塔夫罗波尔，他遥望着天边的彤云和高加索白雪皑皑的山峰；他再次游览了高加索的温泉，并在内心里思念着当年亚·拉耶夫斯基将军一家所给予他的温暖与欢乐。

几天后，他到达弗拉基高加索地区。在拉尔斯，他意外地发现了自己当年丢在这里的一份《高加索的俘虏》的手稿。他在小旅馆里怀着极大的欢快心情又把它重读了一遍。他觉得，"整个手稿显得无力、幼稚、不充分；但许多事情都想到了而且准确地表达了出来。"

在格鲁吉亚，他如痴如醉地听着那悦耳动听的歌谣，并详细地做着记录。他认为，"格鲁吉亚是一个英勇善战的民族。在俄罗斯的旗帜下，他们证明了自己的勇敢。但他们的聪明才智期待着更高的文明。"

夜幕笼罩着格鲁吉亚山冈，
阿拉瓜河在我面前喧响。
我忧伤而又舒畅，哀思明净；
你的倩影充满我的愁肠，
你，只有你一人……无论是什么
都无法惊扰我的忧伤，
心儿又再次燃烧，又要去爱，
因为，它不能不把你爱上。[1]

也许，正是格鲁吉亚少女的歌声又唤起了他心中的爱情。他的眼前一定又闪过了娜塔丽亚的美丽迷人的倩影。这是他心中的瑰宝，是他的灵魂。"有你，我才有生命"，他觉得，格鲁吉亚人的歌正好表达了他对他

---

[1] 卢永选编：《普希金文集》第二卷，乌兰汗、魏荒弩、卢永等译，人民文学出版社1995年版，第193页。

的美人的心声。

当他到达格鲁吉亚与亚美尼亚的交界处,他看到,几个格鲁吉亚人正拉着一辆牛车神色难过地走过。他上前一问,不免大为吃惊。原来车上拉的是格里鲍耶多夫——喜剧《智慧的痛苦》的作者的遗体。"我没有想到,我竟能有一天见到我们的格里鲍耶多夫!"他写道,"我是去年他去波斯之前在彼得堡和他分手的。他当时很忧伤,有一种奇怪的预感……"他回忆着他对格里鲍耶多夫的印象:

> 我1817年认识了格里鲍耶多夫。他的忧郁的性格,他的愤世嫉俗的思想,他的善良,他的弱点本身和恶习,人类不可避免的产物,——所有这一切在他身上都是十分诱人的。他生来贪图功名而又才华横溢,却长期陷于卑微琐事和默默无闻的羁绊。一个国务活动家的才能被闲置不用;诗人的才华也得不到承认;甚至他的冷静而卓绝的胆略一度还受到猜忌……
>
> ……1824年他回到莫斯科,这是他的命运的转折点和不断获得成功的起点。他的喜剧《智慧的痛苦》的手抄本产生了难以描述的影响,一下子把他推上了与当代第一流诗人并驾齐驱的宝座。在此后不久,他对发生战争的地区的丰富的知识,又为他开辟了新的前程;他被任命为公使。他又来到了格鲁吉亚……[①]

格里鲍耶多夫出任俄国驻波斯大使时,正当俄波战争波斯战败之后,波斯人敌视俄国人的情绪尚未消除之时。格里鲍耶多夫就是在刚刚发生的一次波斯武装回教徒袭击俄国大使馆的事件中被杀害的。此时,人们正要把他的遗体护送到梯弗里斯去。普希金悲痛地写道:"他的死是瞬间的,

---

[①] 卢永选编:《普希金文集》第六卷,迎秀、磊然、水夫等译,人民文学出版社1995年版,第572—573页。

壮烈的……许多杰出的人物离开我们而去,都没有留下任何足迹……"

5月下旬,普希金到达古姆雷地区的哥萨克营地。他写道:

> ……这一天我走了75俄里。我像死人一样地睡着了。(第二天)哥萨克们把我叫醒时已经朝霞满天……我走出帐篷,呼吸早晨新鲜的空气。太阳出来了。在明亮的天空下,一座双峰的雪山闪耀着银光。"这是什么山?"我问,伸着懒腰。回答是:"这是亚拉腊山。"这声音的作用多么大啊!我贪婪地凝视着这《圣经》中的山,看到了诺亚方舟带着复兴和生存的希望停靠在山顶,看到了从方舟内飞出的乌鸦和鸽子,惩罚与和解的象征……[①]

从6月下旬开始,普希金经当地驻军司令部批准,加入了俄国军队的行列。他甚至还有幸地赶上了一次亲自参加和土耳其人战斗的机会,虽然他没有放过一枪一弹。不过,他却因此而留下了军旅生活的诗篇:

> 鸣鼓报晓……一部破旧的
> 但丁名作滑出了我的手,
> 那刚读而未卒读的诗篇
> 在我的嘴上便戛然而收——
> 诗神已经远远地飞走。
> 你,谙熟的、生动的声音,
> 仍如此经常地在空中回荡,
> 在我那很久以前曾经

[①] 卢永选编:《普希金文集》第六卷,迎秀、磊然、水夫等译,人民文学出版社1995年版,第575—576页。

默默地成长起来的地方。[1]

普希金注定不可能成为一名好军人。哪位军人会在前线上还抱着《神曲》呢？驻军司令巴斯科维奇将军也深知这位冒牌的士兵对他毫无用处，而且还需要人为他的生命担心，所以最后只好劝他说："普希金先生，我很同情您。您的生命对俄罗斯十分宝贵。这里实在没有您可干的事，诗歌也打不跑土耳其人，所以我劝您马上离开部队。"

7月21日，普希金上交了还没摸热的枪支，恋恋不舍地离开了前线，离开了埃尔祖鲁姆。十天之后，他回到了第比利斯。他在这里又停留了将近一个礼拜，出席了无数的宴会、招待会，也接受了无数的赞美。

8月6日，他离开第比利斯。当地的新闻报上，发出了一条消息说："从埃尔祖鲁姆返回的诗人亚历山大·普希金，已于8月6日离开第比利斯志高加索矿泉水域。文学爱好者目前正期待着天才诗人创作出令人赞赏的作品。回忆高加索之行将使他兴奋，他必将会给我们的文学带来喜讯和荣誉。"

果然，普希金没有使记者失望。他这次高加索之旅的明显的收获是：一批新的抒情诗如《夜幕笼罩着格鲁吉亚山冈》《给一位卡尔梅克女郎》《顿河》《高加索》《卡兹别克山上的寺院》等就此诞生；一部题为《1829年远征期间埃尔祖鲁姆旅行记》的长篇特写也有了足够的素材。整个旅行记全部写完，要到1835年。有少量的笔记片断曾在1830年《文学报》上发表。而目前，他既然已经结束了旅行，又回到了莫斯科，那么，他的主要目标将是他日夜想念的绝代佳人娜塔丽亚了。

是啊，离开莫斯科这么久了，他的女神怎么样了呢？还有，此次旅行，他是擅自外出的，沙皇知道了，会有什么反应呢？——想到这里，普希金心里又升起了一阵烦恼和惆怅。

---

[1] 卢永选编：《普希金文集》第二卷，乌兰汗、魏荒弩、卢永等译，人民文学出版社1995年版，第199页。

第七章　波尔金诺之秋

　　奥维德说："秋天是一年中最美的季节。"雪莱也歌唱过秋天的美："秋日的天空里有一种和声，还有一种色调，人们未曾在夏天里闻见过它们……"

　　普希金也是一位对秋天情有独钟的诗人。他不爱春天，他说，"解冻天气令我难耐；血在游荡，情感和思想被愁闷遮掩。"他也不爱夏天，"你在扼杀精神上的一切才能，把我们折磨；我们像田地，苦于旱情。"而冬天，最终也会使他厌倦："雪一下半年不停"，人都快变成了"习惯于穴居的熊"。只有秋天，他最喜欢！

　　　　忧郁的季节啊！真是美不胜收！
　　　　你那临别时的姿容令我心旷神怡——
　　　　我爱大自然凋萎时的五彩缤纷，
　　　　树林披上深红和金色的外衣，
　　　　树荫里，气息清新，风声沙沙，
　　　　轻绡似的浮动的雾气把天空遮蔽，
　　　　还有那少见的阳光，初降的寒冽
　　　　和远方来的白发隆冬的威胁。

每当秋天来临，我就又神采焕发；

俄罗斯的寒冷对我健康颇有裨益；

对于日常生活的习惯我又感到欢喜：

一次次感到饥饿，一个个睡梦飞逝；

热血在心里那么轻松愉快地跃动，

我又感到幸福、年轻，各种热望涌起，

我又充满了生命力——我的身体就是如此

（请原谅我这不必要的无诗意的句子）[1]。

1830年的秋天，对于普希金来说，是姗姗来迟的。但他自己都没有想到，这个秋天对他来说是多么重要。他更不会想到，这个秋天，也会像当年歌德和席勒共同创下的那个"叙事诗之年"一样，被作为一个奇迹写进世界文学的史册之中。

秋天是收获的季节。然而在进入收获季之前，普希金还要先领受一场当局的训斥，再经历一次爱情的冷遇。

1829年10月，普希金从高加索和埃尔祖鲁姆一回到莫斯科，就收到了他的"保护者"的一封信："皇帝陛下听说您去高加索参观埃尔祖鲁姆……是谁同意您这么做的？……您去高加索为什么不告诉我一声？"当局的训斥使普希金满腔愤怒却又只能忍气吞声。他感到尼古拉一世如此限制他的活动，实在是对他的人格的侮辱，但为了保全大局，他也只能略陈理由，并做"检讨"道："我知道自己这样做十分错误、十分轻率，至少是轻率的……因为我欠陛下的太多。我随时准备为陛下牺牲自己的生命……"[2]

---

[1] 卢永选编：《普希金文集》第二卷，乌兰汗、魏荒弩、卢永等译，人民文学出版社1995年版，第367页。

[2] [法]亨利·特罗亚：《普希金传》，张继双、李树立、董爱春译，世界知识出版社1992年版，第460页。

他闷闷不乐地又去见他的梦中的美人娜塔丽亚。结果真是雪上加霜：威严的冈察罗夫太太对于普希金比前些时更加神色冷淡、不理不睬了。这究竟是什么原因呢？普希金百思不得其解。不但冈察罗夫太太变得冷若冰霜，就是娜塔丽亚这次见了他似乎也有意在躲避着和疏远他，毫无热情，漫不经心的了。

普希金的心一下子凉了半截。在埃尔祖鲁姆旅途中的种种思念和希望，仿佛一下子都化成了泡影。他只好知趣地、垂头丧气地退出了冈察罗夫府第的大门。他的情绪一下子坏到了极点，仿佛从悬崖跌进了深渊。

> 我们走吧，无论上哪儿我都愿意，
> 朋友们，随便你们想要去什么地方，
> 为了远离骄傲的人儿，我都愿意奉陪：
> 不管是到遥远中国的长城边上，
> 也不管是去人声鼎沸的巴黎市街，
> 到塔索不再歌唱夜间船夫的地方，
> 那里在古城的灰烬下力量还在昏睡，
> 只有柏树林子还在散发着馨香，
> 哪里我都愿去。走吧……但朋友们，
> 请问我的热情在漂泊中可会消亡？
> 我将要忘却骄傲而折磨人的姑娘，
> 还是仍要到她跟前忍受她的怒气，
> 把我的爱情作为通常的献礼捧上？[①]

普希金心灰意冷，又想离开这给了他双重不快的莫斯科了。他给当局

[①] 卢永选编：《普希金文集》第二卷，乌兰汗、魏荒弩、卢永等译，人民文学出版社1995年版，第213—214页。

写信说："我现在既未做丈夫，也未当公差，我希望能去法国或意大利旅游一下。要是你们不同意，那就让我去中国出一次差吧。"在这封信上，普希金克制着自己的愤懑，几乎是在乞求他们恩准出版他的《鲍里斯·戈都诺夫》了："我现在一贫如洗，而这部悲剧可以给我赚来15000卢布，丢掉它太可惜。况且我为这部著作构思了多年，对它十分满意。不把它印刷出版，我心里很难过……"

答复很快就下来了："陛下认为您出国访问花费太大，也不利于您的创作，所以不能答应。至于您说去中国出差一事，也难以实现，因为代表团名单早已拟定，要换人员就必须通知北京皇宫……"普希金看完答复的条文，彻底地失望了。

整个1829年的冬天，普希金都在一种冰凉的感觉里度过。"他很少写东西，真叫人担忧。"朋友们都盼他振作起来。他在冬天里独自饮着一杯杯苦酒。然而，正如中国的诗人所说的那样，"山重水复疑无路，柳暗花明又一村。"随着1830年春天的到来，冈察罗夫太太的那片板结的冻土地突然有些松动了。她向普希金提了三个问题，要普希金想好后答复她。这三个问题是：一、普希金生活放荡，莫斯科几乎家喻户晓，既然如此，那么他是否认为自己有能力使单纯的娜塔丽亚得到幸福？二、娜塔丽亚的生活一直很优裕，从不缺东少西，她的衣着手饰也应和她的相貌一样在莫斯科上流社会里数一数二。普希金的经济条件能做到这一点吗？三、普希金是政府的"要人"，他对政府的态度令人怀疑，他是否知道自己一直处在警察的监视之下呢？他将怎样对待这件事呢？

不能说娜塔丽亚的母亲——普希金未来的岳母大人是在故意刁难和胡搅蛮缠。可她提出的这几个问题也确实够让诗人普希金为难的了。是呀，仔细一想，三个问题，哪一个又不是实际问题，哪一个是能够回避或视而不见的呢？普希金思前想后，简直有些想打退堂鼓了。但娜塔丽亚的美丽的倩影又分明在远处向他召唤。4月4日，他在经过了再三的思考之后，正

式给冈察罗夫太太回了一封长信,对她提出的问题做了书面答复:

夫人,现在请允许我给您写这封信,我一拿起笔就感到激动,如同站在您面前一样。我有许多话要讲,我愈是仔细考虑,就愈感到忧郁和失望……听我慢慢告诉您。

要赢得令爱的欢心,我只有常去府上,并经常同令爱在一起。我希望随着时间的推移她能爱上我,但我没有任何能使她高兴的东西。假如她肯嫁给我,那只能是她把那冷漠的心交给我。但在众人的赞扬声中,在荣誉面前,在别人的引诱面前,她那颗冷漠的心能挺得住吗?别人会说她命运不济,没有找到同她般配的丈夫。她本该找个更出类拔萃、更配得上她的男人。这种说法也许是真心话,至少可以肯定,她会这么认为,到那时,她不会后悔吗?她会不会把我看成绊脚石,看成可恶的骗子呢?她会不会转而厌恶我呢?我愿为她上刀山下火海,上帝可以为此作证。但我一想到我死之后她就成了新寡,会更惹人注目,会在我尸骨未寒又嫁他人。想到这里,我就十分痛苦。

现在再谈财产问题。我对财富一向不怎么看重。到目前为止,我的财产足够我享用。但结婚之后呢?世界上叫我感到痛苦的只有一件事情,就是我妻子不能到她可以抛头露面和可以玩耍的地方去。她有权提出这种要求。为使她满意,我情愿做出牺牲,放弃自己的一切乐趣和爱好,放弃自由和冒险的生活。但是,她会不会在我耳边叨咕,说我的社会地位配不上她的长相呢?

这就是我所忧虑的几个问题。要是您认为这些忧虑合乎情理,我定会害怕得发抖。还有一种忧虑,但我不能在信里写出来……[1]

---

[1] [法]亨利·特罗亚:《普希金传》,张继双、李树立、董爱春译,世界知识出版社1992年版,第473—474页。

普希金的信写得十分直率和实在。凡能想到的事情他都想到了，并且写了出来。那不便在信上写出的事情当然是指他受警察监视一事。信发走了，他的心变得惴惴不安起来。

4月6日是复活节，它给普希金带来了好运：冈察罗夫夫人终于答应把女儿嫁给普希金！当普希金再一次出现在娜塔丽亚家的客厅里时，她家所有的仆人都知道，他是未来的新姑爷了。"上帝呀！她几乎已经属于我了……现在我需要的是两个人的幸福……"普希金得开始为结婚做准备了。

消息迅速地传遍了全莫斯科和整个彼得堡。"你是我们浪漫诗人中的佼佼者，你应该娶一位最浪漫的美女为妻。"维亚泽姆斯基给他写信，祝贺他。伍尔夫在日记里也写道："听妹妹说普希金要和冈察罗娃小姐结为伉俪，她是莫斯科城最纯洁的美人儿。我祝愿他们幸福。"这说明，三山村的少女们也知道，普希金已不再属于她们了。

普希金也给彼得堡的父母写了信去，请求二老恩准："这不是形式，而是我深信，二老的恩典是我今后幸福所必不可少的东西。"他当然忘不了岳母大人所开列的经济上的那些要求，在这一点上，他没法不同父母商量，请求他们的帮助。普希金的父亲当然懂得儿子写信的真正用意，也十分明白儿子现在有几斤几两，所以他深表理解地回信道："亲爱的亚历山大，祝福你，祝福你……我有好久没有流过眼泪了，可昨天接到你的信，我却止不住老泪横流。愿苍天降福于你，也降福于将使你幸福的可爱姑娘。"他想，但愿结婚能使亚历山大的心收拢回来，不再到处游荡，惹是生非，不再胡闹……只要能这样，他多花费一点，又算得了什么呢！他说："……我还有几亩薄田，是先父下世后分给我的，还有二百名已获得人身自由的佃农。在等待那幸福欢乐的时刻，我把这些全送给你，每年的收入近4000卢布，将来的收入也许还会增加一些……"

普希金也没忘记另外一块"心病"——就是他的人身自由问题。他忍气吞声地给宪兵头子本肯多夫写了封信，请求他们别再在这方面使他为难："冈察罗夫太太有些担心,担心把女儿嫁给一个皇帝不喜欢的人。我的幸福就靠您一句话了。"可怜的普希金大约是让爱情冲昏了头脑,竟对本肯多夫之流抱起了幻想。不久,一份复信下来了:"皇帝陛下听说您要订婚的消息后,十分高兴和满意……任何警察都无权监视您。我过去对您陈述的那些意见是以朋友的身份讲的。那些意见对您只有好处而无任何害处,希望您细细领会……"

本肯多夫这封冠冕堂皇的信使真诚的诗人信以为真。就在普希金高兴地写信告诉朋友们,称"我胜利了!皇帝同意……"云云的时候,本肯多夫也在阅读着警察送上的最新报告:"……我们近期没有发现他有什么不轨之处。"

1830年5月6日,俄国最有名的诗人亚历山大·谢尔盖耶维奇·普希金正式和莫斯科第一美人娜塔丽亚·尼古拉耶夫娜·冈察罗娃举行了订婚仪式。郎才女貌,天设地造,普希金感到自己现在是世界上最幸福的人了。

> 我的心愿终于实现了,造物主
> 派你从天国降临到我家,我的圣母,
> 你这天下最美中之最美的翘楚。①

他在献给娜塔丽亚的一首十四行诗《圣母》中,把他的未来的妻子誉为"圣母"。他高兴地回到彼得堡。婚期定在秋天之后,普希金还有许多实际的事情要做呢!9月1日之前,他处理完了在彼得堡的一些琐事,包括了结和彼得堡的所有情人的来往关系。三天后,他来到了诺夫戈罗德省的波尔金诺村。父亲已答应把波尔金诺庄园的一部分分给了他。来波尔金诺之前,他给出版人和朋友彼·亚·普列特尼奥夫写了一封信,其中说道:

---

① 卢永选编:《普希金文集》第二卷,乌兰汗、魏荒弩、卢永等译,人民文学出版社1995年版,第256页。

"……秋天就要来了。这是我最喜爱的季节——那时我通常可以增强体质——我的文学创作季节就要到了——可是我还得为妆奁和婚礼奔忙……我要动身到农村去,天晓得到那里后能否有时间写作,能否保持心情的平静,心情不平静是什么也写不出的……"①

他暂时还不知道,这个秋天将会给他带来一些什么。

波尔金诺是个贫穷的村庄,但它四周的草原却相当开阔。举目四望,可以看见一团团白云在天边聚集和奔涌。金色的白桦树在原野上抖动着金属般明亮的叶子……

普希金原本不是到这里来看风景的。他要在这里料理一下父亲的田产,把其中的一部分按照法律程序划归到自己的书下。这样的事务让他压根儿就提不起精神来。但为了婚礼和妆奁,他不得不这样做。爱情的玫瑰要栽植在肥沃的土地上才能开放。出乎他意外的是,他刚到波尔金诺没几天,娜塔丽亚就给他写了一封信来,说是"无论有无嫁妆,她都会嫁给他的",要他别在乡村里穷待了,赶紧返回莫斯科去。这封信使普希金的心情由阴转晴,不免大喜过望。他给未婚妻回信说:"我扑在你的膝头上向你表示谢意。我使你感到不安,对此请你原谅。你的信十分热情,这叫我放心了。因为一件意外事件,我只好在这里多待几天。我原来以为父亲留给我的地产是单独一片土地,谁知土地同这个五百户的村庄是一个整体,所以必须把它们分开……"他说的倒是实情。

人逢喜事精神爽,波尔金诺的景色在他眼前顿时变得美丽无比了。"啊,我亲爱的!这里的乡村景色多么美啊!"他给普列特尼奥夫又写了一封信道,"你想象一下吧:草地连着草地,四周没有一个人,你要是高兴,你可以骑上马,纵情驰骋;你也可以坐在家里写作,想写多少就写多

---

① 卢永选编:《普希金文集》第七卷,张铁夫、黄弗同、刘文娟等译,人民文学出版社1995年版,第438—439页。

少，没有人会来打扰你。我会为你准备好多各种各样的作品的，诗歌，小说……"他隐隐感到心灵深处正在涌起一些什么——那是已经潜伏了许久的灵感与激情么？

也仿佛是天意，不让普希金这么快地离开波尔金诺。在波尔金诺方圆四周的地区，一种可怕的疾病——霍乱，正在流行。从波尔金诺到莫斯科，共设下了五个封锁区，如果这时回莫斯科，不仅每个封锁区都要走上十几天，而且还很可能染上病菌。既然回不了莫斯科，那就不如既来之则安之，好好享受一下波尔金诺的宁静与自由了。普希金给莫斯科的未婚妻写信，说明了自己暂时回不了莫斯科的实情，然后开始去实现他对普列特尼奥夫的诺言了：写作！写出各种各样的作品，小说，诗歌，等等。

他开始坐在桌前，不停地写，写……

他的创作情绪空前高涨。他的灵感汹涌而至，比窗外的草原上空的大团大团的白云奔涌得还快。

> 就在这甜蜜的静谧中我忘却世界，
> 我的幻想催我进入甜蜜的梦境，
> 我心中的诗就这样渐渐地苏醒：
> 抒情的波涛冲击着我的心灵，
> 心灵战栗、呼唤，它，如在梦中，
> 渴望最终能自由地倾泻激情——
> 这时一群无形的客人——往昔的相识
> 朝我走来，你们啊我的想象的果实。
>
> 于是思潮在头脑里无顾忌地起伏，
> 明快的韵脚也迎着它前去一试，
> 手急于要找到笔，笔急于要找到纸，

一转眼——诗章便源源地流个不止。①

……

在波尔金诺金色的秋天里，普希金的创作出现了奇迹。有人曾为他在这个秋天里写下的作品排了个日程表：

9月7日：《鬼怪》完成。

9月8日：写完《哀歌》。

9月9日：完成《棺材店老板》。

9月13日：《神父和长工巴尔达的故事》。

9月14日：《驿站长》完成。

9月18日：完成《叶甫盖尼·奥涅金》第八章即《奥涅金的旅行片断》一章。

9月20日：晚九时写完《村姑小姐》。

9月25日：完成《叶甫盖尼·奥涅金》第九章。

10月1日：完成《"我的红光满面的批评家"》。

10月5日：写成《永诀》。

10月5—10日：写成《科隆纳一人家》。

10月12—14日：写成《射击》。

10月16日：完成《我的家世》。

10月17日：完成《咒语》。

10月19日：焚毁《叶甫盖尼·奥涅金》的第十章。

10月20日：完成《暴风雪》。

10月23日：完成《吝啬骑士》。

10月26日：完成《莫扎特和沙莱里》。

---

① 卢永选编：《普希金文集》第二卷，乌兰汗、魏荒弩、卢永等译，人民文学出版社1995年版，第368—369页。

11月1日：写作《戈留欣诺村史》。

11月4日：完成《石雕客人》。

11月6日：完成《鼠疫流行时的宴会》。

……

这份日程表里排列出的还并非他这个秋天完成的全部作品。除此之外，普希金还写下了许多抒情短诗、评论、笔记和书信等。鉴于诗人在这一秋天的超常的创作收获，后来的文学史家把这个秋天命名为"波尔金诺之秋"——它成了一个作家的丰硕的收获季的代名词和创作激情异常高涨的象征。

> 乌云在奔驰，乌云在盘旋，
> 月亮遮在云层的后面，
> 只照出了飘飞的雪花，
> 天空阴沉沉，夜色昏暗。
> 我在旷野中踬行又踬行，
> 铃声响着：丁零零，丁零零……①

波尔金诺的夜晚是静谧和空旷的。它使普希金觉得，昏黑莫测的原野上，仿佛有无数的鬼怪在行走，在舞蹈，在低声地哀号……村里的人都入睡了，而只有他一个人还醒着。他时而坐下，急促地写着涌上心头的文字；他时而站起身，从一个角落踱到另一个角落。窗户上映着他背着手思索和踱步的身影。远离了莫斯科和彼得堡，独自滞留在这陌生的异地，他变得冷静了许多，正可以认真地思索一些问题了。他想到：

---

① 《普希金抒情诗选集》（下），查良铮译，江苏人民出版社1982年版，第331页。

> 那荒唐的岁月，已逝去的欢乐，
> 有如酒醉后的昏沉折磨着我；
> 但和酒一样，往日留下的忧郁
> 在心里愈久，愈变得强烈有力。
> 我的路是凄凉的。啊，坎坷的未来！
> 你汹涌的海洋只给我辛劳和悲哀。①

但他不是一个悲观主义者。他热爱生活，总是充满幻想，充满热情。他希望自己能快乐地生活下去，"好可以思索和苦痛"，或者"对着虚构再倾流热泪"。

他有许多朋友，也有许多仇敌。他的作品为他赢得了声誉、鲜花和掌声，也给他带来了不少苦恼和忧伤。善意的嘲讽，恶意的中伤，还有那可怕的诽谤、告密和监视……这一切都源自一个原因：他是一位诗人！

是的，他是一位诗人，一位真正的诗人！一想起这，他的心中升起的是一种神圣的感情，一种无上的荣光和自豪！他这样激励着自己：

> 诗人啊！请不要重视世人的爱好，
> 热狂的赞誉不过是瞬息的闹声；
> 你将听到蠢人的指责，社会的冷嘲，
> 可是坚持下去吧，你要沉着而平静。
>
> 你是帝王：在自由之路上自行其是，
> 任随自由的心灵引你到什么地方；
> 请致力于完善你珍爱的思想果实，

---

① 《普希金抒情诗选集》（下），查良铮译，江苏人民出版社1982年版，第334页。

也不必为你高贵的业绩索取报偿。

它本身就是报酬。你是你的最高法官；
对自己的作品，你比谁都更能严判。①
……

波尔金诺的自然景色不如南方高加索或格鲁吉亚那样阳光明媚、山高水长，似乎也不像米哈依洛夫斯克和三山村那样富于田园牧歌的情味。这里色调单一，线条粗犷；天空浓云散乱，大地空旷无边。这里没有浪漫主义色彩，有的全是现实主义的质地。面对这样的景象，普希金的诗显示了同样的写实风格：

请看这里的景象：一排残破的村屋，
屋后是黑土平原，一块漫坡地，
屋顶上飘着一片灰暗的阴云。
哪里是金色的田野？哪里是绿荫荫的树林？
哪里是小溪？矮篱笆围起的院落里，
触目的仅是两株可怜的小树。
而且只有两株。其中的一株
已被秋雨淋打得完全光秃，
另一株上水淋淋的树叶颜色枯黄，
只待北风起的时候落入泥途。②
……

---

① 《普希金抒情诗选集》（下），查良铮译，江苏人民出版社1982年版，第329页。

② 卢永选编：《普希金文集》第二卷，乌兰汗、魏荒弩、卢永等译，人民文学出版社1995年版，第271页。

凯恩夫人曾说，米哈依洛夫斯克村使普希金的思想变得集中和成熟；现在也可以这么认为：波尔金诺庄园使普希金的现实主义态度更加坚实和严谨了。普希金自己似乎也感到了这一点。他说：

> 去吧，青年时代的苦恼！
> 我那时只会歌颂风花雪夜、
> 荒漠、浪花、岩石和波涛，
> 还有少女们理想的高傲神态，
> 和她们那难以描绘的烦恼。
> 如今是新时期、新思潮，
> 昔日的情趣全都抛掉，
> 那是儿时喜欢的幻想和热闹。
> 我要在诗歌的酒杯里，
> 把纯净的清水倾倒。
> 歌唱别的景色成了我的爱好。
> 我爱沙丘陡坡，
> 更爱木屋前花楸树的古老；
> 我爱简单的篱笆墙，
> 还有古老城堡的暗道。
> 我爱天上的灰色云翳，
> 我爱乡间谷仓和成垛的干草；
> 更爱村边的池塘，
> 岸边垂柳摆动，塘里鸭群嬉闹。[①]

---

① [法]亨利·特罗亚：《普希金传》，张继双、李树立、董爱春译，世界知识出版社1992年版，第490—491页。

常常，波尔金诺的村民们都沉入了梦乡的时候，也正是普希金的思想异常清醒和活跃的时刻。窗外看不见一点星光和灯光，一片漆黑和死寂包围着他。这时候，他会在昏暗的灯光下，奋笔疾书着他的"不寐章"：

  这命运的老妇似的低语，
  这沉睡的深宵的战栗，
  这生活，像灰鼠似的奔跑……
  为什么你要来把我烦扰？
  ……
  我愿知道你的涵义，
  这一夜，我正上下而求索……①

他在寻求命运的答案、人生的真谛；他也在思索文学的本质，诗的意义。

在波尔金诺，普希金结束了诗体小说《叶甫盖尼·奥涅金》的最后几章的定稿工作，并在9月25日为这部作品编写了一份目录，同时注明了各章完成的地点和时间。

奥涅金

第一部　序言
第一章　忧郁。基什尼奥夫，敖德萨。
第二章　诗人。敖德萨，1824年。

---

① 《普希金抒情诗选集》（下），查良铮译，江苏人民出版社1982年版，第356页。

第三章　小姐。敖德萨，米哈依洛夫斯克村，1824年。

第二部

第四章　乡村。米哈依洛夫斯克村，1825年。

第五章　命名日。米哈依洛夫斯克村，1825年，1826年。

第六章　决斗。米哈依洛夫斯克村，1826年。

第三部

第七章　莫斯科。米哈依洛夫斯克村，彼得堡，马林尼基，1827年，1828年。

第八章　流浪。莫斯科，巴甫洛夫斯克，1829年，波尔金诺。

第九章　上流社会。波尔金诺。

　　从这份目录上看，第七、八两章实际上在他来波尔金诺之前就写出来了，他在波尔金诺为它们做了最后的修改和定稿。

　　第九章写出来之后，普希金认为全篇并没有结束，便又动手写第十章。他打算在这一章中写进1805—1825年时期的一些事件以及十二月党人的起义。但他也深知，他这样写不仅在尼古拉一世那里通不过，弄不好他会连目前已有的一点"自由"都会再度失去的。1830年10月19日，即皇村学校周年纪念日这天，他亲手焚毁了已经写好的第十章，只保留了其中用密码写进的一部分。而这一部分，要等到下一个世纪初才能被研究家们破译出来。

　　这样，从1823年5月9日动笔到1830年9月杀青，这部作品共用了七年零四个月的时间。

　　9月底，普希金有感于这部作品最终得以完成而写了一首题为《工作》的短诗：

　　我渴望的时刻来到了：多年的创作终于完成。

199

为什么一种莫名的感伤悄悄烦扰着我？

是由于功业告成，我便如多余的短工般呆立着，

领取报酬后，却不愿去从事另一项工作？

还是不愿告别老行当，这长夜相随的无言的伴侣，

金色的奥罗拉的朋友，神圣家神的友人？[①]

　　《叶甫盖尼·奥涅金》的完成，是俄国文学史上的一件大事。这部作品为俄国揭开了现实主义小说历史的第一页。在普希金之后，无论是莱蒙托夫、屠格涅夫、冈察洛夫，还是果戈理、车尔尼雪夫斯基、赫尔岑、托尔斯泰……他们都将从《叶甫盖尼·奥涅金》这里找到他们的精神源头。

　　同时，《叶甫盖尼·奥涅金》也是普希金自己的创作历程的纪念碑。别林斯基在他的长篇评论中这样论定："《奥涅金》是在连续几年当中写成的，——因此，诗人本人也跟它一起成长，每一章新的长诗都比前面更为生动，更加成熟。可是，最后的两章……显然已经属于诗人艺术发展最高、最成熟的时期的作品。个别章节的美妙是片言只语说不尽的……"别林斯基认为，没有一部作品能像《奥涅金》这样"丰满而鲜明地反映出诗人的卓越的个性"。他说，"诗人离开故事说出的题外话以及他面对自己的发言，充满着不可言喻的优雅，真挚的感情、智慧、机智；诗人的个性在这些地方显得这样仁爱，这样人性。他在自己的长诗里善于触及这些东西，暗示到这么许多东西，这些东西是仅仅属于俄国大自然的世界，属于俄国社会的世界！"因此，别林斯基断言，"《奥涅金》可以说是俄国生活的百科全书和高度人民性的作品……它对于俄国社会是一个自觉的过程，它几乎是向前迈出的第一步，但却是多么伟大的一步……这一步具有巨人似的规模，从此以后，要停留在一个地方就成为不可能了……俄国社

[①] 卢永选编：《普希金文集》第二卷，乌兰汗、魏荒弩、卢永等译，人民文学出版社1995年版，第263页。

会永远都会热爱这部长诗，用充满爱情和感激的眼光凝视着它……"①

　　普希金从童年时代起就对戏剧有着特别的兴趣。七八岁的时候就在姐姐面前编写过小剧本。他真正的戏剧创作应该从1821年写《瓦吉姆》和《牌迷》开始。可惜的是，这两个剧本没能保留下来，现在人们看到的只是它们的提纲和片断。如果说这是他戏剧创作的第一阶段，那么这个阶段还基本上是对传统风格的继承，带着许多古典主义喜剧的特点。他的第二阶段的创作以《鲍里斯·戈都诺夫》为代表。这是俄国的第一部现实主义悲剧，这部作品也显示了普希金在戏剧艺术上的突飞猛进。在波尔金诺，普希金一口气完成了四个"小悲剧"，而且个个都十分圆熟和精彩。这可以视为他的戏剧艺术发展的第三个阶段。

　　《吝啬骑士》写的是中世纪时代末期，骑士城堡里的风俗和生活。普希金通过对吝啬的骑士形象的刻画，揭示了黄金的罪恶和金钱一旦与权力结合的可怕。请看男爵在他的黄金地窖里的自白吧：

有什么不归我支配？
我好比一个混世魔王，
能从这里统治全世界；
只要我想要——便盖起巍峨的宫殿；
仙女们会一窝蜂地麇集在我瑰丽的花园；
缪斯们将向我呈献自己的杰作，
自由之神将听从我的调遣，
高尚的德行，勤奋的劳作，
都将恭敬地听候我的犒赏。

————————
　　① 别林斯基：《文学的幻想》，满涛译，安徽文艺出版社1996年版，第417—418页。

> 我一声呼哨，一帮沾满污血的打手
> 便会顺从地、畏葸地向我爬来，
> 看着我的眼色，领会我的旨意。
> 什么都服从我，我什么也不服从；
> 我驾御一切欲望；我心安理得；
> 我了解我的力量：我充分认识
> 这一点……①

  他是一边观赏着他的金子一边说出这番话的。这个吝啬鬼使我们感到的不是像莫里哀笔下的守财奴那样可笑，而是可怕！他不是以聚集金子为目的，而是有着一种更可怕的贪欲：主宰全世界，成为指挥一切、驾驭一切的君王。正是在这样的拜金哲学的支配下，他也就尽可以心安理得地置不幸的寡妇和三个孩子于死地；不顾父子情分而冷酷地把儿子交给高利贷者去摆布。金条就是他的真理，贪婪就是他的法则。普希金笔下的这个被金钱异化了的骑士，比莎士比亚和莫里哀笔下的吝啬人更为生动有力。别林斯基曾拿吝啬的骑士与后来的果戈理笔下的泼留希金相比较说：泼留希金卑劣、猥琐，令人觉得可怜可笑，是个喜剧人物；普希金笔下的男爵则非常可怕，是个悲剧人物。在这个悲剧人物身上，充分体现了黄金权力的惨无人道。

  与黄金的罪恶同样可怕的另一种罪恶——嫉妒和凶残，在普希金的另一部小悲剧《莫扎特和沙莱里》里，也受到了诗人的抨击和诅咒。

  这个"小悲剧"取材于当时广泛流行的一个传闻：天才的作曲家莫扎特的夭亡，是由于另一位音乐同行——维也纳作曲家沙莱里对他的嫉妒而伸出了罪恶的手，毒死了莫扎特。这只是当时的传说，并没有彻底得到证

---

① 卢永选编：《普希金文集》第四卷，任溶溶、林陵、张学增译，人民文学出版社1995年版，第294页。

实,但普希金却是相信这一事实的。他认为嫉妒作为一种可怕的欲望,一旦占了上风,从心理上讲是完全可以干出类似的罪恶的。他在1833年对沙莱里所做的一篇评论中写到了这样一件事:"歌剧《唐璜》首次公演时,整个剧场里坐满了感到吃惊的音乐行家,无声地陶醉于莫扎特和谐的旋律之中,突然响起了一声呼哨——大家都投以愤怒的目光,只见著名的沙莱里走出大厅——他因为忌妒而感到难受,气得发狂⋯⋯"普希金认为,"他临死前承认干了一件可怕的犯罪勾当——毒死了伟大的莫扎特。一个怀有忌妒心的人既然能够给《唐璜》喝倒彩,就有可能毒死其作者。"①

在剧本里,普希金把伟大的作曲家莫扎特写成了奔放不羁的天才的典型,在他身上充分体现着伟大的艺术所能带给人们的欢乐与光明。而在沙莱里身上,却充满了因为嫉妒和诡诈而导致的邪恶与凶残。普希金借莫扎特的口说道:"天才和邪恶——水火不相容!难道不是这样?"莫扎特的《安魂曲》成了对自己的亡灵的祈祷曲,而沙莱里在这样的音乐声中得到了什么呢?悲剧留给人们的是深深的思索。

四个"小悲剧"中的另外两个是《石雕客人》和《鼠疫流行时的宴会》。前者写的是酷爱自由的花花公子唐璜与法律森严的社会之间的冲突;后者写的是人在死亡面前的乐观的颂歌。

这些"小悲剧"从篇幅上讲的确都很小,但它们的实际容量,它们的主题都很大。普希金着意追求的是高度的简练和浓缩。可以说,四部小悲剧的每一部都相当于一个五幕剧的缩写。诗人突出了那足以构成矛盾冲突的某一个横截面,不但最大限度地使故事情节简洁和尖锐化,而又尽量地减少其中的来龙去脉的交代与铺排。情节的紧凑和简练,人物的单一与集中,都使这些剧本显示了一种"骤变式"的特点。普希金在这人为的限制中充分地施展了他驾驭人物、处理矛盾冲突的身手,使戏剧艺术在这些小

---

① C.邦迪:《普希金的戏剧作品》,见卢永选编:《普希金文集》第四卷,任溶溶、林陵、张学增译,人民文学出版社1995年版,第526页。

悲剧中达到了炉火纯青的高度。

1830年12月9日，普希金给普列特尼奥夫写信说："我告诉你一个秘密，我在波尔金诺写了不少东西，好久以来我没有写过东西了。我要给你带去的作品有：《叶甫盖尼·奥涅金》第八、九两章（已准备排版付印）；一篇用八行形式写成的诗体小说（共400行），发表时不拟署名了；几个悲剧剧本（或叫小悲剧），有《吝啬骑士》、《莫扎特和沙莱里》、《鼠疫流行时的宴会》和《唐璜》（即《石雕客人》）。另外，我还写了近三十首小诗。这不算少了吧？嗯，但我还没有讲完呢。这是悄悄话，我还写了五篇故事。这些故事会气得巴拉丁斯基嗷嗷乱叫。发表这几篇故事时，也不要刊登作者的姓名。"[①]普希金所说的这"五篇故事"，即题名为《别尔金小说集》中的《射击》《暴风雪》《棺材店老板》《驿站长》和《村姑小姐》等五个短篇小说。这些小说也是他在波尔金诺之秋里的重要收获。

在写作《别尔金小说集》之前，普希金已经尝试过散文作品的写作了，并且对散文艺术做过研究和评论。他在写于1822年的一则评论《论俄国散文》中曾说道："准确和简练，这是散文的首要优点。它要求有丰富的思想，否则华美的词藻亦无济于事。"在这则短评中，他还写道，卡拉姆津在俄国散文文学中是最好的作家之一；法国作家布封"那丰富多彩的文笔永远是记述散文的典范"；还有伏尔泰，也"堪称说理文体的杰出典范"。普希金自己是诗人出身，当然不会贬低诗歌的意义，同时他从不鄙薄和从未放弃对散文的追求。他在1823年2月6日写给维亚泽姆斯基的一封信上就说到过："我读了你在《北极星》上发表的几首诗，全都写得很漂亮——可是看在上帝面上，千万不要忽略了散文。"他认为，在俄国当代

---

① [法]亨利·特罗亚：《普希金传》，张继双、李树立、董爱春译，世界知识出版社1992年版，第491页。

作家中，只有卡拉姆津和维亚泽姆斯基是很好地掌握了散文艺术的人。

普希金的第一篇保存下来的散文作品，是写于1819年的《娜坚卡》，虽然这只是一个篇幅不长的片断，但却显示了作者未来的散文写作的特点：文笔准确、简练和质朴。在以后的流放岁月里，普希金在诗歌创作的同时，还写下了不少散文作品，包括评论、历史散文、札记、回忆性的散文，等等。他在1827年开始撰写的历史小说《彼得大帝的黑奴》，也进一步显示了他在散文创作上的才华。尤其是这部小说的第一章，对18世纪上半叶法国上流社会场景的真实描述，无论是文采还是对历史的真实描述，都属上乘。19世纪20年代后期，普希金致力于长篇历史小说的创作与探索。他不仅自己在写长篇小说（散文）作品，还一再建议维亚泽姆斯基和别斯土舍夫也重视长篇小说。1829年，普希金采用卢梭的《新爱洛绮思》的书信体形式，并依凭他多年来练就的娴熟的书信艺术，创作了一部书信体小说。这部作品没有写完，甚至连名字也没有。或许，这种文体容易使人想到那些感伤主义文学的风格，从而削弱普希金崇尚的现实主义的力量，所以书信体小说没有在普希金手上延续下去，仅此一篇而已。不过普希金坚信，小说比别的体裁更受当代人的欢迎。

在波尔金诺，普希金通过五篇短篇小说，使俄国当代散文艺术别开生面，为未来的散文作家开辟了一条新路。这些小说都仿佛是长篇小说的缩写本，情节集中，语言简练质朴，人物性格鲜明可感。

《驿站长》写的是小人物的命运，和他的《强盗》等作品的倾向一脉相承，富于现实性的典型人物和逼真的日常生活场景，使得这篇小说生动感人。普希金用这样的小说结束了卡拉姆津的《苦命的丽莎》一类的感伤的、劝喻醒世式的小说的影响，使短篇小说进入了活泼的、生机盎然的现实主义大道。《射击》和《暴风雪》的引人入胜的情节和干净利落的结局，《村姑小姐》中的浪漫与俏皮，《棺材店老板》里的写实与质朴，都显示出了俄国文学中前所未有的魅力。

普希金写作这些散文故事举重若轻，从容不迫，表现了自己卓越和优异的散文语言艺术。简练、准确、质朴，删除一切不必要的叙述，尽力保持明快和活泼的节奏，语言风格与故事本身达成了一种和谐。所有这些，都为后来的小说（散文）作家提供了难得的范本。若干年后，列夫·托尔斯泰曾在一封信里这样说道："请再读一遍《别尔金小说集》吧，每一位作家都应该深入研究一下这部作品，最近我就这样做了。"

《别尔金小说集》第一次与读者见面是在1831年10月末，由普列特尼奥夫负责出版。出版时故意隐去了作者的真名，而假托以一位"已故伊凡·彼得罗维奇·别尔金"的名义。小说一问世，的确一下子还未能被读者接受。由于作品的简练、明净、口语化、短小，使那些看惯了说教式的和劝喻式的，叙述冗长、用语典雅古奥的伤感主义小说的人无法接受。他们甚至还不承认这些小说的文学性。"你将听到蠢人的指责，社会的冷嘲，可是坚持下去吧，你要沉着而平静。"普希金对于自己的每一部作品都早就做好了耐心等待的准备。他虽然让普列特尼奥夫隐瞒了他是作者的实情，但还是有人猜出了这些作品的作者是谁。当人们向他询问此事时，他自信地回答道："不管作者是谁，难道短篇小说不应该这么写吗？"

时间最终证实了这些作品的意义与价值。

"我辗转不眠，又没有灯火，一片漆黑和死寂包围着我……"一个月接着一个月过去了。可怕的瘟疫把普希金阻隔在波尔金诺，他只好拼命地写作，在一个个不寐的夜晚里"上下而求索"。这里没有杂志，也很少有书，他除了写作，还是写作。当他写累了，站起来，散散步，休息一下时，他又会想到许多有趣的事情。

他想到了自己的"红光满面的批评家们"，并仿照法国诗人保尔·比里孙的寓言《三个聋子》写了一首讽谑的小诗：

聋子拉着聋子去找聋子法官打官司，
一个聋子说："我的牛是他牵走无疑！"
另一个聋子立即反驳说："老天作证，
我已故的祖父早已占有了这块土地。"
聋子法官宣布判决："尽管姑娘不检点，
还是嫁给小伙子吧，免得淫风再起。"[①]

普希金也很喜欢英国浪漫主义诗人白瑞·康瓦尔的作品。在波尔金诺，他意译过白瑞·康瓦尔的几首小诗，也因为读他的《呼唤》等诗而获得灵感，写出了自己的《招魂》：

啊，假如这是真的，深夜里，
当活人都已经安然入睡，
圆月从天上洒落的清辉
滑过坟墓上的碑石，
啊，假如这是真的，那时候，
静静的墓地上阒无一人，
我呼唤幽灵，我等着雷拉：
来吧，到我这儿来，我的朋友！

出来吧，我钟爱的幽灵，
我还记得你诀别前的模样：
脸色苍白，冷漠有如冬天，
临终前的痛苦使你变了相。

[①] 卢永选编：《普希金文集》第二卷，乌兰汗、魏荒弩、卢永等译，人民文学出版社1995年版，第265页。

来吧，快来吧，怎么来都行：
无论是扮作远方的流星，
化为轻飘的声音，一阵微风，
或是变成可怕的幻影……①

雷拉是拜伦的长诗《异教徒》的主人公。在长诗的结尾，被人杀死的雷拉的幽灵出现在她所钟爱的人面前。普希金在波尔金诺的旷野上和寂夜里，也在呼唤着那些亡友的名字……

他也想到了自己的仇敌。尼古拉一世的御用文人布尔加林，曾对普希金极尽挖苦嘲笑和贬损之能事。普希金也曾为他起了两个绰号，一是"阿杰·符流加林"，见风使舵的意思；一为"维多克·费格里阿林"，江湖卖艺人的意思。在波尔金诺，普希金大约看到了他的一本什么小说，便信笔写下了一首讽刺小诗：

见风使舵者阿杰啊，不必伤心
你没有生为俄罗斯的乡绅，
也别难过你是巴纳斯的游民，
上流社会叫你维多克·江湖卖艺人；
可悲的是：你的小说过于沉闷。②

或许，写过了这首小诗，普希金自己会乐得哈哈大笑起来。

11月下旬，普希金在即将离开波尔金诺返回莫斯科前夕，给剧作家米·彼·波果津写了一封信，再次谈了自己对波果津的剧本《玛尔法女市

---

① 卢永选编：《普希金文集》第二卷，乌兰汗、魏荒弩、卢永等译，人民文学出版社1995年版，第277—278页。

② 《普希金抒情诗选集》（下），查良铮译，江苏人民出版社1982年版，第350页。

长》的看法。在这之前，普希金曾在莫斯科听波果津朗读过这个剧本，现在，他在波尔金诺又读了两遍波果津寄来的剧本。他在信上写道："……我承认，我曾担心我的第一次印象会淡泊下去；可是不——我还是这样看：《玛尔法》在欧洲会得到很高评价。我要对它做尽可能详细的分析。这对我将是一种学习和享受。"同时，普希金坦率地指出，这个剧本的笔法和语言比较"糟糕"，"语法错误、令人生厌的短缩句、略语，多得不可胜数"。[①]此外，普希金觉得，作者在剧本里使用了某种夸张的笔法来硬性表达某种感情，这是最最违反戏剧艺术的。在信的最后，普希金答应要为这部剧本写一篇详细的评论。后来普希金实现了这个诺言，写成了《论民众戏剧和波果津的〈玛尔法女市长〉》一文。

在这篇文章里，普希金以拉辛、高乃依、莎士比亚、歌德等人的戏剧为例，论述了戏剧诞生以来的历史和走向，认为戏剧的目的就是表现"人和民众——人的命运和民众的命运"。唯其如此，拉辛和莎士比亚才显得伟大。一个伟大的戏剧作家需要具备什么样的素质呢？普希金回答说："哲学、冷静、历史家的国家观念、悟性、想象的灵活性，对喜爱的思想不抱任何偏见，还有自由都是不可或缺的。"

在这篇文章里，普希金也论述了民众戏剧和宫廷戏剧的区别："大众悲剧的作者在教养方面高于自己的观众，他知道这一点，相信自己的崇高地位，把自己畅抒胸臆的作品奉献给观众，受到他们的交口称赞。而在宫廷里却恰恰相反，诗人觉得自己低于观众……（因此）他不敢放任自己进行自由和大胆的虚构。他竭力揣摩地位与他迥然不同的人们的各种雅趣。他担心贬低某个人的崇高称号，得罪某些高傲的观众——由此养成了一种胆怯的拘谨，一种家喻户晓的可笑的夸张，以及卑躬屈节地看待身份高贵的人并且赋予他们以古怪的、非人的表达方式的习惯。"戏剧由广场而进

[①] 卢永选编：《普希金全集》第七卷，张铁夫、黄弗同、刘文娟等译，人民文学出版社1995年版，第441—442页。

入宫廷，戏剧家由自由之境而进入一个高贵的圈子，这当然只能是戏剧和戏剧家的不幸。

普希金由此而想到了俄国的戏剧。他认为，到目前为止，俄国还没有大众悲剧，所有的悲剧都是宫廷式的作品，无法下放到广场上去。"我们的悲剧是仿效拉辛的悲剧而形成的，"普希金认为，俄国戏剧的当务之急是应该考虑："它能否抛弃自己的贵族习气呢？它怎样才能从自己节奏鲜明、一本正经、彬彬有礼的对话，转变为民众激情的粗野流露和街谈巷议的自由抒发呢？它怎样才能一下子甩掉卑躬屈节的习气，怎样才能摆脱那些习以为常的规则和强使俄国的一切适合欧洲一切的做法呢？在欧洲，从谁那里可以学会民众懂得的语言呢？这些民众究竟有着什么样的激情？他们有着什么样的心弦？悲剧在哪儿能找到共鸣？——总之，观众何在？公众何在？"因此，普希金呼吁：俄国的戏剧要想占领舞台，就必须改变和推翻几百年来的习俗、风尚和观念……

也正是从这个意义上，普希金对波果津的《玛尔法女市长》予以高度的肯定。尽管它的整体质量还不够平衡，在文体和语言上还存在着这样或那样的缺点，但是，普希金认为，首先应该肯定的是，波果津创作这部悲剧，"既不是为了贪求一举成名的虚荣，也不是为了迎合一般的读者群众……他写这部悲剧是出于一种强烈的内心信念，他完全是沉湎于独立不羁的灵感之中，深居简出地从事自己的创作。"普希金认为，"在我国文学的现状之下，没有这种忘我精神，便无法创作出真正值得注意的东西。"更何况，戏剧家在剧本里，已经向读者展现了一个重要的历史事件，完全真实地再现了过去的时代，而且，"他（对于他的对象）了如指掌，烂熟于心，展示在我们面前时没有作戏剧性的夸张，没有违情悖理，没有冒充内行。"[①]

[①] 卢永选编：《普希金文集》第七卷，张铁夫、黄弗同、刘文娟等译，人民文学出版社1995年版，第234—245页。

普希金是在9月3日从莫斯科来到波尔金诺的。屈指一算，他被瘟疫阻留在这里已经有三个月的时间了。三个月来，莫斯科又有了什么变化呢？他的未婚妻的情绪又有些什么变化呢？还有他们的婚期，究竟要定在什么时间呢？这都是他在波尔金诺日夜萦绕于心的事情。他也很着急，巴不得飞越过瘟疫区，回到莫斯科，回到他的美人儿身边。她不是说过的么：有没有嫁妆都没关系，她都会嫁给他的。

"一个有思想的人是不平静的，对未来是焦急不安的。"他和普列特尼奥夫说的话一点也不错，他现在就是对未来焦急不安的。

> 我们的岁月在奔驰，流逝，
> 它改变着一切，也改变着我们。
> 对于你所爱的诗人来说，
> 你已经蒙上一层坟墓的暗影。
> 对于你来说，你的朋友已经消失。
>
> 远方的爱人啊，我向你致意，
> 你要像一个孀居的妇人那样，
> 你要像一个好的朋友那样
> （默默地拥抱即将服刑的朋友），
> 请接受我深情的寄语。[1]

1830年12月初，他在给远方的未婚妻写了一首新的诗歌之后，便收拾起行装，穿过所有的隔离区，回到了莫斯科。在他的背后，一个金色的秋天，连同波尔金诺庄园一起，从此也进入了俄罗斯的文学大事记之中。

---

[1] 卢永选编：《普希金文集》第二卷，张铁夫、黄弗同、刘文娟等译，人民文学出版社1995年版，第268页。

第八章　重返皇村

1831年2月18日，亚历山大·普希金和娜塔丽亚·冈察罗娃正式结为伉俪。婚礼在尼基茨克大街（现名赫尔岑大街）的耶稣升天大教堂举行。一对新人和来宾们都很激动。可是，当新人交换戒指时，普希金的戒指却不慎掉到了地上。当他弯腰去捡时，代表他自己的那支蜡烛也突然熄灭了。自小便迷信十足的诗人这时候变得脸色苍白，小声地自言自语道："简直是不祥之兆嘛！"

单身汉的生活从此结束了。新的家庭生活开始了。

"我已结婚，十分幸福。"新婚燕尔，普希金给普列特尼奥夫写信说，"我的唯一希望就是永远这样生活下去，因为这种生活不能再好了，我的生活十分新鲜，似乎完全是另一个世界。"

不少朋友也觉得，普希金结婚之后，仿佛一下子变成了另外一个人，庄重稳健，通情达理，而且十分宠爱自己美丽的妻子。只是，他和他那位不太好说话的岳母大人却总是不大协调。岳母凡事都讲大排场，生怕自己的女儿在经济上和待遇上受什么委屈，大有不把普希金的每一个钢锄儿都用光绝不罢休之意。这使得普希金无法容忍，有时忍不住要发发牢骚："请您不要忘记，和我结婚的是您的女儿，而不是您！"结果只能招来岳母的更变本加厉的无理取闹。普希金在经济上本来就捉襟见肘，现在结婚不过一个月，仅有的一点积蓄便耗费殆尽了。

3月26日，他又给普列特尼奥夫写信说："我不准备留在莫斯科。你知道吗？我特别想定居到皇村，多么好的想法！到那里，夏、秋两季我可以安心写作了。那里离首都不远，环境也较熟悉，可以舒舒服服地回味往事……"在这封信上，普希金也谈到了他结婚前后的经济状况，"多亏父亲，我得到了3.8万卢布，用这笔钱办完婚事，又马马虎虎安了个家，没有借债。我不能依靠岳母或妻子的外公，他们都不富裕，更不能轻易相信他们的话。但在我这方面，至少我的作为是光明正大的，是无私的。我不是自吹自擂，也没有怨天尤人，因为我那年轻妻子十分可爱，她是那么漂亮，我所做的一切又算得了什么牺牲！"二十天后，普希金又致信普列特尼奥夫，请他帮忙在皇村租一套房："我们要去两个人或三个人，或四个人，再加上三个女人。房子自然是越便宜越好——但200多卢布的房租还不至于叫我们破产。我们不需要花园，因为旁边就有个大花园……看在上帝面上，快些吧！"这封信说明，普希金大概实在无法忍受岳母在他妻子面前的絮絮叨叨。他的妻子是单纯的，他害怕的是她母亲会把她调教得不成样子。普希金在信上还特意叮嘱普列特尼奥夫说："房子最好能有一个专门的书房——其他条件就无所谓了。"①

5月15日，普希金携同妻子和仆人们离开了莫斯科，先去彼得堡自己家中拜见了父母和一些朋友，然后在这个月的月底住进了他的母校皇村。临离开莫斯科时，普希金给他的岳母留下了这样一封看来是忍无可忍而不得不写的短信："我不得不离开莫斯科，以避免不必要的争吵。长此下去，这定会影响我的休息。有人在我妻子面前把我说得一钱不值，说我贪婪成性，说我是卑鄙的高利贷者。她们对她说：'你顺从丈夫是傻瓜的做法……'您应该承认，这实际上是在劝她离婚。照理，妻子不该允许别人

---

① 卢永选编：《普希金文集》第七卷，张铁夫、黄弗同、刘文娟等译，人民文学出版社1995年版，第444—445页。

说丈夫的坏话……我一直在忍耐着,不同您计较,但看来忍也无益。我需要安静,我也知道怎样才能得到安静。"①

家庭的不睦似乎已经在预示着什么不幸,就像看似安详的云彩背后,有时会隐藏着可怕的暴风雨一样。不过,对于新婚不久的诗人来说,暴风雨尚很遥远,且不去管它吧。

普希金首先是一位诗人——属于全人类的诗人,然后才是一位丈夫,一位女婿。家庭的琐事与烦恼和他心灵中最重要的思虑相比,又算得了什么呢!他说:"目前我所关心的,是在欧洲发生的事件。"

一进入19世纪30年代,欧洲就接二连三地发生了许多具有历史意义的大事件。1830年7月,法国爆发的革命运动,引起普希金的密切关注和同情;这年11月波兰又发生了暴动,华沙的军火库被暴动者洗劫一空。其时,康斯坦丁·巴甫洛维奇大公已匆匆逃离首都,波兰的民族主义者纷纷拿起了武器,要同俄国作战;而西欧以及俄国的许多自由主义者都在支持波兰独立,俄波关系因为西欧的威胁而日益紧张。普希金密切关注着这一事件的进展。他预感到,不仅欧洲眼看就要把战争强加到俄国头上,而且一场世界大战也正在拉开序幕。普希金是一个爱国主义者,他没法不为俄国的命运担忧。他想为国家考虑出一个万全之策,但又无能为力。他想到了"不干涉原则",既希望波兰不要在大俄罗斯帝国之外闹什么独立,又希望俄国人也不必对波兰大动肝火,"革命应该结束了……"他的这些中庸念头虽然未免有些一厢情愿和过于天真,但同时反映出了他对社会政治问题的热情,以致于使波兰诗人,他的朋友密茨凯维奇觉得:"听着他(普希金)议论他的国家的内外政策时,你会以为他是一个对国事有很成熟的见解,每天都阅读议会的简报的人。"

---

① [法]亨利·特罗亚:《普希金传》,张继双、李树立、董爱春译,世界知识出版社1992年版,第532页。

多少年来，这些民族，
彼此敌视，仇怨很深；
一会儿他们，一会儿我们，
多次迎着风暴弯下腰身。
谁赢得这力量悬殊之争：
傲慢的波兰人或忠诚的罗斯人？
斯拉夫人的细流岂不汇成俄罗斯大海？
它就能枯竭？这就是问题所在。

他凭着自己诗人的意愿而不是根据官方的理由来苦心地劝说那些欧洲的"干涉者"：

别吵嚷了：你们没有读过
这些染满了鲜血的碑文。
你们无法懂得家庭仇怨，
你们根本不懂其中底蕴；
克里姆林和布拉格不会理你们；
一种冒险的殊死斗争
莫名其妙地把你们迷住了——
因此你们才把我们憎恨……

他出于爱国的义愤，告诫那些"诽谤俄罗斯的人们"说：

你们嘴上厉害，但干起来试试看！
……
从受到震惊的克里姆林宫

到岿然不动的万里长城脚下，
俄罗斯大地再也不能崛起，
任钢铁的鬃毛闪耀着光华？
雄辩家们，把你那恶狠狠的儿子
往我们的国家尽管派遣，
俄罗斯田野上有他们的地盘，
在他们并不陌生的墓地之间。①

  历史的风云在他的心中翻涌，友谊的波涛也在他的心中激荡。就在普希金结婚前一个月，他少年时代的最好的朋友之一、诗人杰尔维格不幸去世。普希金感到万分悲痛，心中对于死亡也产生了一种深深的恐惧。他说："在这个世界上，杰尔维格是我最亲密的朋友。童年时代的那些朋友，只有他经常同我见面。我们这群可怜的人聚集在他周围，他一死，我们就像是变成了孤儿。"在这一年的10月19日，皇村学校二十周年的纪念日里，普希金屈指一算当年的皇村同学，先后已有六位涉过忘川了。而更多的同学则杳无音信，有的正在西伯利亚的大风雪中度着苦日……

人间的风暴一阵阵劲吹，
有时会突然间触及我们，
虽然身在年轻人的筵席，
心儿却常常会变得阴沉；
我们成长了；命运却预示
生活的考验也会光顾我们，

---

  ① 卢永选编：《普希金文集》第二卷，乌兰汗、魏荒弩、刘文娟等译，人民文学出版社1995年版，第313—315页。

> 死神常常在我们中间徘徊，
> 并且指定自己的牺牲品。
> ……
> 我似乎觉得该轮到我了，
> 亲爱的杰尔维格在把我呼唤，
> 这活跃的青春时代的朋友，
> 这忧郁的青春时代的同伴，
> 一起唱过青年歌曲的同学，
> 和我们同赴过欢宴，一道幻想，
> 这位别我们而去的天才诗人，
> 正呼唤我们朝亲人的幽灵飞翔。①

普希金的心里有着无限的伤感。他甚至觉得，皇村学校愈是频繁地庆祝自己神圣的校庆，他们这些当年的老同学便愈不敢"结成大家庭"，因为，他们的人正越来越少，碰杯的声音也越来越沉闷。

重返皇村，普希金过着一种比较安宁的生活。"现在，我把一切均已安排妥当了，可以平静地生活了。这里既没有老岳母，也没有马车随从，所以也就没有挥霍和浪费，没有谎言蜚语。"他给朋友们写信说。

他在皇村里安安静静地读书与写作。

他要读的书真是太多了。皇家科学院院士尼·格涅吉奇（1784—1833年）翻译的《伊利亚特》是他很喜欢的一部书。他曾撰文介绍道：

期待已久、令人望眼欲穿的译作《伊利亚特》终于问世了！当满

---

① 卢永选编：《普希金文集》第二卷，乌兰汗、魏荒弩、刘文娟等译，人民文学出版社1995年版，第322—323页。

足于短暂成就的作家们大多沉溺于那些雕虫小技时；当天才回避艰苦劳动，而鄙视鸿篇巨制的古典作品成为一种时髦风气时；当写诗不复为一种虔诚的工作，而只不过是一件轻薄的事情时，——我们怀着一种深深的敬谢之忱关注着一位把人生的最好年华骄傲地献给了非凡的劳动、无私的灵感和建立独一无二的崇高功绩的诗人。俄罗斯的《伊利亚特》就在我们面前。我们正在着手对它进行研究，以便将来向我国读者介绍它，介绍这本必将对祖国文学产生重大影响的书。[1]

无论是对荷马还是对格涅吉奇，普希金都献上了自己最大的敬意。还在1830年他在波尔金诺时，他就在格涅吉奇的《伊利亚特》的译本扉页上这样题写道："我听到古希腊沉寂已久的神启的声音；伟大老人的身影搅动我的心。"现在，坐在皇村的书房里，伟大的古希腊诗人的"神启的声音"，又在撞击着他的心壁……

他的耳边回响着千万种声音。他看着1830年出版的《涅瓦丛刊》，发现其中的诗歌部分都是由诗人雅泽科夫（1803—1846年）润色的。他忍不住要对"这家以文理不通因而无法著称的杂志的出版人"尼·阿·波列沃依幽上一默："这位诗人（指雅泽科夫）刚露头角，就以语言的热情和力量使我们折服。在运用诗句和长复合句方面，任何人都不及他果断。看来，任何东西他都能把握其富于诗意的一面，并以其特有的生动的描绘加以表现。我们感到遗憾的是，他至今几乎还没有从一个过于狭窄的门类中跨越出来。"而更糟糕的是，《涅瓦丛刊》的出版人"竟然以为他能以一些拙劣可笑的东西模仿雅泽科夫那成熟、准确、涵义丰富的文笔"。[2]

---

[1] 卢永选编：《普希金文集》第七卷，张铁夫、黄弗同、刘文娟等译，人民文学出版社1995年版，第30页。

[2] 卢永选编：《普希金文集》第七卷，张铁夫、黄弗同、刘文娟等译，人民文学出版社1995年版，第40页。

放下《涅瓦丛刊》，普希金又看到了谁的著作了呢？啊，是弥尔顿！弥尔顿说过："对我来说，有少数读者就够了，只要他们真正理解我。"这话说得多好！一部《失乐园》，人人都知道它是不朽的巨著，一个大海，但未必会有几个人能潜游其中。普希金是热爱弥尔顿和捍卫弥尔顿的诗人。他很赞成弥尔顿对于自己的读者的选择，他说，很可惜的是，"弥尔顿的这个自豪的愿望至今有时仍反复出现，只是稍有变化。我们有些同时代人公开地和秘密地极力开导我们：'对他们来说，有少数读者就够了，只要买主众多。'"几年之后普希金在一篇《论弥尔顿和夏多布里安的译作〈失乐园〉》的长文中，再次写到他对弥尔顿的崇仰："……他是克伦威尔的朋友和战友，是一个严肃的宗教狂，是《偶像破坏者》和《为英国人一辩》一书的严正的作者！""在艰难的日子里，他是恶语中伤的受害者，在贫困、迫害和失明的情况下，他保持着不屈不挠的精神，口授了《失乐园》。"普希金认为，弥尔顿是一位"集文雅、朴实、朦胧、晦涩、生动、古怪和大胆得近乎荒谬于一身的诗人"。[①]

普希金曾在一些文学短论中多次引用过一句拉丁语："Habent sua fata libelli"，即"书有自己的命运"。他在1828年匆匆完成的长诗《波尔塔瓦》出版后，引起了许多人的批评。普希金本来是很看重自己的这篇作品的，觉得它是一部"强劲有力"而且"可信"的长诗，不料却命运不济，他的独出心裁反而招致了许多人的误读。如有人对长诗中的玛丽亚爱上马塞帕这个情节就不以为然，认为这是"不可能存在的"，对此，普希金在《驳〈波尔塔瓦〉的批评者们》一文中，据理而争道："我对这种解释是不能满意的：爱情是一种最任性的情欲。"他说，"且不说每天都有人认为丑陋和愚蠢比青春、智慧和美要好得多。请

[①] 卢永选编：《普希金文集》第七卷，张铁夫、黄弗同、刘文娟等译，人民文学出版社1995年版，第107—108页。

回忆一下一些神话传说、奥维德的《变形记》、勒达、菲利拉、巴齐法雅、皮格玛利翁吧——请相信，所有这些虚构的故事和诗歌并不是格格不入的。而奥塞罗，那个用自己的历险和战斗故事来俘虏苔丝狄蒙娜的老黑人呢？还有促使一位意大利诗人写出一部优秀悲剧的密拉呢……"普希金认为，他笔下的年轻的玛丽亚之爱上年老的马塞帕，也正像《变形记》中的人物和传说中的勒达等三位王后、莎士比亚故事中的人物以及阿尔菲耶里笔下的少女密拉一样，反映出了人的一种"奇特的情感"，这种情感并非是不可能发生的，而是有许多"先例"的。同时，他这种描写也是"完全按照历史材料"来描写的，"几乎都是第一手材料"。还有人批评普希金在这首长诗中所使用的"胡子""尖叫""起来吧""哎呀""是时候了"等词语是"低级"和粗鄙的，对此，普希金也反驳道："有什么办法呢？难道我会因为骄傲自大的外省人的要求，或害怕被称为'民众主义作家'或'亲斯拉夫派'，而放弃诚挚准确的表达方式吗？"

在《驳〈波尔塔瓦〉的批评者们》一文里，普希金还顺便驳斥了批评者们对拜伦的《马塞帕》的误读："正是在谈到《波尔塔瓦》的时候，批评家们提到了拜伦的《马塞帕》；然而他们是怎样理解他的啊！拜伦不过是根据伏尔泰的《查理十二世史》才知道马塞帕的。使他感到惊讶的仅仅是一个绑在一匹野马上、沿着草原飞驰的人的图画。这幅画自然富于诗意，然而请看他根据这幅画作了些什么吧。"普希金认为，真正的马塞帕和查理，"那副阴沉、可恨和令人痛苦的面孔"，几乎是出现在拜伦所有的作品中，但在《马塞帕》中却恰恰没有。普希金说，"（这未免使我的一个批评家感到扫兴。）拜伦连想都没有想到他，而是展现出一系列一幅比一幅惊人的图画，如此而已；然而这是一部多么热情的作品啊！这是多么洒脱、奔放的笔触啊！"普希金甚至觉得，"假如拜伦挥笔描绘那个被人勾引的女儿和那个遭到处决的父亲的故事，那么在他之后，恐怕谁都不敢再碰一碰这个可怕的题材了。"①

　　1831年7月下旬，因为霍乱的肆虐，皇村被隔离和封锁起来。不久，尼古拉一世的皇宫也临时迁到了皇村。这使得本来非常安静的皇村一下子变得名流云集，仕女成群，红尘万丈了。上流社会的笙歌夜舞和没完没了的交游应酬，使小妇人娜塔丽亚异常高兴，乐此不疲，但对普希金来说却不胜厌烦。他的宁静的书斋生活又将被搅乱，他可能必须拿出一些时间和精力来应酬一些不得不应酬的事情——为了不扫娜塔丽亚的兴吧。

　　好在经常过从的人当中，也有可以坐在一起谈谈文学，谈谈作品的。老诗人茹科夫斯基是"宫廷中人"，他随宫廷来到皇村后，便经常拜访普希金夫妇。在宫廷与普希金之间，他试图充当一个"和事佬"。他是看着普希金成长起来的老作家，普希金的才华与胆识，是他自愧弗如的。他也是一个不失幽默的善良的老人。他在写给亚·伊·屠格涅夫的一封信上，说到了普希金夫妇在皇村的情景："普希金是我的邻居，我们经常见面。自从你说我望着他妻子流涎水之后，我就认为自己已经成了一条年老的丹麦狗。丹麦老狗坐在那里，眯着眼睛，流着涎水，望着别人在他面前品尝美酒佳肴。普希金的小媳妇长得实在可爱，我很喜欢看到他俩走在一起的神态。得知他结婚的消息之后，我一天比一天高兴。结婚对他的灵魂、生活和诗歌创作都有好处。"普希金也很尊重茹科夫斯基。他们两人的情谊亦师亦友，是俄国文坛的幸事。普希金在未来皇村之前，在写给普列特尼奥夫的信上就说到过，听说茹科夫斯基也在写诗体小说，"茹科夫斯基在自己的村子里强迫一些老太婆给他按摩双腿和讲述故事，然后他就把这些故事改写成诗。"普希金高兴地说，"俄罗斯的口头传说一点也不比爱尔兰和德国幻想诗歌中的口头传说逊色。如果他仍然有灵感来潮的话，我就劝他读读（东正教的）日读月书，

---

① 卢永选编：《普希金文集》第七卷，张铁夫、黄弗同、刘文娟等译，人民文学出版社1995年版，第45—48页。

尤其是关于基辅奇迹创造者的口头传说，朴朴实实，构思绝顶美妙！"①现在，茹科夫斯基到皇村来了，他们成了邻居，便经常坐在一起，交换各自的新作看看，互相欣赏一番，或者互相批评几句。老态龙钟的茹科夫斯基总是使普希金想起当年的另一位老诗人杰尔查文来。曾几何时，就在这里——在金色的皇村校园里，风华正茂的少年普希金还颇为羞怯地站在台上为老诗人朗诵自己的《皇村回忆》呢！而现在，转眼之间，沧桑已过，皇村还是这座皇村，但人物已不是当年的那些人物了。旧雨新知，几经凋落，此时环顾四周，尚有几人还在世上呢？想到这些，普希金不能不感到万分伤感。他觉得，自己似乎也快要成为老人了。

除了茹科夫斯基，普希金这时候和尼古拉一世的妻子的宫中女侍官亚·奥·斯米尔诺娃（娘家姓罗谢特）多有来往。她也成了普希金家里的常客。她也许是崇拜普希金，也许是羡慕娜塔丽亚，总之是一有空就往普希金家里跑，以至于使娜塔丽亚心照不宣地对她说出这样的话来："尊贵的罗谢特小姐，您天天光临寒舍，恐怕不是来看我的，而是来看我丈夫的吧？"罗谢特也不在乎，笑着回答说："当然是来看你丈夫的，他是诗人嘛！请问可以进来吗？"

"可以。他肯定又会给您朗诵一点什么的。"娜塔丽亚已经习惯了他们谈文学呀朗诵诗的那一套。普希金说过，罗谢特能够给他灵感："在我看来，您就是灵感。"

罗谢特自然常常在普希金家碰见茹科夫斯基。她回忆说："谁也没有茹科夫斯基那孩童般的柔情，谁也不如普希金聪明。"有一次她向普希金承认，她读的书很少，对此，普希金也坦率地告诉她说："请听我私下里跟您提提，我也讨厌读书，许多东西没有读过，这其中自有道理：仰仗别人的智慧，反倒会束缚住自己。我有这么一种看法，人世间没有傻瓜，每

---

① 卢永选编：《普希金全集》第七卷，张铁夫、黄弗同、刘文娟等译，人民文学出版社1995年版，第444页。

个人都有自己的智慧。从小铺老板开始直到沙皇为止，跟谁在一起我也不觉得无聊。"①罗谢特觉得，普希金的确是一个能和所有的人愉快地在一起消磨时光的人。她每次去普希金家，都看到他在专心致志地写作，有时和仆人们一起聊天。哪一天碰到普希金刚刚写完了一篇新作，他就会紧紧地拉着她，让她听他朗诵。

有一次，普希金给她朗诵了一首刚刚写完的童话诗《萨尔坦皇帝》，她给他提了点意见，他高兴地接受了。这情景也使普希金的妻子既嫉妒又羡慕：怎么自己就不能给丈夫的诗提点什么意见呢？而丈夫似乎也从来没想到把自己的新作念给她听听，问问她喜欢不喜欢呢？难道自己不如罗谢特小姐？

对此，罗谢特说："亲爱的娜塔丽亚，你可是毫无必要嫉妒我的。说实话，我对所有的人都是一视同仁，别无他意的，对茹科夫斯基也好，普希金也好，还有普列特尼奥夫也好，难道你没有看到，我没有爱上他们，他们也没有爱上我？"

"这我看得清楚，"娜塔丽亚说，"不过我感到苦恼的是，怎么他和你在一起总那么愉快，又是说笑又是朗诵的，而和我在一起却没精打采，自顾自地只知道写作和读书呢？"

"这……恐怕就是你的问题了。"

的确，在文学和写作上，娜塔丽亚是无法和自己的丈夫有什么共同语言的。她不知道该怎样去欣赏丈夫写的诗，那些押韵的句子只会使她头昏脑涨甚至厌倦。"她喜欢的不是他的文学成就，而是社交方面的成就。"普希金的一些朋友有着这样明显的感觉。很可惜的是，普希金在社交方面的成就越来越小，也越来越不屑于在这方面耗费时间和精力了。这使娜塔丽亚无法不感到失望。不仅对他的社交成就感到失望，就是对他的文学成

---

① 果戈理等：《回忆普希金》，刘伦振译，天津人民出版社1986年版，第288页。

就也不以为然——她多么希望丈夫能成为一位"茹科夫斯基式的"、为皇帝所重用的诗人啊！但这又是不可能的。她不知道，恐怕今生今世，普希金是不会满足她的这个愿望了。

在皇村时，有一天，普希金到普列特尼奥夫家聊天时，看到了一个长着一个鹰钩鼻子和一双忧郁的大眼睛的小伙子。普列特尼奥夫介绍说："这是尼·瓦·果戈理，有才华的青年作家。"当时果戈理（1809—1852年）刚刚写出了《狄康卡近乡夜话》第一部。他见到了普希金，顿时眼睛放出惊喜的光芒，有如虔诚的信徒见到了心中的神。他把自己的短篇故事集送给普希金，请普希金指教。一开始，普希金对他并不在意。1831年4月在写给普列特尼奥夫的一封信上，普希金还说到，"关于果戈理，我没有什么可以向你说的，因为到现在还无暇读他的作品。准备回到皇村之后去读。"[①]及至普希金读完《狄康卡近乡夜话》后，不禁大为欣喜，被这位青年作家的才华所吸引。他在写给普列特尼奥夫的信上赞叹说："我刚读完《夜话》，叫我大吃一惊。这是真正的欢乐，诚直和自觉的欢乐，毫无矫揉造作，不见鬼脸怪相！它包含着多少诗情画意！这一切都是我国文学的新鲜事物，叫我望尘莫及！"[②]从此，普希金便成了果戈理的"文学保护者和指导人"。果戈理受宠若惊，心中大喜。1831年在写给友人的一封信上，不无炫耀地写道："整个夏天我是在帕夫洛夫斯克和皇村度过的……我们几乎每天晚上相聚：茹科夫斯基、普希金和我。啊，你知道，从这些大诗人的笔下写出多少妙不可言的诗章！普希金用八行一段的诗歌格式写了一篇引人入胜的故事：《厨娘》。在这首诗里，科洛姆纳和彼

[①] 卢永选编：《普希金文集》第七卷，张铁夫、黄弗同、刘文娟等译，人民文学出版社1995年版，第444页。

[②] [法]亨利·特罗亚：《普希金传》，张继双、李树立、董爱春译，世界知识出版社1992年版，第544页。

得堡的自然风光写得活灵活现。——此外,还有俄罗斯民间童话——不是《鲁斯兰和柳德米拉》那样的童话,而是纯俄罗斯的。有一首故事诗甚至只有韵脚,没有格律,读来却是美不胜收。"在稍后的一封信上,果戈理又对自己"私淑"的老师普希金的作品大加仰慕地写道:"雅泽科夫的短诗,有如结婚前的爱情:它生动活泼,热情洋溢,一下子就能把握住你的全部感情。而普希金的诗篇,则有如结婚后的爱情:它不是一下子就抓住我们的心,但越是细看,它越是舒展、开阔,最后变成了壮伟、宽阔的大洋,再看这大洋,愈端详愈觉其浩淼广袤……"①

果戈理的才华与谦逊,以及对普希金的五体投地的崇仰,都使普希金感到高兴。他在稍后几年曾撰文高度评价了果戈理的《狄康卡近乡夜话》,认为这部作品无论是对一个能歌善舞的民族生活的生动记录,还是对小俄罗斯自然风光的鲜明描绘,以及对乡村纯朴而又狡黠的欢乐气氛的营造……都是相当出色的。"从冯维辛时代以来我们就没有笑过了,因此读到一部逗得我们发笑的俄国作品时,简直不胜惊讶!"普希金写道,"我们十分感激这位青年作家,他那不平稳、不正规的文笔,某些不连贯、不近情理的故事,都是情有可原的,我们愿意把这些缺点留给批评界去占点便宜……"②

果戈理在普希金的引导和栽培下也进展很快。普希金甚至把《钦差大臣》和《死魂灵》的题材也"转让给"了果戈理。果戈理后来在他的代表作之一《死魂灵》的"作者自白"中回忆说,普希金早就劝他写一部大型作品。有一次,果戈理向普希金朗读了一台小戏里的一个小场面,这个场面使普希金感到惊喜。他对果戈理说道:"你能洞悉人物,你能以寥寥数笔就把人物栩栩如生地展现出来,以你这样的才具而不去从事大部头创作,这简

---

① 果戈理等:《回忆普希金》,刘伦振译,天津人民出版社1986年版,第311—312页。

② 卢永选编:《普希金文集》第七卷,张铁夫、黄弗同、刘文娟等译,人民文学出版社1995年版,第54页。

直是一种罪过！"这以后，他又开始提醒果戈理注意那可能过早结束他生命的虚弱的体质和疾病；他向他引证了塞万提斯的例子，说这位作家虽然写了几个非常杰出的中篇小说，但如果不写《堂·吉诃德》，永远也不会在作家中占据着现在所占有的地位。而且，他还破例地将自己的情节转让给了果戈理。他本来是想用它亲自写一种类似长诗的东西的，用他的话来说，换任何一位旁人，他是不会给的。这就是《死魂灵》的情节。《钦差大臣》的主题也是属于普希金的。普希金认为，《死魂灵》的情节很适合于果戈理，因为它使果戈理获得跟自己的主人公遍游整个俄罗斯的充分自由，能塑造出众多的最为纷繁的人物性格。果戈理果然没有辜负普希金的期望，他也没有糟踏普希金"转让"给他的情节，他把它们都写成了文学史上的名著。普希金为《狄康卡近乡夜话》写评论时，果戈理的喜剧《钦差大臣》也即将上演。普希金怀着期望地写道："他（果戈理）不断取得进展。他出版了《小品集》，里面收有他的《涅瓦大街》，这是他最'完全'的一篇作品。随后又出版了《密尔格拉得》，大家如饥似渴地在这部作品里读了《旧式地主》这首令人含着忧愁和伤感的眼泪发笑的、戏谑而又动人的田园诗，以及其开头堪与瓦尔特·司各特的作品媲美的《塔拉斯·布尔巴》。果戈理先生正在继续前进。我们希望并且期待着经常有幸在我们的杂志上谈论他。"[1]后来，当果戈理的中篇小说《鼻子》遭《莫科斯观察家》杂志退稿，果戈理对自己的这篇东西也犹豫不决时，普希金毅然在他自己编辑的《现代人》上推出了这部作品，并亲自为《鼻子》写了"编者按"："尼·瓦·果戈理很久都不同意发表这篇游戏文字；然而我们却在里面发现了这么多意外的、幻想的、快乐的、独创的东西，因而说服了他让我们同读者一起分享他的手稿给予我们的乐趣。"[2]

---

[1] 卢永选编：《普希金文集》第七卷，张铁夫、黄弗同、刘文娟等译，人民文学出版社1995年版，第54—55页。

[2] 卢永选编：《普希金文集》第七卷，张铁夫、黄弗同、刘文娟等译，人民文学出版社1995年版，第84页。

普希金对果戈理的帮助与扶持是无私而动人的。果戈理后来在《关于普希金的几句话》这篇著名论文中这样说道:"……在我们的诗人中,没有一个能及得上他,比他更有资格称得上民族诗人;这个权利是绝对属于他的。他像一部辞典一样,包含着我们语言的全部财富、力量和灵活性。他比任何人都更广泛地扩大了我们语言的界限,指明了它的全部范围。普希金是非凡的现象,也许是俄罗斯精神的唯一的现象:这是一个发展到最高境界,也许两百年之后也是如此的俄罗斯人。在他身上,俄罗斯大自然,俄罗斯精神,俄罗斯语言,俄罗斯性格反映得这样纯洁,这样净美,就像风景反映在光学玻璃的凸面上一样……"[①]

在皇村,除了陪妻子在大花园里散散步,普希金大部分时间都用在读书和写作上。他每天早晨洗过澡之后,就喝一会儿茶,然后回到自己的书房里。他喜欢躺在沙发上或床上写作。他的身边、床上、地板上、沙发上全是书。他的铅笔总是拿在手上,仿佛随时都准备记下点什么。"他非常喜欢夜里写作。你要是对他说,这样是有害的,他则说:'这与你无关。'"普希金的老仆人费奥多罗夫回忆说,"如果你夜里起来往他书房里瞧一下,就会看到他坐在那里写作,嘴里还念念有词,要不然就能看到他手里拿着笔来回走动,嘴里又念起什么来。"

普希金在皇村写的童话诗《萨尔坦皇帝》是根据他的奶妈讲的民间故事改编的。在这个童话(以及后来的另外几篇童话)里,他极力保持民间创作的神韵和风格,故事情节、人物形象以及遣词用句等,都深得俄罗斯民间文学的精髓,连这部作品的长标题《萨尔坦皇帝,他的儿子非凡而高强的勇士格维顿·萨尔坦诺维奇公爵和美丽的天鹅公主的故事》都是采用民间流行的通俗小书中的童话故事和武侠小说的标题风格。果戈理说到

---

① 《伟大诗人普希金》,冯春、张勉、侯华甫等译,上海译文出版社1989年版,第531页。

的普希金"有一首故事诗只有韵脚，没有格律，读来却是美不胜收"大概就是指这首诗。普希金在这首诗里对民间口语的使用惟妙惟肖，把记忆中的老奶妈阿琳娜·罗季奥诺夫娜的口吻都表达了出来，完全是俄罗斯民间艺人讲故事的方式，而鲜有文人创作的痕迹。对此，诗人巴拉登斯基认为这太直白了，是一大"缺点"；另一位诗人科莫夫斯基则认为，读这篇故事，如同在听一支催眠曲。

但是后来的事实证明，普希金这样做是伟大和明智的。有人评价说，茹科夫斯基在写故事时还是茹科夫斯基，但普希金在写故事时却变成了老奶妈阿琳娜·罗季奥诺夫娜。因为有了普希金，《萨尔坦皇帝》的故事才在俄罗斯家喻户晓、妇孺皆知。

1829年，作家米·尼·扎戈斯金（1789—1852年）出版了他的第一部长篇历史小说《尤里·米洛斯拉夫斯基，或1612年的俄罗斯人》。普希金从高加索回到莫斯科后读到了这部小说，大为快慰。他寄希望俄国作家包括他自己："愿上帝保佑，我们能写出以俄国生活为题材的历史小说，让别人也欣赏欣赏它。"这时候，他正因创作《彼得大帝的黑奴》而仍然沉浸在历史小说的氤氲之中。读了扎戈斯金的小说，他忍不住内心的激动，赶紧写了一篇关于《尤里·米洛斯拉夫斯基》的评论。在谈论扎戈斯金之前，普希金先表示了一番自己对自瓦尔特·司各特以来的欧洲历史小说创作的不满。他说：

现在，我们往往把长篇小说这个词理解为在虚构的故事中展开的一个历史时代。瓦尔特·司各特吸引了一大批模仿者。但他们所有的人与这个苏格兰魔法师相距多远啊！他们像阿格里巴的那个学生一样，把古代的恶魔唤来，却不会驾驭他，于是成了自己的恶作剧的牺牲品。他们自己背着家庭习气、偏见和日常印象的沉重包袱，走进他们想把读者带入其中的那个时代。在插着羽毛的圆形软帽下，您可以认为你们的理发师梳理过的脑袋；从亨利四世型的花边褶纹高领里露出了现代花花公子的浆得挺硬的领带。哥特式的女主人公受到寄宿学校式的教育，而16世纪的国家要人却在阅读《泰晤士报》和法国《论坛报》。有多少不合情理的东西、不必要的细节和严重的疏忽！有多少矫揉造作的成分！此外，生活气息又是多么贫乏！然而，这些贫乏的作品在欧洲却不乏读者。是因为像斯达尔夫人所断言的，人们只知道自己时代的历史，因而无法发现浪漫主义小说中荒谬绝伦的时代错误呢？还是因为古风的描绘，即使是差劲的、不正确的描绘，对于被司空见惯、千篇一律的花哨货色弄迟钝了的想象力仍具有难以形容的魅力呢？[①]

普希金所说的瓦尔特·司各特的"模仿者"和"学生"，可能是指类似骚塞的《关于一个想看禁书的青年以及他如何受到惩罚的故事》或歌德的《炼丹术士的学生》之类的历史文学。在普希金看来，它们显然都不及扎戈斯金的这部作品。普希金认为，扎戈斯金在他的书中，"我们善良的人民、贵族、哥萨克、僧侣、剽悍的密探——全都写得恰如其分，全都像在米宁和阿夫拉阿米·巴里曾的纷乱不安的时代那样行动和感受。俄罗斯古代的生活场面是多么栩栩如生、引人入胜啊！"

当然，普希金也敏锐地看到了这部作品的缺憾。他认为："当扎戈斯金先生着手描绘历史人物的时候，他那不容置辩的才能显然背弃了他。米宁在尼日尼哥罗德广场的演说写得很差，缺乏平民式的雄辩的激情。贵族会议描写得平淡乏味。可以指出两三处轻微的时代错乱现象，以及一些语言和服饰方面的差错……"

一年之后，1830年，当扎戈斯金的又一部历史小说《罗斯拉甫列夫，或1821年的俄罗斯人》出版后，普希金在皇村读到后便大为不满意了。他

---

① 卢永选编：《普希金文集》第七卷，张铁夫、黄弗同、刘文娟等译，人民文学出版社1995年版，第33—34页。

认为，这部小说不仅对1821年的历史描述得不太真实，不尽如人意，而且作者还有给当时先进的贵族知识分子脸上抹黑的企图。1831年7月3日，普希金给维亚泽姆斯基写信说："我已经读了《罗斯拉甫列夫》。我很想知道你是怎样责骂它的。"维亚泽姆斯基读了这部小说后也认为，它不仅"没有一个情况是真实的"，而且没有思想。

或许，正是出于对扎戈斯金的《罗斯拉甫列夫》的不满意，普希金决定自己也要来写一部以1812年这一近代历史时期为背景的历史小说，并且也取名《罗斯拉甫列夫》。他在作品的开头就写明了他的创作动因：

> 当我读（扎戈斯金的）《罗斯拉甫列夫》一书时，发现它开端部分的情节是根据一件我十分熟悉的真事写的，我很惊奇。我曾经是扎戈斯金先生小说里那位不幸的女主人公的朋友。作者把公众的注意重新引向已经被遗忘了的事件，唤醒被时间冲淡了的愤懑情绪，扰乱了坟墓里的平静。我要为那个幽灵辩护……①

普希金的传记家和研究家们一致认为，《罗斯拉甫列夫》的写作是普希金历史长篇小说发展中的一个重要阶段。在扎戈斯金的小说里，1812年前后的民众只不过是一种听天由命的消极力量，一伙受教的教徒，他们的牧师就是以君主为首的农奴制贵族阶层。但在普希金的小说里，民众已普遍觉醒，他们的胸中充溢着爱国主义的热情。以主人公波丽娜为首的爱国群众，对于那些为争取祖国独立而战的人充满理解和支持，而且她自己也随时准备为祖国奉献出年轻的生命。波丽娜的不寻常的心灵品质和英勇的崇高的信念，是当时一批先进贵族青年的思想的体现。对她的形象的塑造，是普希金对俄国文学形象画廊中的妇女形象的贡献。在她身上也闪耀

---

① 卢永选编：《普希金文集》第六卷，迎秀、磊然、水夫等译，人民文学出版社1995年社，第185页。

着普希金的爱国主义理想的光华。波丽娜的英勇与爱憎分明的品格，也正是普希金同贵族社会那种媚外思想和反爱国主义行为做斗争的主题的体现。但是很遗憾，《罗斯拉甫列夫》这部小说没能写完。

皇宫迁进皇村后，皇村整天热热闹闹的，有时皇帝尼古拉一世也和皇后一起出来看看光景。有一次，在公园里，普希金夫妇和皇帝皇后邂逅了。普希金是尼古拉一世的"熟人"了，自不必说。普希金的妻子娜塔丽亚对尼古拉一世来说也一点不陌生。娜塔丽亚未出嫁之前，就见过尼古拉一世，还在一次舞会上相遇过。皇帝对娜塔丽亚的美貌赞不绝口，总是难忘。现在，娜塔丽亚初为人妇，更加丰腴多姿了，皇帝对娜塔丽亚的美貌禁不住暗自吃惊了。

天气很好，皇帝和诗人不免聊上几句。皇帝问："干吗只埋头写诗呢？在政府机关里干点事不是更好？"

"谢陛下关心。"普希金看到皇帝的目光仍停留在娜塔丽亚的脸上，并没有注意自己，心里有些不快，"我随时都愿为帝国效力，但除去写作，我别无所长。"

"既然他已经成家，手头又不宽裕，总得给他一碗饭吃呀！"他一时心血来潮——或许是早有考虑，要把普希金编入外交部官员名册，年薪5000卢布。普希金不是热衷于历史研究吗，那么好吧，他的具体工作就是翻阅档案资料，为国家后代编写一部彼得大帝正史。

普希金心无城府，加上婚后生活捉襟见肘，娜塔丽亚早有怨言，如今年薪5000卢布的一个差使从天而降，岂不是天上掉馅饼的好事？

皇后也很热心，邀请娜塔丽亚到后宫去做客。这是娜塔丽亚求之不得的事儿，真是受宠若惊，对皇帝皇后禁不住千恩万谢。

事后，普希金的姐姐奥莉加在写给自己丈夫的信中，报告了这一消息："皇帝和皇后遇见娜塔丽亚和亚历山大，他们收住脚步同他俩聊了几句。皇后对娜塔丽亚说,她十分高兴认识她。皇后还讲了许多友好、动听的话语。现在,不管她是否愿意,她也只好去皇宫走一遭了。"奥莉加对弟妹未免太不了解了,娜塔丽亚岂会不愿意去皇宫做客?只是她有点着急:普希金能拿出为她置一套新礼服的钱来吗?

普希金也很高兴尼古拉一世对他的恩赐。他迫不及待地给一些朋友写信说:

"今年秋天,我将去从事文学工作,去翻动档案资料。这是沙皇给我的权力。沙皇为人宽宏大量,对我很友好……"这是7月21日致纳肖金的信。

"我告诉你一个好消息(因种种原因,切勿告诉外人),"7月22日,普希金又写信给普列特尼奥夫说,"沙皇让我为他工作了。但这个工作既不是坐办公室当官僚,也不是去做朝臣,更不是去当兵。不,都不是。他给我一份俸禄,让我去翻档案资料,只翻资料,不干别的工作。他这样做太好了,是不是?他说,'既然他已经成家,手头又不宽裕,总得给他一碗饭呀!'多亏上帝,他对我太好了!"

普希金啊普希金,你是天生的抒情诗人,心地真是过于单纯了!你不知道,沙皇真正感兴趣的不是你,而是你的妻子;你也不知道,沙皇真正想扶持你的,不是要你去从事文学工作,而是要你不去从事文学工作。你捧着他恩赐的饭碗,就得看着他的脸色行事啊!你能做到这一点吗?你——诗人普希金啊!

果然,自以为即将成为或有可能努一把力就可以成为沙皇的"宠臣"的普希金,忘乎所以地马上动手要做的一件事,就是写了一份申请,希望创办一份杂志,以代替刚刚停刊的由杰尔维格主编的《文学报》。

当时,由真正的御用文人布尔加林主编的《北方蜜蜂报》,是俄国唯一一家获准报道重大政治新闻和言论的报纸。普希金想打破布尔加林的垄断地位,办一份更具有群众性,更生动活泼的杂志。他设想,这份新杂志在政治上要同欧洲的"诽谤俄罗斯的人们"做斗争;在文学上应是促进俄罗斯文学的发展，扶持文学新人，带有自由气息的；而且，杂志上要多登书评和文学评论……借以引导公众舆论。总之，"我将十分高兴地创办一份政治和文学并重的期刊，"普希金在申请报告上写道。为了争取沙皇的恩准，而不至于让沙皇以为自己一心二用，普希金还在报告上再三申明，杂志要办，沙皇交给他的任务也会认真完成，"随着时间的推移，我一定可以写出彼得大帝及其后人的传记，直至彼得三世。"然而，几经努力，普希金得到的答复却是："此举毫无益处。"直到1832年，普希金也没能实现创办杂志的愿望。

普希金急于想创办一份自己的杂志，实在也与俄国的思想界和文学界一直缺少"批评"有关。普希金一直不满于俄国批评界，认为俄国文学界缺少真正的"批评"，或者说，压根儿就没有批评。

普希金认为，批评是一门科学，批评是揭示文艺作品的美和缺点的科学。他在写于1831年的《论批评》这篇短论中说：批评"是以彻底了解艺术家或作家在其作品中所遵循的原则、深入研究典范作品，积极观察现代的突出现象为基础的。且不谈不偏不倚——除了对艺术的纯洁的爱以外，谁在批评中倘若遵循任何别的原则，就会降低为被卑鄙自私的动机盲目操纵的普通人"。普希金主张批评应有它自己的独立精神，同时必须富于激情，要对作家、艺术家充满爱与知。"哪里没有对艺术的爱，哪里也就不会有批评。"他引用德国艺术史家温克尔曼的话说："您想成为艺术行家吗？那么去热爱艺术家吧，去发现他作品中的美吧！"

在写于同一时期的另一篇关于"批评"的文章《试驳某些非文学性指责》里，普希金对俄国文学界存在的以侮辱、谩骂和诽谤代替批评的现象予以批评。他说："目前这种侮辱和诽谤是太普遍了。读者不应该受到如此不敬的待遇。"普希金自己也是深受"如此不敬的待遇"的作家之一。长期的文坛生涯使他深深地体会到："批评状况本身就说明了整个文学界的文明程度。"他自己受到过许多不正当的"批评",但他却很少去答复他的批评者。原因是,"不是因为我缺乏兴致或学究气;不是因为我否认这些批评对读者有任何影响。我发现,那些毫无根据的评论和愚蠢的谩骂由于印刷厂的魔力的作用而加重了自己的分量。""我得承认,我羞于在读者面前打笔墨官司和竭力逗他们发笑(我毫无此意)。我羞于为了反驳这些批评而去大讲特讲小学生的道理或庸俗的道理,喋喋不休地谈论字母表和修辞班,对并无责难的地方进行申辩,更难堪的是,还要一本正经地说:'而我断言,我的诗是很不错的。'"普希金认为,像这样停留在浅显的、低层次上的无论是批评还是反批评,都将是极其愚蠢的事情。

正是鉴于来自批评界的那些声音无法使自己心服口服,所以普希金从1830年在波尔金诺时就开始对自己那些遭到过不公正批评的作品做一些辩解性的评注,借以作为对一些批评的反驳。他在《对批评的反驳及对自己作品的评注》一组文章的开头一段,再一次说明了他对批评——真正的批评是十分重视的。"作为一个俄国作家,我一向认为应当留心当代文学的发展状况,而且一向特别注意阅读我的作品引起的批评。"他坦白地说,"赞扬的话使我十分感动,因为那是明显的、也许是真诚的善意和友好的标志。"而对于那些与"赞扬"相反的意见,他说:"我敢说我总是竭力揣摩我的批评者的思想方式,领会他的各种见解;我并未出于自尊急不可待地加以反驳,而是愿意尽可能拿出作者的忘我精神去同意这些论断。不幸的是,我往往发现我们之间大抵都互不了解。"[1]

由于上述的种种原因,普希金自己很早起就下了不少功夫写作文学评论。进入19世纪30年代,他的文学评论文章已经闪烁着极其耀眼的光芒了。他对当代作家如波果津、扎戈斯金、巴拉登斯基、杰尔维格、果戈理等人的作品都写过中肯而又颇有锋芒的评论;而对布尔加林等被他视若仇

---

[1] 卢永选编:《普希金文集》第七卷,张铁夫、黄弗同、刘文娟等译,人民文学出版社1995年版,第185—211页。

敌的反动作家，他的文章更是毫不留情，一针见血。他用自己的良知与标准来评价一些外国作家，既不俯仰也不自大；他依仗着的是独立的文学性和思想性，行文率真无羁，洋溢着对于被评论者的爱与知。

阿尔弗雷德·缪塞是当时法国诗坛的一颗新星。他的诗引起了当时批评界的很多争议。普希金读了缪塞的诗之后，也心有所动，发表了自己的看法。他说：

正当音调柔美但却显得单调的拉马丁写作新的充满宗教信念的《沉思集》的时候，正当高傲的维克多·雨果准备出版自己那颇为出色而显得生硬的《东方吟》的时候，正当可怜的怀疑论者德洛姆（即圣伯夫）作为一个改过的新教徒而东山再起的时候，正当严格遵守礼仪习俗被作为命令在整个法国文坛公开宣布的时候，一位青年诗人带着他的故事和歌曲集突然冒了出来，并且产生了惊人的诱惑力……他既不顾及道德，又轻视训诫，遗憾的是，他非常可爱地把庄重的亚历山大体诗弄得十分拘谨，简直无以复加，把它糟踏得令人可怕和痛惜。他歌颂月亮的那些诗句只有自由自在的16世纪诗人才敢写……[①]

普希金为当时的法国批评界不仅没有对这个"可爱的浪荡公子"的出现而进行指责，反而为他进行辩护和解释的局面感到欣慰。他写道："谢天谢地！早就该这样做了，尊敬的先生们。如果在19世纪还让莫里哀曾经嘲笑过的那种迂腐习气和伪善作风死灰复燃，并且像大人对待孩子一样对待读者，不允许读者读你们自己非常欣赏的那些作品，不管三七二十一对任何东西都一律加以训斥，难道不令人惊诧么？这只能使读者感到可笑，而且他们大概也不会向自己的保护者道谢。"普希金写这篇评论的时候，

---

① 卢永选编：《普希金文集》第七卷，张铁夫、黄弗同、刘文娟等译，人民文学出版社1995年版，第228—229页。

也正是俄国的评论界有人对他的《努林伯爵》吹毛求疵的时候。普希金在这里实际也为《努林伯爵》的批评者们竖起了一面镜子。

转眼已经是十月份了。普希金夫妇在皇村已经住了三个月了。

普希金已经获得了皇上恩赐给他的一个饭碗，一块锅巴，他对未来似乎还是充满信心的。他在写给普列特尼奥夫的那封报告他的好消息的信上还写道：

"……杰尔维格去世了，莫尔恰诺夫去世了；等着吧，茹科夫斯基也不久于人世了，我们大家都要死的。但生活还是那么丰富；我们还会有许多新相识，我们的新朋友要成熟起来，你的女儿要成长，变成新娘子，我们要变成老家伙，我们的妻子要变成老态龙钟的婆娘，而孩子们要变成可爱的、年轻的、愉快的小伙子；……只要我们还活着，总有一天会高高兴兴的。"[1]

在普希金憧憬着未来的高高兴兴的日子的时候，他的妻子娜塔丽亚却先享受了生活所给予她的欢乐与幸福。9月4日那一天，她应邀进入了皇宫，拜见了皇帝和皇后。她的美貌，她的倩影，再一次赢得了皇帝和皇后陛下的称赞。她已经很满足了。她才不管普希金对此是高兴还是忧愁呢！

这似乎也不能过于责怪她。"她就是这样一个孩子！"罗谢特在后来回忆说，"她似乎没有长进，喜欢阅读在学校时阅读的那些故事，喜欢狂欢节时乘坐皇宫四轮马车到集市上游玩……她的文化水平如此之低，真叫人遗憾！"

普希金在这一点上也无法责怪娜塔丽亚的。谁叫他一开始就看上了她的美貌的呢！他苦恼的是，与她的文化水平正好相反，她的消费水平却是异常的高！她喜欢交游，喜欢舞会，喜欢华贵的衣饰……而这也正是普希

---

[1] 卢永选编：《普希金文集》第七卷，张铁夫、黄弗同、刘文娟等译，人民文学出版社1995年版，第445—446页。

236

金所缺少的。他从哪里去弄那么多的钱呢？

　　1831年10月7日，普希金在写给朋友纳肖金的信中诉苦道："结婚时，我原计划花三倍的钱，实际上花费了十倍。在莫斯科，大家说我有一份10000卢布的俸禄，可我一分钱还未领到呢。即使只给我4000卢布，我也要谢天谢地了。"实际上，仅仅因为家庭预算的入不敷出，他觉得，他已经无法再在皇村这样的高消费区生活下去了。

　　应该赶紧离开这里，否则，债主们就可能找上门来的！普希金想，去哪里呢？哪里的生活费比皇村低一些呢？

　　他选择了圣彼得堡。原因之一是，彼得堡有他的较为可靠的出版商，关键时候他们会救他的。

　　10月中旬，普希金夫妇搬出了皇村。虽然娜塔丽亚心里有些不情愿，但"嫁鸡随鸡，嫁狗随狗"，她也没有办法。

　　　　不，我不珍视那喧闹的宴饮，
　　　　感官上的兴奋，疯狂，变钝，
　　　　呻吟，放荡的青年妇女的叫喊……①

　　普希金苦笑着望了望美丽而又奢华的皇村，慢慢地转过身去。

---

　　① 卢永选编：《普希金文集》第二卷，乌兰汗、魏荒弩、刘文娟等译，人民文学出版社1995年版，第325页。

第九章　家庭与宫廷

> 不，不，我不该、不敢、也不能
> 因沉溺于爱情的激动而神魂颠倒，
> 我要严格地保持我的平静安宁，
> 决不让我的心忘乎所以地燃烧。①

普希金夫妇搬出皇村迁至彼得堡，住在加加林大街。普希金现在最渴望的是能安静地写作。秋天又来临了。"小树林从自己那光秃的树枝上摇下最后的枯叶；秋寒吹了一口气——道路封冻。磨坊后的溪水还在淙淙地流泻，但是池塘已经开始冻结……"这是普希金最喜爱的季节。这也是每一年里他的灵感和激情最肯光顾的季节。他感到自己的心中又有什么东西在涌动。他当然知道，那是诗神在呼唤他……

这天傍晚，坐在刚刚点燃的壁炉前，听着炉膛里传出的呼呼的火苗燃烧的声音，他的思绪顿时飞到了远方。他一会儿想象着波尔金诺庄园此时的景象，一会儿又想象着米哈依洛夫斯克的小树林，现在一定又脱去了它们金色的衣裳。田野，山谷，白云，还有那些高高的橡树和白桦树，此

---

① 卢永选编：《普希金文集》第二卷，乌兰汗、魏荒弩、刘文娟等译，人民文学出版社1995年版，第337页。

时有谁会记得它们，为它们歌吟呢？那些白额雁、风信子、酷柳树和白鹅们，此时有谁能和它们待在一起，望着秋天越过河流远去呢？"唉！现在米哈依洛夫斯克正是好时候，要是现在去那里坐着写作该有多么好啊！"普希金望着娜塔丽亚，仿佛是自言自语地说道，"我们为什么不到那里去住几天呢？"

不用娜塔丽亚回答，普希金就知道，他的这个想法只能是自己的一厢情愿。娜塔丽亚是绝不愿去那偏僻的乡村过一种被人遗忘似的日子的。她已经离不开上流社会的那些娱乐和豪华的场所了。在彼得堡，她很快又成了引人注目的交际明星和舞会皇后。"她在上流社会中受到了热烈接待。"一位男爵这样说道，"大家都喜欢她，喜欢她的姿容。""她是这里最时髦的女性。她生活在社会的最上层，那里美女如云，但众人都认为她是众美女之首，称她是'普赛克'。"普希金的姐姐奥莉加也这样写道。"普赛克"是希腊神话里以少女形象出现的人类灵魂的化身，可见娜塔丽亚的那个圈子对她的评价有多么高。

但这一切只能使普希金更为苦恼和不安。他在彼得堡自然仍旧写不成什么东西，更弄不到什么钱。他只好不停地来往奔波于两个首都之间。文学写作已经退居其次了，而弄钱则成了他的主要任务。否则，他的妻子就会对生活失去信心，对前途感到黯然无光。

果戈理这时候已经感到了普希金的难处。他在致友人的信上说："只有在舞会上才能看见普希金。假如没有大事或某种需要让他回到乡下去的话，他真会白白浪费掉自己的一生。"

普希金到舞会上去只有一个目的：陪自己的妻子。因为她已经有孕在身，而她并不知道注意保护胎儿。普希金虽然一再叮嘱她，除四步舞之外，千万别跳其他的舞，但还是不放心，他觉得也许有他在舞场上坐着，他未来的孩子会得到安全的保障。

1832年5月19日，普希金的第一个女儿降生，取名玛丽亚·普希金娜。一年之后，1833年7月6日，娜塔丽亚又生下一名男婴，取名亚历山大。短短的时间里，普希金已经是两个孩子的父亲了。

挈妇将雏的生活，对他来说只能意味着更多的艰难和负担在等待着他。"在圣彼得堡的生活毫无意义。"他在夜深人静的时候，忧郁地写道，"终日为生活奔忙，顾不上发愁。我是作家，独立活动对我必不可少，但在这里我却做不到这一点。我只有天天在人群中奔波。我妻子打扮得很时髦，这都需要钱，而我只能靠写作挣钱，而写作，又需要有个安静的环境……"但是，到哪里去寻找一个安静的环境呢？

从1831年开始，普希金一直在为撰写《彼得大帝正史》查阅资料。这是经过尼古拉一世恩准的一项工作。普希金已经挂名于外交部，每年可以领到5000卢布的。5000卢布对于普希金家每年的开支来说无济于事，却也聊胜于无，不拿白不拿。

最主要的是，普希金可以利用查阅资料的名义经常进入皇家档案馆，翻阅许多历史上留下来的秘密材料。当一本本尘封已久的卷宗被打开，透过那些发黄的纸张和依稀可辨的文字记录，他渐渐地接近了最真实的历史河床。在这里，泥沙已经被冲到了下游，河水也变得清澈见底。在这里，伪装已经不起作用，谁是英雄，谁是过客，谁是奸佞，谁是忠良，都被清清楚楚地记录在这历史的档案里，谁也涂改不了的。拂去一层层岁月的灰尘，他认识了俄国的那个又昏暗又伟大的时期。

在皇家档案馆里，他有幸得到了查阅伏尔泰私人图书馆的许可。在森严壁垒、仿佛历史的隧洞般的隐士宫里，他亲手揭开了他从童年起就无限崇仰着的思想家和文学家的雕像的布罩，他仿佛感到，大师的心脏还在这远隔人世的地方跳动；在一架架大书橱之间，他似乎还能听见伏尔泰的呼吸声和他留在古老的世纪的那些暗夜里的呛呛的咳嗽声……

伏尔泰作为法国启蒙运动的领袖人物之一，终其一生都在为重铸人类理性、为伸张社会正义而奋斗。他一生与教会、皇权、贵族不断地进行斗争，用自己的行动充分显示了作为一个人的理性、良知与尊严。到了晚年，他曾深情地说道：我同那些希腊老哲学家们一样，垂暮之年因为想到将被人取代而欣慰。我乐于看见年轻人超过自己。狄德罗曾称这位思想的巨人是"全人类可爱的和温存的朋友"，而在伏尔泰心中，狄德罗是他"最亲爱的兄弟"。1776年12月，白发苍苍的伏尔泰从费尔奈给他"亲爱的兄弟"狄德罗写信说，"我已经八十三岁了，我想向您再说一遍：未能见到您我是无法自慰的。您的那个胖伙计说您住在塔拉纳街很久了，我却不知道。请您别诧异，我已将近三十年未到巴黎了。我这一生够长的了，却就是从未连续两年在巴黎待过。如果可能回到那个地方度过我的最后时刻，我乐意回去度过，以便能有听到您谈话的愉快。"大约在一年零两个月之后，老伏尔泰终于回到了他阔别多年的巴黎。他是为狄德罗而来的。这是人类思想史上最值得记忆和纪念的时刻：在伏尔泰的临时住所，伟大的理性时代的两位最伟大、最强大、最自由的思想巨人和哲学巨人站到了一起。他们是第一次也是最后一次互相鞠躬、拥抱了。其时，伏尔泰已经华发苍苍，将不久于人世了；而狄德罗这位《百科全书》的主编和"百科全书派"的"大祭司"也已老瘦枯骨，形同槁木了。这一次相见，据记载，一向口若悬河的伏尔泰总在洗耳恭听狄德罗的谈话；而平时惯于沉默的狄德罗却一反常态，变得雄辩滔滔了。到最后，他们一起朗诵了伏尔泰年轻时写的诗：

  陈腐的谬见，幻想的尊敬，
  早已逐出我们反抗的心灵！
  昏睡把我们禁锢在枷锁之中，
  我们把它们统统抛弃干净。
  人民啊，让火焰熊熊燃烧吧！

在斗争中，自由就会到达我们手中……

在昏暗的藏书室里，普希金也忍不住高声吟诵起了这位哲学巨人的青春的浩歌。他仿佛感到，有一股强劲的冷风正从那些发黄的书页中吹出。那是他的偶像的不散的阴魂吗？那天，他怀着虔诚和激动的心，在自己的手稿上为伏尔泰画下了几幅素描。他觉得，那一刻，冷峻的大师就站在他的背后，向他投出赞许的微笑……

几年之后，普希金又读到了巴黎出版的一本伏尔泰与他的同时代史学家德·布罗斯的通信集，这本通信集涉及1758年伏尔泰购买土地的事情。普希金这样写道："伟大作家的每一小行文字对后代都会变得十分珍贵。我们怀着好奇心仔细阅读作者的手迹，尽管它们不外是支出账本的摘录或写给裁缝的关于缓期付款的便笺。一想到那只写出这些简单数字和无关紧要的词句的手，用同样的笔迹，也许还用同一支笔写出了那些伟大的作品——我们研究和欣喜的对象，我们便情不自禁地感到惊异。"在这本书里，普希金读到了伏尔泰的一首未被披露过的诗，它是写给一位向他赠送玫瑰花的邻居的：

你的玫瑰种在我的园中，
它们很快就会繁花似锦——
多好的地方啊，我是你的主人！
如今，富贵于我如浮云，
也许在巴黎我曾为它动心。
我从枝子上摘下几根刺儿，
将自己的手狠狠刺痛。

普希金说："我们发现这首诗较之用现代趣味写的半打法国长诗更

合乎章法、更富于生活气息、更具有思想。在那些长诗中，思想被代之以错误百出的词句，伏尔泰那种明快的语言被代之以龙沙那种典雅的语言，它的生动活泼被代之以讨厌的单调，而机智敏锐则被代之以下流无耻或忧郁萎靡。"从普希金对伏尔泰的这些评语里，我们似乎还能看到当年那个虔诚地模仿伏尔泰的剧本和诗歌的小普希金的影子。他对伏尔泰的崇敬与热爱并没有因为岁月的迁播而有丝毫减弱。面对这位"饱经苦难的天才"、"欧洲的偶像、当时最杰出的作家、思想界和舆论界的领袖"的著作，普希金深情地写道："天才有自己的弱点，它们使平庸之辈感到高兴，但却令高尚的心灵感到忧虑，使他们想起人类是不完美的；作家的真正位置是他的书斋，而且只有独立和自尊才能使我们超脱生活的琐事和命运的风暴。"[①]

这，正是伟大的伏尔泰所给予他的最伟大的启示。

皇家档案馆就像一个超越时空的客厅，不同时期，不同身份和地位的历史人物，都在这里会合。他们在等待未来的检阅，他们将接受后来者的评判。受污蒙冤者将会得到昭雪；欺世盗名者将会被显其原形，谁也休想欺骗公正的时间，谁也无法蒙混过关。

普希金在抄写、分析和摘录那些古老的文书、秘件，披阅整个18世纪的编年史时，也欣喜地看到了除彼得大帝之外的另外一些非凡的人物。农民起义领袖普加乔夫即是他特别感兴趣的人物之一。

普希金一直对俄国农村生活和农民的命运颇为关注。1830年他从波尔金诺回莫斯科途中，就亲眼目睹了农民为反对农奴制而发起的暴动。他在一封信上这样写道："我刚从那里回来……人民遭到镇压，他们沮丧而又激愤。1830年对我们是悲伤的一年。"他在《关于1831年霍乱的备

[①] 卢永选编：《普希金全文集》第七卷，张铁夫、黄弗同、刘文娟等译，人民文学出版社1995年版，第67—77页。

忘录》里又写道："人民怨声载道……时而在这里,时而在那里发生暴乱。"1831年8月,政府对外省农民起义的残酷镇压使普希金大为震惊,他在写给维亚泽姆斯基的一封信上沉重地写道:"当我亲眼看到这样的悲剧景象时,就再也没有时间去考虑我们文学中的那种难以忍受的喜剧了。"农民的命运从此成为普希金心灵深处的沉重的十字架。

因为对于彼得大帝的研究,他产生了写一部普加乔夫历史和撰写长篇小说《上尉的女儿》的念头。这将是发生在同一时期的两个题材的作品,一为历史作品,一为长篇文学作品。对于彼得大帝的研究越深入,普希金对于后者的创作欲望也就越强烈。他觉得,光靠翻阅这些历史档案似乎还不够,他有必要到农民起义的发生地奥伦堡和梁赞省去实地采访和考察一番。他相信,当地会有许多活着的见证人的,他们将比皇家的历史更值得研究,对他会另有帮助。

1833年7月30日,普希金给沙皇第三厅厅长、宪兵头子本肯多夫的亲信,也是普希金的顶头上司和"监护人"亚·尼·莫尔德维诺夫写了一份申请报告,说明了他想去奥伦堡和梁赞的理由。他说:"近两年期间我只从事历史探索工作,未曾写过一行纯文学作品。我须在完全孤独中度过两个来月,在完成这极重要的工作之后休息数日,写完早已开始的一部书。此书将给我带来我所需要的钱。把时间浪费在这些过往烟云的工作上,我本人感到羞愧,然而有何办法?只有靠这些工作我才能独立,给我在彼得堡的家庭挣得生活费用。多亏阁下照顾,我在彼得堡的工作才有了更重要、更有益的目的。"普希金接着也坦白了他家庭生活的窘迫:"除了陛下慨然拨给我的薪俸之外,我无任何固定收入;然而首都生活费用昂贵,且随着家中人口的增加,费用亦在增加。"

最后,普希金直言:"阁下也许乐意知道,我在乡下究竟想写什么书:这是一部长篇小说,其大部分情节发生在奥伦堡和梁赞,因此我要去访问这两个省份。"①

　　普希金的理由很正当，莫尔德维诺夫如实上报了沙皇。尼古拉一世批给了普希金四个月的创作假，同时命令警察在奥伦堡对普希金进行监视。8月18日，一个暴风雨的日子里，普希金离开了彼得堡，又一次踏上了孤独的旅程。

　　一个月后，9月18日，普希金到达奥伦堡。第二天，他给妻子写信说："没有你在身边，我感到厌倦。要不是怕羞心理作祟，我真想一字不写就悄悄回到你身边。可惜办不到呀，我的小天使。"他从一上路起就不断地为妻子和孩子担心，怕债主们上门讨债，怕孩子生病，更怕妻子耐不住寂寞，而让那些像馋猫一样的好色的男爵之流乘虚而入……不过，既然已经出来了，我想得再多又有什么用呢！他告诉妻子说："既来之，则安之，也就是说，既然要来写书，那就必须写上几本小说，写出几首诗歌。我已经感到激情在我心头蠕动……"

　　在奥伦堡，普希金和皇村时的老同学弗·伊·达里（1801—1872年）相遇了。达里是一位民俗和辞典专家，还是一位医生。在普希金来奥伦堡之前，他曾出版过一本《俄罗斯童话》。后来他还曾参与过对在决斗中负伤的普希金的治疗。1833年秋天，他正在奥伦堡担任该城总督的私人秘书。他在回忆录里详细地记录了普希金在奥伦堡的活动：

　　　　普希金的到来是出人意外的，偶然的。他住在城外瓦·阿·彼罗夫斯基军事总督的住宅里，第二天我带他离开了那里，一起去访问有历史意义的别尔达村，向他叙说我所听到的一切以及我熟悉的地方和普加乔夫包围奥伦堡的情况；指给他看城郊的乔治钟楼，普加乔夫本

---

① 卢永选编：《普希金文集》第七卷，张铁夫、黄弗同、刘文娟等译，人民文学出版社1995年版，第448—449页。

想把大炮架到钟楼上,炮击城市……我还谈起当时仍活着的所谓普加乔夫的秘书瑟丘戈夫以及别尔达的一些老太太,她们还记得普加乔夫的"金殿",也就是钉着铜皮的农舍。

普希金怀着很大的激情聆听了这一切——很抱歉,我不会用其他方式表达——听到一个可笑的奇闻时,他就由衷地哈哈大笑起来:普加乔夫闯入了别尔达村,当地受惊的老百姓都聚集在教堂里和教堂门前的台阶上,普加乔夫也来到教堂。老百姓战战兢兢地让出一条道,向他鞠躬、叩拜。普加乔夫摆出一副傲慢的样子,径直往祭坛走去,坐到祭坛的供桌上,大声说道:"我很久没有坐在供桌上了!"他愚蠢地认为,教堂祭坛上的供桌就是沙皇的宝座……[①]

在别尔达村,达里还带着普希金去找到了一位老太婆,她了解、见过并且还记得普加乔夫。普希金和她交谈了整整一个早晨。老太太指给普希金看,作为"金殿"的木房子在什么地方;还指给普希金看几个山脊,说那里藏着普加乔夫的不少宝贝。最后,老太太还给普希金唱了与普加乔夫有关的几首歌。普希金作为谢礼,给了老太太一块金币。"可是正是这块金币,却引起了一场风波。"达里回忆说,"老头老太太都不能理解,这个异常热情的询问强盗和自封皇帝的外乡人究竟为何而来,因为那一带有许多可怕的回忆与这个强盗和自封皇帝的名字联系着……他们觉得事情是可疑的:最好以后不要对这种谈话负责,不要再惹是生非……"

普希金在奥伦堡待了三天。普希金劝达里也写写小说,他说:"如果我是您的话,立刻就写长篇小说,立即就写;您不知道我是多么想写小说啊,可是没有写,我无法写:我开始写过三部长篇小说——开始总是非常好,可是由于缺乏耐心,都没有写成。"普希金还与达里谈到了他的

[①] 《伟大诗人普希金》,冯春、张勉、侯华甫等译,上海译文出版社1989年版,第603—605页。

彼得大帝研究。他谈这个话题时，使达里觉得，"他真是怀着火一般的热情"。他说："我至今还不能一下子彻底理解这位巨人，因为他对我们这些鼠目寸光的人来说真是太伟大了，我们离他还太近——应当再迟两个世纪，——不过我凭感觉理解这一点；我对他研究得愈多，惊异和崇拜就愈使我丧失自由思维和判断的能力。不应该性急；要熟悉对象，经常研究他；时间会弥补缺陷的。但我一定要把这位黄金般的人物写出来……"①

9月20日，普希金离开奥伦堡，在乌拉尔斯克稍作停留后便来到了他的"文学碉堡"波尔金诺。

啊，波尔金诺！波尔金诺！

它和三年前的那个秋天没有什么两样，一切依然如故：草原还是那么广袤无边，云彩还是那样大团大团地奔涌着，沉重的马车还是那样忧郁地碾过布满团团积水的泥路，白桦树还是那样沉默地站在路边……

> 马牵来了；在一片辽阔的草原上
> 它把鬃毛摆了摆，就载着骑手驰骋，
> 在闪亮的马蹄下，冻结的山谷震得
> 得得作响，薄冰发出碎裂的声音。
> 但是短暂的白昼已尽，久别的壁炉
> 又生起了火——时而明亮的炉火熊熊，
> 时而微微燃烧——而我就守在炉边看书
> 或者久久地在遐想的王国里漫步。②

---

① 《伟大诗人普希金》，冯春、张勉、侯华甫等译，上海译文出版社1989年版，第605—606页。

② 卢永选编：《普希金文集》第二卷，乌兰汗、魏荒弩、刘文娟等译，人民文学出版社1995年版，第368页。

普希金第二次来到波尔金诺,虽然比不上三年前来波尔金诺那样灵感纷纭、激情澎湃,但也同样写成了许多优异的作品。这个秋天成了他的又一个收获季和丰收期。

他仍然住在三年前住过的一栋小木屋里。早上起来后喝罢咖啡,便坐在床上或是阅读或是写作,直到下午3点。然后他到村外骑一会儿马,欣赏一会儿草原上的风景,听老乡们聊聊天。5点的时候洗完澡,然后吃饭。夜幕降临的时候,他又开始工作。整个村庄里,他小屋里的灯光总是最后一个熄灭,有时候通宵达旦、彻夜不熄,那肯定是他又沉浸在创作的灵感的包围之中了——

>就在这甜蜜的静谧中我忘却世界,
>我的幻想催我进入甜蜜的梦境,
>我心中的诗就这样渐渐地苏醒:
>抒情的波涛冲击着我的心灵,
>心灵战栗、呼唤,它,如在梦中,
>渴望最终能自由地倾泻激情——
>这时一群无形的客人——往昔的相识
>朝我走来,你们啊我的想象的果实。
>于是思潮在头脑里无顾忌地起伏,
>明快的韵脚也迎着它前去一试,
>手急于要找到笔,笔急于要找到纸,
>一转眼——诗章便源源地流个不止。①

第二次来波尔金诺,普希金写出了《秋(断章)》《骠骑兵》《"天

---

① 卢永选编:《普希金文集》第二卷,乌兰汗、魏荒弩、刘文娟等译,人民文学出版社1995年版,第368—369页。

保佑，可别让我发疯"》等短诗，同时开始整理有关普加乔夫的素材，着手写作这部历史著作。

对历史著作，普希金并不陌生，但自己一旦要写起来，也颇要经受一些考验。首先，普希金要摒弃以往写文学作品时惯用的想象与假设，而完全依据真实的史料和当事人、见证者的叙述来写作；其次，对普加乔夫这样一位"流寇无产者"式的人物，也面临着一个如何去理解他和评价他的问题。普加乔夫是农民起义的领袖人物，却也是贵族政府眼中的匪徒和强盗。普希金在自己的札记上写道："当军政长官弃城而逃，贵族逃离庄园……普加乔夫宣布，人民已获得了自由，贵族家族将被消灭……"对于农民起义，对于农奴制度中的尖锐的阶级矛盾，普希金这样理解道："全体普通群众都站在普加乔夫一边……只有贵族阶层效忠于政府。开始时，普加乔夫及其助手也想把贵族争取到他们一边，可惜，由于双方的利益相反，无法调和。"普希金站在公正的、同情农民起义的立场上，真实地评述着一些历史场景。他写道："在莫斯科，普加乔夫（已被俘）仍受到一大群人的欢迎。过去，这群人急切盼望他早日来到莫斯科。这位可怕的匪徒被捕之后，政府费了好大力气才使这些人安静下来……"普希金无意为普加乔夫歌功颂德，但在这部严肃的历史著作的字里行间，也分明透出了他同情这位农民领袖、抨击了叶卡特琳娜女皇及其幕僚们的冷酷与笨拙的爱憎态度，以至于在这本书出版之后，曾落给一些人以"这是一部煽动叛乱的作品"的口实。

尼古拉一世在审查普希金的这部历史著作时也多有不满，对许多他认为是"美化"了普加乔夫的地方都做了修改，乃至尽量使之"丑化"。更要紧的是，尼古拉一世认为，怎能为一个强盗和骗子、一个杀人魔王撰写历史？《普加乔夫史》应改名为《普加乔夫叛乱史》。

1834年12月，经过了"御批"的《普加乔夫叛乱史》问世，反响平平。"读者们严厉地批评我的《普加乔夫》，"普希金在日记里写道，"更为严重的是，没有人购买这本书。"

这不能全怪普希金。要怪应该怪尼古拉一世。皇上"批"过的书，还会有什么公正性呢？何况，定名为《普加乔夫叛乱史》的这部书还是用了皇家的20000卢布的专款印刷的呢！倒是大批评家别林斯基，后来看到了这部著作在文体和语言上的光芒，他认为，这部书在学术著作方面是引人注目的，堪称"历史方面和文体方面的典范作品"。

在写作《普加乔夫叛乱史》的同时，普希金也在构思另一部同题材的文学类作品：长篇小说《上尉的女儿》。在这部作品里，普希金计划以近卫军军官什凡维奇参加普加乔夫起义这一历史事件为基础，同时把普加乔夫起义，一个贵族家庭的纪事等结合起来，更形象，更具体，也更生动地反映农民起义的图景。这个题材和这部作品成了普希金生命的最后几年的主要成果。它将在1836年得以完成。

在波尔金诺，普希金又完成了一部将近五百行的长诗《青铜骑士》。这是普希金诗歌中最完美、最深刻也最富神秘色彩和艺术魅力的作品之一。

早在1827年冬天的一个寒冷的晚上，普希金曾和波兰诗人密茨凯维奇一起，站在矗立在圣彼得堡的彼得大帝塑像前谈论过这位伟人的功过是非。当时也许是密茨凯维奇无意中说了一句话："彼得大帝的青铜马蹂躏了这座城市……"这句话一直回响在普希金的心中。也许正是从那个晚上开始，普希金就有了写这样一首诗的念头？当他在奥伦堡访问普加乔夫历史的时候，他又和他的同学达里谈到了彼得大帝，谈到了他的塑像。他告诉达里说："我紧靠在一尊巨大的雕像前站着，我看不到它的全貌——我能把它描绘下来吗？我能看见什么呢？雕像巨大的身材挡住我的视线，我只能清楚地看到我眼前的两三寸地方。"许多年来，伟大的傲慢的彼得大帝的形象一直在诗人的头脑里闪耀，困扰着他，也呼唤着他。

在波尔金诺，普希金一气呵成了这首长诗。

他在长诗中安排了三个形象：一是一个活生生的小人物叶甫盖尼；一

为不可一世的彼得大帝的青铜像；另一个则是代表一种自然力量的奔腾不息的涅瓦河。在长诗中，历史与假设的并存，现实与幻想的冲突，帝国权威与个人力量的对比，征服的欲望与自然规律的较量……都得到了淋漓尽致的表现；哲学的追问，社会的分析，历史的沉思，命运的喟叹……都融入其中。

在开始的序诗部分，普希金以饱满的热情歌颂了彼得一世的伟大抱负——

> 眼前波涛汹涌，浩淼无边，
> 他，站在岸上，满怀伟大的思想，
> 两眼向远方凝视。他的面前
> 一条大河在奔流，一叶扁舟
> 形只影单，急驰在波涛上。
> 在藓苔丛生的泥泞的河岸，
> 发黑的茅屋疏落可见，
> 贫苦的芬兰人在那里栖身；
> 太阳躲进了迷蒙的雾中，
> 森林承受不到太阳的光焰，
> 在四周哗哗喧闹。
>
> 于是他想：
> 我们要从这里震慑瑞典。
> 这里要兴建起一座城市，
> 叫那傲慢的邻人难堪，
> 上天注定，让我们在这里
> 打开一个瞭望欧洲的窗口，

我们要在海边站稳脚跟。①
　　……

　　这是一个充满了伟大的智慧、罕见的意志和非凡的创造力的天才计划。一百年后，这个伟大的计划实现了，一座美丽的、年轻的城市拔地而起，使古老的莫斯科也变得黯然失色。对这座雄伟的北国之都，普希金献上的是最深情的礼赞：

　　　　我爱你啊，彼得的创造，
　　　　我爱你端庄整齐的容颜、
　　　　涅瓦河浩浩荡荡的激流、
　　　　它那大理石砌成的两岸，
　　　　我爱你围墙上铁铸的花纹、
　　　　你那深沉静寂的夜晚、
　　　　无月的光亮、透明的薄暗，
　　　　那时候，我无须点灯便可以
　　　　读书写作在我的书房，
　　　　而空旷的大街上进入梦乡的
　　　　高大楼房是多么清晰，
　　　　海军部的塔尖又多么明亮。
　　　　在那金光闪耀的天穹，
　　　　漆黑的夜幕并不降落，
　　　　曙光匆匆接替着晚霞，
　　　　只半个时辰让给幽暗的夜色。

------

① 卢永选编：《普希金文集》第三卷，王士燮、余振、查良铮等译，人民文学出版社1995年版，第475—476页。

我爱你那严酷的冬天里
　　凝然不动的空气和严寒，
　　宽广的涅瓦河上飞驰的雪橇，
　　比玫瑰艳丽的少女的脸蛋，
　　舞会上的豪华、喧闹和细语，
　　还有单身汉热闹的欢宴。①
　　……

　　总之，这座城市，在诗人的心中，它"像俄罗斯一样，巍然屹立"，不可侵袭。

　　普希金要歌颂的是那个博大的、仁爱的，胸中装着民族、国家和人民的前途与尊严的彼得大帝。

　　然而就在这样一座雄伟的城市里，也生存着许许多多的蝼蚁般的小人物。小官吏叶甫盖尼即是其中之一。个人的生活与爱情的种种幻想，在时代的暴风雨面前，有时会被冲洗得一干二净的。果然，有那么一天——可怕的一天，涅瓦河咆哮着，迎着暴风雨向大海奔去，河水猛涨，又像发狂的野兽向城市扑来，整个首都变成了一片汪洋大海，"一切都完了，房屋和食品！"这时候，叶甫盖尼所有的美好幻想都化成了汪洋中的泡沫。他觉得——

　　……这是不是
　　在做梦？或者我们的人生
　　本来就像梦一样空幻，
　　是上天对于尘世的嘲弄？②

―――――――
　　① 卢永选编：《普希金文集》第三卷，王士燮、余振、查良铮等译，人民文学出版社1995年版，第477—478页。
　　② 卢永选编：《普希金文集》第三卷，王士燮、余振、查良铮等译，人民文学出版社1995年版，第487页。

叶甫盖尼无从理解历史的进程与变迁。那摧枯拉朽的、不以人的意志为转移的社会巨变，使他变成了一个疯子，一个岁月的弃儿。

> 唉！他那六神无主的头脑
> 如何经得起这强烈的震荡。
> ……
> ……内心的慌乱
> 使他整个儿茫然若失。
> 他就这样苦度悲惨的岁月
> 过着非人非兽的日子，
> 既不像生在世上的活人，
> 也不像阴间的幽灵……[①]

有一天晚上，当这个游荡的疯子突然看见了高高矗立在夜色里的广场上的"青铜骑士"，他才感到"有些疑问豁然开朗"。他把自己遭遇的所有不幸都归罪于这座高傲的铜像了。他的血液在沸腾，目光变得可怕。他咬牙切齿，握紧拳头，像鬼魂附上身体一般，低声咒骂道："好哇，你这个奇迹的创造者！等着瞧吧……"

然而这个小人物的诅咒怎能奈何历史的变幻和皇权的威力？结果当然是小人物的彻底毁灭。即使没有彻底毁灭，他也必须忍受那强大的力量对他的制约：

> 无论他走到什么地方，
> 总会听到那位青铜骑士

[①] 卢永选编：《普希金文集》第三卷，王士燮、余振、查良铮等译，人民文学出版社1995年版，第492—493页。

在背后追赶，蹄声是那么响亮。①

　　普希金在这首长诗里对小人物的命运寄予了深切的同情。透过叶甫盖尼和代表"国家"或"社会力量"的"青铜骑士"的矛盾对立，我们看到了历史的庄严与伟岸，看到了个人命运在整个社会面前的无常与怪戾。

　　关于彼得大帝的功过，普希金曾有过这样的见解："彼得大帝的国家制度和他的临时命令之间的差别确实令人惊奇。前者是博大的、充满仁爱和英明的智慧的成果，后者却常常是残酷和顽固的，而且像是用皮鞭写成的一样。前者是属于永远的，或者至少是属于未来的，而后者却是从一个急躁、专制的地主口中迸发出来的。"普希金的这一见解在《青铜骑士》里也得到了阐释。"青铜骑士"有过他的英明与辉煌；"青铜骑士"也有过他的威严与冷酷。与其说普希金是在写着一首历史题材的长诗，不如说他是在写着一个当代社会的寓言。他笔下的彼得大帝也就是尼古拉一世；那个可怜的小人物叶甫盖尼也就是普希金本人。前者的意志将决定后者的命运；前者的过失也将由后者用生命来承担。而所谓自由、爱情、欢乐、平静，都不过是一场梦，一种幻想，一种诱饵……

　　果然，《青铜骑士》完成后，诗人不得不在帝王的权力下低下头颅。尼古拉接到普希金呈送审查的诗稿后，又一一做了批示。普希金在1833年12月11日的日记里写道："……我到他（奉肯多夫）那里之后，他把《青铜骑士》手稿和皇帝的批示交给我。手稿上划了许多问号，我必须一处一处地进行修改……"普希金试图反抗过，拒绝修改。但这样做只能意味着让这部长诗永无出头之日。这是普希金的悲剧，也是他的喜剧。他与那个小人物叶甫盖尼毕竟有所不同。普希金去世后，《青铜骑士》由茹科夫斯基修改，淡化了其中的一些诗句后方才问世。

---

① 卢永选编：《普希金文集》第三卷，王士燮、余振、查良铮等译，人民文学出版社1995年版，第496页。

不过，诗人在这部长诗中所提出的问题：历史的发展与个人命运之间的冲突，历史的进步所带给个人的权利的损害等，却是俄国文学一直想要解决而又无法解决的问题。这个问题，直到俄国十月革命后，方才重新被引起重视。

深秋的风已经吹过了波尔金诺的落叶萧萧的山谷与村庄，池塘已经开始冻结。农人们开始带着狩猎用具赶往远处的山野，猎犬的欢乐的吠叫声唤醒了深秋的寂静的林子……

普希金给娜塔丽亚写信说："别打扰我，别让我担心，注意保护好身体，照料好孩子们……我正在写作，心里装着许多事情，不会见任何人……你知道这里的人是怎么议论我的吗？他们是这样描述我的工作的：'普希金写诗时，眼前放着一瓶烈性的酒；他先喝上一两杯或三杯，然后就开始写起来。'瞧，我是多么光荣！"在另一封信中，他又写道："……这些天来，我一直头疼，忧心忡忡。现在好多了，我写了一大堆东西。但刚一开头，我就兴趣索然了，天知道我这是怎么了。我感到年老力衰，脑子也十分疲乏……"

与此同时，宪兵警察的报告也传到了莫斯科的皇宫里："他在乡下期间，全心致力于文学创作，没有拜访过任何人，也没有接见过任何人。"

他的确是在波尔金诺专心致志地读书和写作。

其时，波兰诗人密茨凯维奇在巴黎出版了他的四卷诗集。普希金在波尔金诺写作间隙，不时地翻一翻这位老朋友的光芒四射的华章。他曾经是那样崇敬这位严肃的、有学识又有思想的诗人。他在刚刚完成的《青铜骑士》里就一再引用过这位波兰诗人的诗句，并且在诗中的注释里承认说，他描写涅瓦河的诗句可能会比密茨凯维奇准确些，但肯定不如他的诗句那样鲜明华丽。密茨凯维奇的《彼得大帝纪念像》也不时地激发着他的诗的想象力。

翻阅着密茨凯维奇的书，他饶有兴趣地信手译出了其中好几首诗作，如《布德累斯和他的儿子们》《督军》等故事诗。他十分欣赏密茨凯维奇即兴创作的才能，他从密茨凯维奇的诗行里获得了不少优美的灵感。

然而密茨凯维奇的诗集里也有几首诗使他感到不快。他不知道他这位老朋友怎么竟在诗中嘲讽起他的俄国来了。《"他生活在我们中间"》这首诗，即是普希金有感于密茨凯维奇的《给俄国的朋友们》一诗而写的：

> 他生活在我们中间，
> 在对他是异族的人们中间。但是
> 他对我们并没有怀着恶意。而我们
> 爱他。安详的，友善的，他参加了
> 我们的会谈。我们和他共同享受
> 纯洁的梦想和歌唱（他的诗歌
> 赋有神的灵感，他从高处望着生活）。
> 常常的，他和我们谈着将来，谈着
> 那么一天：民族间忘了彼此的争端，
> 开始结合成为一个伟大的家族。
> 我们都倾心地聆听着诗人。他走了
> 去到西方——我们又以无限的祝福
> 给他送别。然而，现在，我们的佳宾
> 却变成了我们的敌人。他为了迎合
> 狂暴而嚣张的人群，竟以恶毒
> 注入他的诗句。远远的，我们听到
> 恶毒的诗人的声音。啊，那是多么
> 熟悉的声音……上帝啊，请用你的

真理与和平，净化他的心吧。①

在这里，全身心地热爱着俄罗斯的诗人普希金，和坚定地支持波兰起义的诗人密茨凯维奇，第一次发生了原则和立场上的冲突。普希金在用深情和真挚的诗句在为一位昔日的朋友"招魂"。

在波尔金诺，普希金也读到了法国的一位编年史家布朗托姆的一些历史作品和有关法国诗歌的一些批评文章。普希金用诗体记下了他阅读法国古典主义批评家德普利奥·布阿罗的文章的感想。他为这位因为推崇理性而受到浪漫主义者蛮不讲理的攻击的学者感到不平。他写道：

啊，法兰西一群诗匠的严峻的法官，
古典主义的布阿罗，我朝你呼唤：
虽然，在你的祖国，由于命运的无情，
你已不再当作先知那样受尊敬，
虽然自作聪明的人伸出鲁莽的手
要把你那厚密假发上的桂花拿走，
虽然，被新兴的自由学派所烦扰，
你愤怒地对它转过你光秃的后脑，——
可是，我，你忠实的信徒，还要恳求你
做我的先导。我要继你之后，大胆地
主持你曾用来宣誓一切的讲坛，
在那儿，你过誉了十四行诗的优点，
但你发出的理性的判断曾经制裁
以往时代的谎言和过去的蠢才。

---

① 《普希金抒情诗选集》（下），查良铮译，江苏人民出版社1982年版，第416—417页。

而今，我们的谎言家更是青出于蓝，
他们的胡说已使我感到异常不安。
难道我们还该默默聆听？多不幸！……
不！我要高喝一声，叫他们永远安静。①
……

在波尔金诺，普希金每天的思绪就像那深秋的草原上空的云彩，不停地涌动着，那么自由，又那么沉重。许多往昔的记忆不时涌上心头。他想写的东西实在是太多了。

早在1830年以前，他就读过司汤达的小说《红与黑》，对于主人公于连·索黑尔耿耿难忘。1831年5月他借住皇村之时，还曾写信给希特罗沃太太说："请把《红与黑》第二卷给我寄来，我太喜欢这部作品了。"两年后的秋天，坐在波尔金诺的小木屋里，普希金又想到了《红与黑》。不过，他现在不是要阅读或者评论《红与黑》，而是要自己动手来写一部《红与黑》式的作品。这就是中篇小说《黑桃皇后》。

《黑桃皇后》是普希金最成熟、最优秀的小说之一。主人公赫尔曼是一个于连·索黑尔式的野心勃勃的冒险家。这个冒险家不仅具有"拿破仑的面貌"，而且还有"靡菲斯特的心灵"。他是一位德国籍的俄国军官，他富于幻想，感情丰盈，由于性格内向、工于心计，他身上很少表现出一般年轻人常有的放荡行为。但他比一般的年轻人更阴沉可怕。他一心追求发财，为了发财他甚至不择手段。他平时从不玩牌，但他喜欢和朋友们围坐在一起看别人赌博。有人劝他下一点赌注，他说，"我不能为了赢钱就把基本生活所需也搭进去。"他的原则是从长计议。一天晚上，一个名叫多姆斯基的赌棍说他祖母过去从圣日尔曼伯爵夫人那里学过赌牌赢钱

---

① 《普希金抒情诗选集》（下），查良铮译，江苏人民出版社1982年版，第412页。

的方法，十分灵验，而且只需三张牌即可。可是谁也不知道是哪三张牌。伯爵老太太已经下决心不再赌钱了，所以也从来不肯把这个只赢不输的秘密告诉别人。赫尔曼听到了这个故事，眼睛放光。他感到，这是命运在召唤他。他决定去获得这个十分灵验而又快捷的挣钱方法。钱，只有钱，能够改变他贫穷低贱的命运。天一亮，他就找到了这位已有八十七岁高龄的老伯爵夫人。他开始实施他的卑鄙的计划了。为了得到"真传"，他甚至准备做这位行将就木的老妖婆的情夫。老妖婆身边有个养女叫丽莎维塔，他想方设法骗取了她的好感和爱情。他终于有机会接近老太太了。他央求道："求您帮帮忙，只要告诉我是哪三张牌……"但老太太一声不吱，像个聋子一样。最后，鬼迷心窍、等待不及的赫尔曼竟拔出手枪，以死威逼老太太。老太太吓得脸色苍白，当场归天了。三天后，他假模假样地参加了老太太的葬礼。当他走近灵柩时，他仿佛看到老太太的尸体在动，她的眼睛在向他眨动。他吓出了一身冷汗。当夜，老太太的幽灵出现在他面前，告诉了他："'3''7'和'A'这三张牌，都能赢，但每晚你只能玩其中的一张，然后你就必须终生不再玩牌。你吓死了我，我原谅你，但你必须娶丽莎维塔为妻……"说完，老太太的幽灵便消失了。受到这三张魔牌的诱惑，赫尔曼迫不及待地跑进了赌场。他按照老太太的指示一试，果然应验。头一笔赌注就下了47000卢布。他赢了。他的血在往上涌，欲望变得越来越大，完全成了一个不顾死活的赌徒。第三天，他用"A"做赌注。庄家开始发牌，一个"A"从左边滑出。赫尔曼赢牌心切，忘乎所以地叫道："'A'牌赢了！""不，你输了……"他大吃一惊，看到自己手里的牌不是"A"，而是一张黑桃皇后Q。他大惊失色，仿佛看到黑桃皇后也在向他眨巴眼睛，像老伯爵夫人一样……

　　小说的结尾是：赫尔曼变成了一个疯子，被送进了疯人院。

　　普希金的这部小说和《青铜骑士》一样，也如一部哲学，一个寓言，充满了神秘色彩。三张魔牌贯穿作品始终，白、黑、红三种颜色构成了一个神秘莫测的命运的怪圈。赫尔曼也像《青铜骑士》里的那个小人物叶甫盖尼一样，既是反抗者，又是命运的弃儿。只不过赫尔曼反抗的是金钱的罪恶，叶甫盖尼反抗的是皇权的威严。他们的结局都是一样的。普希金通过赫尔曼这样一个野心勃勃的赌徒的形象，深刻地揭示了金钱的利欲对人的毒害，揭示了受着唯利是图之心的驱动，人将变得何其疯狂和卑鄙的主题。

关于这部小说的题材来源，纳肖金曾经对彼·伊·巴尔杰涅夫说过："小说的主要情节并非虚构。老太婆伯爵夫人——这就是娜达丽雅·彼得罗夫娜·戈里琴娜，莫斯科的总督将军德米特里·弗拉基米罗维奇的母亲，如普希金所描写的那样，实际上住在巴黎。她的孙子戈里琴告诉普希金说，有一次他输光了，就跑去向他的祖母要钱。钱她不给他，但告诉他在巴黎圣热尔曼给她定下的三张牌。'试试看。'祖母说。孙子打出了牌，把钱捞了回来。小说以后的发展则全是虚构的。"

这部小说发表后，在读者和评论界引起了一致的好评。普希金在自己的日记里写道："我的《黑桃皇后》轰动一时。赌徒们专押'3''7'和'A'。在宫中，人们发现老伯爵夫人和娜达丽雅·彼得罗夫娜长得很相像，看来，他们并不生气……"

在《黑桃皇后》这张牌上，普希金显然是赢了，而且赢得非常漂亮。

1833年11月20日，普希金从波尔金诺回到了彼得堡。

然而他很失望。娜塔丽亚没有像他想象的那样，在家门口张开怀抱等待着他的拥抱。"我回到家里……我妻子跳舞去了，我就去找她，像枪骑兵抢掠乡下姑娘那样把她抢了回来……"

普希金回来了，娜塔丽亚自然也很高兴。因为普希金从波尔金诺带回了一批作品，这些作品一旦卖掉，就意味着她可以买几条新的舞裙，新的项链……

她自告奋勇，帮着自己的丈夫抬高作品的价码。出版商斯米尔金为此哭笑不得地摇着头说："总共不到三页纸的三首小诗，亚历山大·谢尔盖耶维奇就要我1.5万卢布！再这样下去，我的出版社只好关门了。"普希金也感到难为情，却又无可奈何。他把这位可怜的"冤大头"出版商叫进自己的书房，解释道："很抱歉，原已和您谈好了，一首《轻骑兵》我只要50个金卢布的，可娜塔丽亚不干，她非要100个金卢布。您现在该明白了吧，同作者的妻子打交道比同作者本人打交道更难，是不是？现在您只好答应我妻子的要挟了，因为她要买条新舞裙。谁叫她有一个只会写诗的丈夫呢！"

11月24日，普希金在日记里写道："在卡拉姆津娜那儿吃午饭，见到了茹科夫斯基。他身体健康，显得年轻一些……沙皇昨天晚上突然驾临莫斯科。"

沙皇近来常到莫斯科。他有许多事情要在莫斯科处理。其中之一，就是要授予普希金一个小小的职衔："兹任命外交部参赞亚历山大·普希金为皇宫侍从官，切切此令。"为什么要任命普希金为宫廷侍从官呢？其中的原因也许只有尼古拉一世心里最明白。他对娜塔丽亚的美色早就觊觎许久了，曾经多次为她辗转反侧过。他在舞会上也很少能见到娜塔丽亚的翩翩舞姿了。她的丈夫讨厌她进皇宫。普希金自己无权陪妻子进入皇宫的舞会，所以他也就禁止妻子去参加皇宫舞会。现在，普希金被任命为皇宫侍从官了，陪妻子进皇宫跳舞也就名正言顺了。尼古拉一世可以常常亲近娜塔丽亚的愿望，也就自然而然地实现了。

普希金并不是傻瓜，却也有点像哑巴吃黄连——有苦说不出来。他在1834年1月1日的日记里写道："前天我被任命为官中低级侍从（对我这种年龄的人来说太不敬了）。但宫廷是想要娜塔丽亚到安尼奇科夫宫去跳舞。这样，我就要成了俄国的'丹若'了。"丹若是法国宫廷的一位内侍官，一位在精神上故意讨皇帝高兴的宠臣，路德维希十四曾将自己宠幸的一个女官嫁给了他。普希金感到自己正蒙受着奇耻大辱。他写道："人们问我，我对当官中低级侍从满意吗？我满意，因为皇上是要特别看重我，而不是使我处于可笑地位，——可我宁愿当一名贵胄军官，也不愿意被迫去学法文生词和算术。"而尼古拉一世对自己的这项举措颇为满意。他曾对维亚泽姆斯基的夫人说道："朕希望普希金从好的方面看待对他的这项任命，迄今为止，他履行了向我许下的诺言，我对他是满意的。"1月17日，普希金在日记里又记道："鲍勃林斯基家举行舞会，一次极其豪华的舞会。皇上没有向我提起我的侍从职务，我也没有向他表示感谢。他谈起我的《普加乔夫》，对我说：'可惜我不知道你在写他的事情；不然我可以向你介绍他的妹妹……'"

无聊的、奢靡的、无休无止的舞会，还有这该死的、屈辱的宫廷侍从的职务……这一切使普希金腻味透了、愤怒极了！他克制着自己的怒火，在日记里写道："人们对贵族们必定要为将要继位的（亚历山大二世）皇帝成年而举行舞会议论纷纷……商界大概也要举行舞会。庆典将耗资百万，饿得要死的人民会说什么呢？"[①]

普希金陷进了深深的苦恼之中。

但他的妻子对他的苦恼却毫无所知。在她的内心深处，她正为自己的丈夫能成为宫廷侍从而得意呢！

够了！够了！我亲爱的。心要求平静；
一天跟着一天飞逝，而每一点钟
带走了一滴生命，我们两人盘算的
是生活，可是看哪——一转眼，命已归西。
世上没有幸福，却有意志和宁静。
多么久了，我梦寐思求着这种宿命；

[①] 卢永选编：《普希金文集》第七卷，张铁夫、黄弗同、刘文娟等译，人民文学出版社1995年版，第510页。

唉，多么久了，我，一个疲倦的奴隶，

一直想逃往工作与纯洁喜悦的幽居。①

这是普希金这一时期写给娜塔丽亚的一首诗。然而这首诗也只有普希金自己来阅读。对丈夫的苦恼、忧虑和渴望离开首都去乡村生活与写作的想法，娜塔丽亚是无法理解的。也许她压根儿就没想过去理解和赞同他。她已经被那该死的、无休无止的舞会掳去了灵魂，没有交游、应酬和豪华的舞会的日子，她是一天也忍受不了的。

也就是在这些日子里，普希金又多次发现，他的私人信件受到了警察局的检查，包括他写给娜塔丽亚的家书。理由据说是为了国家的安全……

普希金忍无可忍了。他不再迁就和屈从了，他愤然向他的"监护人"提出了辞职。然而，鸟儿一旦进入了笼子，要想再飞出去，那是不可能了。普希金得到的答复不是同意，而是一顿训斥。威严的皇权怎能让他诗人的头颅高高扬起？普希金又失败了。"……我几乎同皇宫闹翻。"他在日记里咬牙切齿地写道："不过，我迟早是要报此仇的。"

1834年8月，普希金又一次逃出了乌烟瘴气的城市来到波尔金诺。他在11月28日的日记里写道："三个月里我什么也没写。我出门了——在亚历山大纪念石柱揭幕前五天我离开了彼得堡，为的是不同宫中低级侍从们——我的同事们——一道出席揭幕仪式。"

这一次，普希金是为解决波尔金诺庄园的财产问题而来的。加上几个月来的"宫廷侍从"带给他的懊丧，他几乎没有一点写作的心思了。他在写给娜塔丽亚的一封信上说道："写诗的灵感不肯光临，小说（指尚未完成的小说《上尉的女儿》）也还没有抄完。我在阅读瓦尔特·司各特的作

---

① 《普希金抒情诗选集》（下），查良铮译，江苏人民出版社1982年版，第415页。

品和《圣经》……看来今年秋季我不可能在波尔金诺住很久。但眼下我还不能回去，再等一下，看看创作灵感还能否出现。要是再无灵感，那我也只好上路了，看上帝的意思吧！"

普希金一向重视和喜欢瓦尔特·司各特的长篇小说。他认为，瓦尔特·司各特的小说的主要魅力，"在于展现给我们的过去的时代没有法国悲剧的夸张，——没有多愁善感的长篇小说的拘谨，也没有历史的尊严，而是写得宛如现代，让人仿佛身临其境……"他在波尔金诺本想再一次好好读一读瓦尔特·司各特，也许还会写出点评论什么的，但他心绪不佳，几乎没有看进去。

去年他来波尔金诺，曾经写过两篇自己颇为满意的童话诗《渔夫和金鱼的故事》《死公主的故事》。今年，他还想再写一篇《金鸡的故事》。他读过美国作家华盛顿·欧文的一本讽刺故事集《阿拉伯星占家的传说》，里面的一个故事给他留下了深刻的印象。现在，他正好可以把它作为俄罗斯民间童话的参照与依据。写作这类带有讽喻意味的浓郁的民间文学风格的童话故事，他是驾轻就熟，得心应手的。他善于在一个古老的故事里赋予一些新的思想；他也懂得该怎样剔除那些民间传说中的繁琐、混乱和落入俗套的枝叶，删繁就简，既保留其朴素和单纯的神韵，又不失童话的艺术魅力。无论是《渔夫和金鱼的故事》，还是《死公主的故事》和《金鸡的故事》，都不仅是普希金创作中的独特收获，而且也成了整个俄罗斯和世界儿童文学中的一份宝贵财富。

10月18日，普希金从波尔金诺又回到了彼得堡。与前两次离开波尔金诺不同的是，这一次，普希金的行囊空空，几乎没有收获到什么东西。

那么，是不是缪斯对他这个倒霉的宫廷侍从官不再有所青睐了呢？或者说，他已经卸下了自己诗人的使命了？

不！普希金永远只能是普希金！

我在忧伤的惊涛骇浪中成长，
岁月的洪流曾是那样长久地激荡，
如今沉寂了，显得短暂的睡意朦胧，
水流中照出一面清澈明净的天空。
可是，这又能持续多久？……看上去，
那昏天黑地的日子，痛苦的诱惑，都已过去……[①]

他的口袋里，正装着这样一首充满矛盾的、尚未完成的诗。

[①] 卢永选编：《普希金文集》第二卷，乌兰汗、魏荒弩、卢永等译，人民文学出版社1995年版，第375页。

第十章　诗人之死

　　整个1835年对于诗人普希金来说，是异常糟糕的一年。他的经济状况每况愈下，而他家里的人口却在不断地增加。娜塔丽亚异常旺盛的舞瘾非但没有影响她的生育，相反倒使她的身体和生育能力得到了强盛的保障也说不定。总之，短短几年的工夫，她就为诗人生下了两男两女四个孩子，而且第五个也已经孕育在腹里了。普希金有时不免要埋怨自己：为什么在创作上不能像娜塔丽亚这样"高产"呢？

　　除了这些嗷嗷待哺的孩子，普希金家里的成人也在增加。娜塔丽亚的大姐叶卡特琳娜、二姐亚历山德拉先后也住进了普希金家。这是娜塔丽亚的主意，她打算让两个姐姐也进入皇宫的女流圈子里去。这样，普希金去舞场，就不仅仅要陪妻子一个人了，而是要陪同三个女人，即冈察罗夫家的三姐妹。

　　可是，钱呢？靠什么养活这大大小小的十来个人呢？普希金会写诗，可是诗不是天天能够写出来的呀！何况普希金自己觉得是优秀的作品，他的"监护人"未必会以为然；而能够让"监护人"满意的东西，书商又不可能给一个理想的价钱……没有钱！是的，没有钱！普希金现在最缺少的就是钱。"给钱！给钱！快给钱！"常常有人看到普希金拿着刚刚写出的几页诗稿，像旋风似的跑进书店，迫不及待地朝着书商嚷嚷着。钱，快把这个伟大的诗人逼疯了。

他到处借债。私人的、政府的，他都打过欠条。1834—1835年他在别里沙这一个小书店就欠下2172卢布零90戈比的赊书费。他走到哪里，哪里就会出现他的债主，债主中有书商、商人、军官、产业主、裁缝、马车夫、药店老板、牛奶铺和面包坊主人、图书装订工、英国商店老板以及他家的全体仆人。他亲自写过一张所欠家中所有仆人钱款的账单：欠随身仆人100卢布；欠第一个奶妈40卢布；欠第二个奶妈60卢布；欠第一位女仆100卢布；欠第二位女仆40卢布；欠第四位女仆20卢布；欠保姆177卢布；欠厨子60卢布；欠仆役90卢布；欠车夫20卢布；欠地板工15卢布；欠洗衣女工90卢布……

当然，他欠下的最大债主是沙皇尼古拉一世。沙皇用钱控制着他，恨不能让他彻底听命于自己。让他当宫廷侍从；让他送阅他所有的手稿；让他对政府感恩戴德，连写给妻子的信也得先请警察们欣赏一番……

所有这一切，都在折磨着诗人普希金。而普希金的那些仇人们，却在暗中窃笑，庆祝胜利。

1836年3月29日，普希金的母亲去世了。普希金流着泪水护送母亲的灵柩来到米哈依洛夫斯克村附近的圣山公墓。

> 这是贬居的小屋，
> 我和我可怜的老乳妈住过。
> 但老妈妈已经不在，——隔着墙
> 我再也听不到她沉重的脚步，
> 和她那勤劳的巡查。

米哈依洛夫斯克村物在人亡，使普希金的心中平添了无限的伤感和悲凉。命运夺走了他的老奶妈。如今又夺走了他的亲生母亲。他觉得，这是命运对他的惩罚。

他痛苦地掩埋了自己的母亲，心中仿佛升起一种不祥的预感。他抬头环视着自己非常熟悉和依恋的这片土地：

> 这儿是那丛林茂密的山丘，
> 我常常静坐在上面，凝视着
> 下面的湖水，并且沉郁地想到
> 另一个地方的海岸和波浪……
> 湖水一片蔚蓝，广阔地展开
> 在金黄的田野和绿草原之间；
> 一个渔夫正划过莫测的水面，
> 身后曳着一只破旧的鱼网，
> 在倾斜的湖岸上散布着
> 一些村庄——村后是一个
> 歪歪斜斜的磨坊，它那风车
> 在风中费力地旋转……

他想到，这里，是老奶妈、是母亲的最后的安息地，也将会是他的灵魂和生命的最后的归宿。他从这里离开过，最后也将回到这里。送走了母亲，他也毫不犹豫地在这里为自己买下了一块地皮。他想象着，有那么一天——

> 我不熟识的、年轻的种族！
> 我不会看到你日后的壮大，
> 你会比我的旧识长得更茁壮，
> 你会遮住它们的头，使过路人

不再看到。但是，请让我的孙儿
听到你们致意的喧声吧，
当他和友人谈过心回家时，
脑中浮着愉快而可喜的思想，
他会在暗夜里从你身旁走过，
并且想起了我……①

他写这些诗句时，还仅仅是一种想象与拟写。然而却不幸成了谶语。在离他的母亲去世还不到一年之后，他也将永远地躺在这里，听着不远处的树林发出的簌簌的落叶声了……

进入三十年代后，普希金一直在努力奔走，想创办一份属于自己的杂志，但也一直未获批准。1836年，普希金再次申请创办杂志，事情却有了转机，官方批准了。于是，这年四月，一份定名为《现代人》的季刊问世了。

第一期的目录里有他自己的《埃尔祖鲁姆旅行记》和《吝啬骑士》，以及他为果戈理的《狄康卡近乡夜话》写的书评，还有果戈理的小说《马车》和《论1834年和1835年杂志文学运动》等评论文章。

普希金竭力想使这份杂志的内容丰富多彩一些。他把茹科夫斯基、果戈理、雅泽科夫和维亚泽姆斯基等名作家都邀集到了这份杂志的版面上。普希金亲自做编辑、拼版和修正校样等工作。他要办的是一份严肃、庄重的，不仅要富于文学性，而且要有思想性和历史意义的刊物。刊物上以文学作品为主，同时还发表了女军官纳·杜罗娃关于1812年战争的《札记》、杰·达维多夫的特写《德累斯顿的活动》等历史性的文献作品。他甚至还打算刊登谢·格林卡写的卫国战争事件的记述和科兹洛夫斯基关于

---

① 《普希金抒情诗选集》（下），查良铮译，江苏人民出版社1982年版，第490—492页。

蒸汽机理论的论文等。

然而当局虽然批准了普希金创办杂志,却也从没放松对他的警惕。当时的内政大臣乌瓦罗夫指示部下对《现代人》严加控制,从严审查。书刊检查官亚·瓦·尼基坚科在自己的日记里写道:"书刊检查机关残酷无情地压迫普希金。"他们对每一期《现代人》都吹毛求疵,百般刁难,拿到清样后一审再审,一拖再拖,有时故意拖过出版周期。

这些卑鄙的伎俩使普希金万分恼火,并感到沮丧。他说:"净化俄罗斯文学就如同打扫厕所一样,似乎也要靠警察做这种工作……他们真是中了邪!"他甚至有些后悔创办这份杂志了。果戈理是在《现代人》创刊初期参与编辑和撰稿的作家之一,他后来在写给普列特尼奥夫的信上说道:"《现代人》也并没有办成杂志应当办成的那个样子,尽管普希金给自己提出了一个较为积极的、易于实现的目标……刊物获准出版后,他已经想放弃了。我感到内疚的是:我恳求他出版。我答应成为他的忠实助手。"除了官方的干预与刁难,普希金对当时的报刊热衷于刊登流行的逸闻趣事和低级逗乐的文章也十分苦恼。它们败坏了读者的胃口,也带坏了文坛的风气。果戈理也敏感地看出了,"在我的文章里,他发现有许多使这一出版物感染上一般杂志那种喧闹气息的东西,而这是他所不能苟同的。那时他确实是十分成熟了……"①普希金希望《现代人》能成为一份纯文学的和历史的、学术性的高雅的文献性的杂志。

但是这样的撰稿人却如凤毛麟角,很难找到更多。他还考虑过吸收一些平民文学家参加《现代人》的工作。他曾经认为,俄国属于非贵族阶层的作家比贵族阶层的作家更加稀少和宝贵,尽管如此,平民作家的活动仍然支配着文学的一切现存部门,他认为,"这是一个很重要的迹象,而且必将产生重要的结果。"为此,普希金曾托农奴出身的演员米·谢·谢普

---

① 果戈理等:《回忆普希金》,刘伦振译,天津人民出版社1986年版,第317页。

金把刚刚创刊的《现代人》的前几期转交给年轻的评论家别林斯基,希望别林斯基能加入到《现代人》的队伍里来。普希金读过初出茅庐的别林斯基的几篇文章,一下子就看到了其中的奇光异彩,他认为,别林斯基具备了大有希望取得成功的天才的素质和条件。

遗憾的是,诗人的逝世使他们之间的关系更加密切的可能性未能实现,一位伟大的现实主义诗人和一位同样伟大的民主主义批评家尚未来得及并肩战斗,便成了隔世之人。别林斯基后来每念及此事便至为抱憾,他在写给果戈理的一封信上曾这样写道:"我不抱过高的幻想,可是,老实说,我也不是过少地考虑自己。我听到聪明人的夸奖的话——更引以为荣的是——,我也有幸结识了一些冷酷无情的仇敌;迄今最使我欣慰并将永远使我欣慰的仍然是我最珍贵的财富,即普希金所说的关于我的那几句亲切的话,幸运的是,我获悉那几句话是有可靠来源的。我觉得,这并不是我的微不足道的自尊心,而是我了解普希金的为人,懂得像这样的人的赞许意味着什么。因此您会明白,您的合乎人情的亲切的评论为什么对我如此珍贵……"[①]

1836年7月,《现代人》第二期问世;10月,第三期出版。第三期上,普希金刊登了果戈理的被《莫斯科观察家》退回的中篇小说《鼻子》,并亲自写了一则"编者按";同一期上,还发表了普希金自己的未署名的短论《米·叶·洛巴诺夫关于外国文学与祖国文学特征的意见》《伏尔泰》和《致出版人的信》。这一期上本来还准备刊发普希金自己的一篇重要论文《亚历山大·拉吉舍夫》的,但文章却被负责审查的老爷们扣住了。乌瓦罗夫的批示是:"这个作家和这本书(指拉吉舍夫1749—1802年的《从彼得堡到莫斯科旅行记》)已完全被人遗忘,而且理应如此;让人们重新记起其人其书实属多此一举。"

[①] 《伟大诗人普希金》,冯春、张勉、侯华甫等译,上海译文出版社1989年版,第573页。

然而同样是这位拉吉舍夫——这位18世纪俄罗斯卓越的思想家,后人是这样评价他的:"当他在《从彼得堡到莫斯科的旅行记》中说到:'看看我的周围——我的灵魂由于人类的苦难而受伤'时,俄罗斯的知识分子便诞生了。"说这话的是另一位伟大的思想家、有20世纪俄国的"黑格尔"之称的尼·别尔嘉耶夫。别尔嘉耶夫的话代表了公正的时间,对内务大臣乌瓦罗夫的粗暴的做法予以了有力的嘲讽。"你得听从愚人的裁判……"普希金说得一点也不错。但这样的裁判永远只是暂时的。

普希金对拉吉舍夫及其命运多舛的作品早就有着极其浓厚的兴趣。对拉吉舍夫作为诗人、思想家、政论家和社会活动家的肯定与称颂,散见于普希金的许多作品和书信中。他在1823年致亚·亚·别斯土舍夫的信里,谈到他在《北极星》上发表的对俄国文学的历史述评时写道:"有一件事要向你发牢骚:怎么能在一篇论述俄国文学的文章里忘记拉吉舍夫呢?还有谁值得我们铭记在心呢?不管对你或对格列奇来说,这种避而不谈的态度都是不可原谅的。"

在《亚历山大·拉吉舍夫》一文中,普希金追述和回顾了这位诗人思想家的生命和精神历程,对他的许多主要著作都做了高度的肯定的评价。虽然在行文之时,为了对付检查官们,普希金尽量强调自己同拉吉舍夫的某些分歧,并且处处使用伊索式的隐晦语言乃至反语。普希金说:"假如我们把思想转向1791年,回忆一下当时的政局;假如我们想象一下我国政府的威力,以及自彼得一世时起稳定不变的我国法律,而亚历山大这位善于尊重人性的君主虽然在位二十五年,但这种法律的严峻在当时仍未得到减缓;假如我们想一想围绕在叶卡捷琳娜御座周围的是一些多么严厉的人物,那么我们就会觉得拉吉舍夫的犯罪是一种发疯的举动。"普希金在这里显然是正话反说,如果把他的话稍做理解上的调整,就会觉得他的语言是多么有力!他继续说道,"一个小小的官员,既无任何权力,又无任何人撑腰,竟敢反对公共秩序,反对君主制度,反对叶卡捷琳娜!请注意:

阴谋家总是寄希望于自己朋友的联合力量；秘密社团的成员在遭到失败时或者准备用告密获得赦免，或者自恃同谋人多势众，因而指望不受制裁。但拉吉舍夫却是孤身一人，既无朋友也无同谋。一旦不能成功，——而他又能指望什么成功呢？——他要独自承担一切责任，独自面对法律，做出牺牲。我们从不认为拉吉舍夫是个伟人……然而尽管如此，我们不能不承认，他是个具有非凡勇气的罪犯，是个政治上具有狂热精神的人；他自然是走上了歧途，但他的行动却带有惊人的献身精神，显示出某种侠肝义胆。"

在这篇文章里，普希金对拉吉舍夫的文学作品也做了分析和评述，并引用了他的短诗《十八世纪》，认为他诗歌的成就高于所有散文的成就。普希金知道，他自己的一些早期诗作如《自由颂》等，就是模仿拉吉舍夫的诗写成的。在写于1836年的《纪念碑》一诗里，我们也同样可以看到拉吉舍夫诗歌的影子，他用异常生动的诗句强调了拉吉舍夫的作用。

在文章的最后，普希金又写道："拉吉舍夫身上反映出他那个时代法国哲学的全貌：伏尔泰的怀疑论，卢梭的博爱观，狄德罗和雷纳尔在政治上的愤世嫉俗等。"，"他仿佛是竭力用他那尖酸刻薄的语言激怒最高当局；其实，对当局能够造福于民的事情指点一番，不是更好么？他辱骂贵族政权无法无天；其实，向政府和有头脑的地主们推荐一些逐步改善农民地位的方法，不是更好么？他憎恶书刊审查制度；其实，谈一谈立法人应当遵循哪些规则，一方面使作家们不受压制，而思想这种神圣的天赋也不至于成为愚笨任性的管束制度的奴隶和牺牲品，另一方面使作家不至于运用这种上帝赋予的手段去达到卑劣的或犯罪的目的，不是更好么？果能如此的话，必将大有益处，既不会引起轩然大波，也不会造成骚乱，因为政府本身不仅不鄙视和压制作家，而且还要求他们合作，号召他们进行创作，倾听他们的意见，采纳他们的忠言——总之，政府感到需要有教养、有头脑的人予以协助，因而并不害怕他们有勇气，也不会对他们的诚意耿耿于怀……"①

普希金的这番话也算是幽默和俏皮到家了。这篇文章能被书刊审查官们扣下不发，至少说明这帮老爷们还不是什么也不懂的笨蛋。

《现代人》的工作寄托着普希金的隐秘的理想和愿望。他把这个工作看得极为庄严，因此把主要时间和精力都投入了其中。

同时他还在继续从事他的《彼得大帝正史》的撰写事宜。1836年10月14日，普希金的老同学莫·安·科尔夫（1800—1876年）给他寄来了一大包有关彼得一世的史料目录，普希金高兴地回信说："你昨天邮来的东西从哪方面说对我都是珍贵的，它将作为纪念品留在我这儿。公务夺去了我们当历史学家的权利，这真遗憾。我真想跟你换一换。读了这个书目，我才感到惊讶和惭愧：所录书籍中，大部分我都没读过。我要尽力弄到这些书。这部俄国现代史是怎样一个领域啊！你想想，这土地还全然没人耕耘过，并且除了我们俄国人，谁也不可能去做这件事！——然而历史是漫长的，生命是短促的，尤其糟糕的是，人的本性又是懒惰的……"②

普希金的另一位老朋友恰达耶夫，这时候也给他寄来了他发表在《望远镜》杂志上的《哲学通信》第一部。赫尔岑认为这部通信是震撼了全俄国善于独立思考的人们的檄文。普希金读了这部通信后，认为恰达耶夫对俄国过去的历史和死气沉沉的现代以及未来，未免过于悲观。他在写给恰达耶夫的回信里回顾了俄国的历史与现状，然后问道："在当今的俄国，您难道就没有发现一点重要的东西，一点足以使未来历史学家惊异的东西？您相信历史学家会把我们置于欧洲之外吗？"按说，处于屈辱的"宫

---

① 卢永选编：《普希金文集》第七卷，张铁夫、黄弗同、刘文娟等译，人民文学出版社1995年版，第86—96页。

② 卢永选编：《普希金文集》第七卷，张铁夫、黄弗同、刘文娟等译，人民文学出版社1995年版，第461页。

廷侍从"的地位，诗人普希金比任何人更有理由对现实失望和悲观，"上帝啊，可别让我发疯"，他在这一时期写下的一首诗就是这样开头的。然而，普希金毕竟不是"青铜骑士"雕像下的小人物。他是勇于进取的思想者，他是热爱祖国、热爱生活、充满幻想的诗人，只要他还活着，他对未来永远还是怀有希望和信心的。他向恰达耶夫承认说："我个人虽然依附于皇帝，但我远非对我周围看到的一切感到满意；作为文学家，它们叫我气愤，作为一个有成见的人，我感到受了侮辱——但我真诚地发誓，我不想用世界上任何东西来换我的祖国，除了我们祖先的历史，上帝给我们的这种历史以外，我不希望有另外一种历史。"当然，普希金也十分赞成恰达耶夫对当代俄国生活现状的批判性的评价。普希金说："的确应该意识到，我国的社会生活是令人悲伤的。那种缺乏公众舆论的现象，那种对责任、正义和真理等一切事物漠不关心的态度，那种对人类思想和尊严的厚颜无耻的蔑视，真是要把人引到绝望的境地。您大声说出了这种情况，这是很好的。但我担心的是，您的这种历史观会给您带来损害……"最后，普希金在信上希望恰达耶夫读一读《现代人》第三期，并告诉他："论文《伏尔泰》和《约翰·泰纳》是我写的。"[①]

1836年10月19日，普希金生前创作的最后一部小说《上尉的女儿》竣工。

这部小说自他1833年7月请假去奥伦堡——即小说中的事件发生地采访时起，就开始构思和着手写作了，但创作进程一直比较缓慢。家庭的烦乱，宫廷里的不快以及《现代人》的事务，都对小说的写作进度有所影响。现在，总算是把它完成了！10月25日，普希金给审查官科尔萨科夫写信说："姑娘米罗诺娃的名字是虚构的。我的小说是建立在我偶然听到

[①] 卢永选编：《普希金文集》第七卷，张铁夫、黄弗同、刘文娟等译，人民文学出版社1995年版，第463—464页。

的传说的基础上的。仿佛是一些放弃了自己的职责、转向普加乔夫匪帮的军官当中的一位,由于他的老父跪下求情而受到女皇的宽恕。小说,如您将要看到的,远远地离开了真实的情况。"五天之后,即11月1日,普希金在维亚泽姆斯基家的晚会上朗读了这部小说。维亚泽姆斯基在第二天写给亚·伊·屠格涅夫的信上说:"这是取材于普加乔夫叛乱的小说。很有趣,很动人,很朴实。它将全文发表于《现代人》第四期。"实际上,《现代人》第四期上发表的《上尉的女儿》并非"全文",而是由于书刊审查的原因,关于格里尼奥夫村农民参加暴动的那一章没有发表。普希金把这一章叫作"被删去的一章"。这一章直到1880年才得以面世。

关于这部小说,果戈理认为它是一篇"十分优秀的俄罗斯叙述体的作品"。他说,"与《上尉的女儿》比较起来,所有我们的长篇和中篇小说都像是太甜的浓粥。纯净和朴素在它这里上升到这样的高度,使得现实本身在它面前看起来仿佛是人工制造的,和漫画一样。在这篇小说中,第一次出现了真正的俄罗斯性格:普通的要塞司令,上尉的妻子,中尉;仅有一门炮的要塞,混乱的时代,普通人的平凡伟大——这一切不仅是现实本身,而且仿佛还高于现实。本来就该是如此,因为诗人的使命正在于从我们中把我们取去,又把我们的更洁净、更美好的形象归还给我们。普希金的一切表明,他是为此而生的,并力求完成这种使命。"[①]

在这部小说里,普希金以史诗的笔法描绘了一幅自发的农民运动的鲜明图景。无论是白山要塞的哥萨克,残废的巴什基尔人、鞑靼人、楚瓦什人,还是乌拉尔工厂的农民、伏尔加一带的农民,都在这部小说里登上了历史的舞台,上演着他们命运的活剧。普希金敏锐地看到了这场农民起义的历史渊源和反对农奴制度的本质,起义的人民性质在小说里得到了鲜明的揭示。在一群群激愤的和兴高采烈、奔走相告的人民中间,我们也看到

[①] 《伟大诗人普希金》,冯春、张勉、侯华甫等译,上海译文出版社1989年版,第549—550页。

了那个受到了广泛的拥戴的山大王式的领袖人物普加乔夫。在小说里，普加乔夫的形象比沙皇政府向人民宣传的那个盗寇和杀人魔王式的人物更加真实可信。普希金并没人为地美化他，但也不曲解和丑化他，而是真实地写出了他那富于人情味而又有些粗鲁和野蛮、知恩必报而又赏罚分明，英勇善战而又颇有指挥欲望的性格。小说中的普加乔夫的形象是符合人民心目中所理解的普加乔夫的，同时也寄托着普希金对这个农民起义领袖及这场农民运动的理解与同情。小说中，无论普加乔夫在哪里出现，人民都兴高采烈地跟随着他，或者向他深深地鞠躬，或者向他献上面包和盐。普加乔夫和群众的联系，正好反映了当时俄国农村普遍存在的反抗农奴制度、渴望自由解放的情绪。

在这部小说里，年轻的掌旗官格利涅夫和恋人玛丽亚的故事被作为主线放在这个史诗般的大环境里。格利涅夫的生死沉浮都和普加乔夫有着联系，正如他自己所说："我是军官，又是贵族，昨天我还在同你战斗，而今天，我一生的幸福却由你赏给了我。"透过格利涅夫和玛丽亚的爱情经历，读者也可以从侧面进入那段历史，了解到贵族阶层的另一个阵营对普加乔夫所持的态度。普希金对于上尉一家的描述，也使读者不能不产生对一种善良、正直、仁爱的感情的响应和认同。

历史与虚构的富于诗意的结合，战斗、野营、爱情、家庭的巧妙交织，重大历史事件的展现中又插进个人生活的小插曲……这是《上尉的女儿》引人入胜的艺术魅力所在。这部小说实现了普希金蓄谋已久的让历史闯入具体的个人或家庭生活，从而造成一些人命运中的剧变的创作构思。这种构思，不仅仅使《上尉的女儿》成为他个人的一部创新之作，而且对于后来列夫·托尔斯泰的《战争与和平》等，产生直接的影响。

仿佛是冥冥之中命运的有意支使，普希金在1836年所写的几首较为重要的抒情诗，全都与死亡有关。

当我在城郊沉思地徘徊，
发现我已走到公共墓地，
我看见栅栏，立柱，华丽的坟墓
（底下腐烂着首都的全部尸体），
乱七八糟，一排排挤在沼泽里，
……
光滑的墓穴也在那儿大张口，
盼望着清早就来新住户，——
这一切混沌的思想让我想到，
向我袭来的忧郁是不祥的预兆。

是的，普希金似乎已经预料到，他很快就会死去的。他虽然还只有三十七岁，刚刚接近但丁所谓的"人生之中途"，但他觉得，他自己的生命已近尾声了。他已经在米哈依洛夫斯克村为自己买下一块地皮。他厌恶这城市里的公墓。他要选择金色的乡村作为自己最后的安息地。在那里，他可以和亲爱的奶妈、母亲躺在一起；在那里，没有仇敌，也没有廉价石匠们凿出的石柱与碑铭。不，他不需要任何墓碑以及种种诗体的和散文的碑铭。他说，他喜欢——

秋天的时光，寂静的夜晚，
去拜谒乡间祖宗的坟茔，
那里死者在庄严的寂静里入梦，
那里坟墓没有装饰，却很空旷，
苍白的盗贼黑夜也不会对它赏光；
久远的墓石为黄色的苔藓覆蔽，

村人路过，总要祈祷和叹息；
没有小小的金字塔和浮华的骨灰瓶，
没有无鼻的男神和破损的女神，
只有一棵橡树威严地站在肃穆的坟场，
摆动着，喧嚷着……①

天啊！这个天才的、一向乐观的诗人正在忍受着什么样的痛苦和烦忧呢？他开始严肃地考虑自己的生前身后之事了！在他写完了上面的这首关于城市公共墓地的诗歌不久，他又写下了另一首仿佛是为自己提前拟定的"碑铭"式的作品：

我为自己建立了一座非人工的纪念碑，
在人们走向那儿的路径上，青草不再生长，
它抬起那颗不肯屈服的头颅
高耸在亚历山大的纪念石柱之上。

不，我不会完全死亡——我的灵魂在遗留下的诗歌中，
将比我的骨灰活得更久长和逃避了腐朽灭亡——
我将永远光荣不朽，直到还只有一个诗人
活在这月光下的世界上。
我的名声将传遍整个伟大的俄罗斯，
它现存的一切语言，都会讲着我的名字，
无论是骄傲的斯拉夫人的子孙，是芬兰人，
甚至现在还是野蛮的通古斯人，

---

① 卢永选编：《普希金文集》第二卷，乌兰汗、魏荒弩、卢永等译，人民文学出版社1995年版，第469—470页。

和草原上的朋友卡尔梅克人。

我所以永远能为人民敬爱,
是因为我曾用诗歌,唤起人们善良的感情,
在这残酷的时代,我歌颂过自由,
并且还为那些倒下去了的人们,祈求过宽恕同情。

哦,诗神缪斯,听从上帝的旨意吧,
既不要畏惧侮辱,也不要希求桂冠,
赞美和诽谤,都平心静气地容忍,
更无须去和愚妄的人空做争论。①

这首题为《纪念碑》的诗写于1836年8月21日,离普希金决斗而逝只不过半年多的时间。他在这首诗中为自己崇高的抱负和毕生的追求做了结束式的总结。他预言,他的诗将比他的生命活得更加长久!

也就在这一年的10月19日,他最后一次参加了母校皇村中学一年一度的校庆纪念。纪念会上,他深情地朗诵了自己的一首新作:

回首往昔:我们青春的节庆
明丽,喧闹,到处是玫瑰花冠,
碰杯声交织着阵阵歌声,
我们挨肩坐着,成群结伴。
当时,我们还年幼,无忧无虑,
活得轻松愉快,处事果敢,

---

① 《戈宝权译文集·普希金诗集》,戈宝权译,北京出版社1987年版,第163—164页。

为了希望、青春和各种游戏，
我们总是要痛饮，要干杯。

今非昔比：欢乐的节日也像我们，
随着年华消逝，失去从前的欢欣，
它变得温顺、老成而又宁静，
碰杯的声音也已变得低沉；
彼此的谈话不再那么诙谐、活泼，
我们更加沉郁，稀稀落落地落座，
歌声里笑声变得越来越少，
我们更经常地叹息，沉默。①
……

也许是因为这首诗过于伤感和低沉，也许是普希金心中本来就隐藏着深深的怀旧的悲伤，当他读到伤感处，他已经声音哽咽、泪眼模糊了。他没有把这首诗读完。但他答应日后把这首诗写完、抄清，放进这一年的校庆卷宗之中。他神色忧郁地离开了皇村。他不知道，他这一去，对于母校来说竟成了永诀。

究竟是什么事使诗人如此伤感和忧郁呢？

原因很多，很多。娜塔丽亚在上流社会的毫无节制的交游与娱乐，也是原因之一。

"在彼得堡，除了受气之外，就什么都干不了。"普希金给自己的老父亲写信诉苦说。秋天本来是他最好的创作之季，可是今年的秋天他几

---

① 卢永选编：《普希金文集》第二卷，乌兰汗、魏荒弩、卢永等译，人民文学出版社1995年版，第474—475页。

乎没有什么新的收获，这可是他有生以来从未遇见过的。他的心里非常着急。为了获得灵感，他多么渴望找到一份安宁，可是，安宁在哪里呢？在陪同娜塔丽亚三姐妹常常光顾的豪华的舞会上吗？在招摇过市的马车上吗？还是在"宫廷侍从"这个职位所带给他的荣光里？

娜塔丽亚的声誉在彼得堡的社交圈子里正如日中天。与这位人人激赏和艳羡的风流佳人相比，普希金的名声倒显得有些黯淡和时过境迁了。彼得堡大多数人都已经知道并且在津津乐道着，有多少多少人在追求普希金的年轻而美丽的妻子，其中包括皇帝尼古拉一世。普希金对此早有耳闻，也多次劝说过娜塔丽亚，让她尽量避免与皇帝接触，少跟他跳舞，更不要跟他调情，但娜塔丽亚却置若罔闻，反而嘲笑普希金小气和心胸狭窄。在她看来，她所做的一切其实是在替他争光呢！

1836年，追求娜塔丽亚的人员名单上又多了一个人物，他就是乔治-查理·丹特士。此人是法国波旁王朝的党羽之一，青年时就参加过保皇战斗。1830年法国七月革命推翻了波旁王朝后，他无法再留在法国了，便在1834年来到圣彼得堡，并通过各种关系的辗转介绍，得以在彼得堡近卫军骑兵团里担任军官之职。

在丹特士来到彼得堡不久，普希金就认识了他。普希金在1834年1月26日的日记上记下了这么一句话："丹特士男爵和比纳侯爵，两个保皇分子被吸收加入近卫军直接任军官。近卫军怨声载道。"普希金常常在卡拉姆津或维亚泽姆斯基家的客厅里见到这个风流倜傥、身材高大的法国人。普希金一眼就看出来了，这个家伙吸引女性的本领并不亚于自己。但他压根儿没有想到，丹特士会打娜塔丽亚的主意。

因为是熟人了，丹特士有时也到普希金家来做客。时间一久，娜塔丽亚以及她的姐姐叶卡特琳娜便都对丹特士有了好感——不，可以说，她们的心被这个风度翩翩的年轻军官撩拨得有些忘乎所以了。丹特士十分懂得怎样去满足女人们的虚荣和好奇。他是个喜欢饶舌的家伙，他一来，普希金的客厅里的气氛就变得异常活跃了，娜塔丽亚的眼睛里不时地放出一种满足似的光芒，使丹特士渐渐觉得，他快要成功了——这个女人就要属于他了！

他们常常形影不离地在彼得堡的各种舞会上露面，有时甚至在大庭广众之下眉目传情，俨然一对公开的情人。朋友家的客厅里，剧场里，舞会上，以及各种各样的社交场合，都能看到这一对风流男女的身影。娜塔丽亚几乎忘了自己是普希金的妻子了，她更没有想到，她这样做会造成什么样的后果。

实际上，一场对于普希金来说是致命的悲剧，正在迅速地酝酿着。

1836年11月4日，正被《现代人》杂志经济上的事情折腾得手忙脚乱的普希金，突然又接到这样一封下流的法文匿名信："荣誉勋章协会，尊贵的绿帽子和骑士勋章协会，在其会长S.E.D.L.大勋章获得者纳雷什金主持下召开了会议，大会一致同意任命亚历山大·普希金为该协会副会长和勋章历史编纂家。终身秘书长×××。"

匿名信中说到的纳雷什金的妻子玛丽，也是莫斯科有名的美人，多年来一直与亚历山大一世沙皇有染。这封信等于是说，普希金是"纳雷什金第二"。

不用说，普希金被这样的侮辱信气得几乎喘不过气来。他一方面尽量往好的方面想，认为娜塔丽亚虽然热衷于交际和跳舞，但还不至如此不淑，真的给自己的丈夫戴上绿帽子。另一方面，普希金也在暗暗调查这样的匿名信是哪个混蛋所为。因为不久，他又接到了同样内容、同样笔迹的第二封匿名信。

调查的结果是，普希金认为这些匿名信是荷兰驻俄公使赫克伦所为。这个混蛋公使并非别人，正是一直在纠缠着娜塔丽亚的那个杂种丹特士的养父。普希金想：他们肯定早就串通好了的，真是欺人太甚了！于是，愤怒至极的诗人决定向他们发出决斗的战书，这是关系到他的荣誉和人格的事情，他不能退缩，不能容忍这等侮辱。他考虑再三，觉得向那个混蛋公使挑战不妥，而且没有找到真凭实据来证明匿名信就是公使干的。但丹特士已是他的情敌，这已经不再是什么秘密了。他不能让这个杂种如此得意和猖狂。丹特士是赫克伦的义子，那么，向丹特士挑战也就等于是向赫克伦挑战。普希金主意既定，便很快发出了战表。他要为维护他的尊严而战！

然而老赫克伦却在普希金的战表面前畏缩了。原来他就心中有鬼，现在他更害怕这场决斗会给他和他的义子丹特士带来不妙的后果，所以他一面在拖延决斗期限，一面又请茹科夫斯基出面调解这场决斗。而为了避免一场流血事件，娜塔丽亚的姐姐叶卡特琳娜也出面声称丹特士追求的不是娜塔丽亚，而是她，他们两人已经准备结婚了。丹特士仿佛抓着了救命稻草似的，就势扬言，他追求的确实只是叶卡特琳娜，他和普希金应该是"连襟"而并非什么"情敌"。在这种情况下，普希金只好收回了挑战书。但他声明，他从此不愿和丹特士有任何来往，即便他和叶卡特琳娜成为夫妻。

天知道叶卡特琳娜因为什么鬼迷心窍，竟真的爱上了这个到处猎艳的花花公子。1837年10月10日，她和丹特士结婚。婚后他们一起来普希金家做礼节性的拜访，普希金坚不接见，并吩咐家里人告诉丹特士：普希金家决不欢迎他这样的客人。

事情暂时平息下去了。显然，在这第一个"回合"中，诗人胜利了。他的心灵得到稍微的宽慰。他还有许多自己的工作要做。

他又向一位高利贷者借来了1250卢布，编录了一部俄国古老的英雄史诗《伊戈尔远征记》的评论集。亚·伊·屠格涅夫曾在1836年12月3日写给弟弟的一封信上说，普希金一直想编辑这样一本关于《伊戈尔远征记》的评论集，借以纠正一些翻译者和注释者对这部史诗的解释上的错误。屠格涅夫说："他把自己的评论文章给我读了一下。他的评论十分贴切、十分风趣，这是因为他对俄罗斯方言和国语都有透彻的了解。"

普希金关于《伊戈尔远征记》的评论，是他生前所写的最后几篇评论文章之一。这部古老的俄国史诗的手稿，是俄罗斯古文物爱好者和搜集家穆辛·普希金伯爵于18世纪90年代初在斯巴斯·雅罗斯拉夫尔寺院发现的。这个手抄的稿本是16世纪的抄写人根据史诗原稿临摹的抄本。穆辛·普希金一直保存到1812年。1812年，拿破仑入侵莫斯科时，一场大火把穆辛·普希金的藏书全部烧毁。幸好在此之前，他曾另外抄过一稿存在别处，这样，这部史诗才幸免于难。穆辛·普希金曾邀请过当时许多通晓古文字的研究专家来研究、校勘和破译这部手抄稿，其中包括历史学家卡拉姆津。但最终此书的印刷本上仍然存在许多费解和残缺的地方。普希金在自己的评论文章中略述了这部史诗的版本沿革后，这样写道："最初几版的出版人在正文后面附了译文，总的来说是令人满意的，不过有些地方仍然模模糊糊，或者根本无法理解。后来许多人力图把它们解释清楚。尽管在这类研究工作中总是后来居上（因为前人的错误和发现常常给后人开辟和扫清道路），但很多有真才实学的人参加翻译的第一篇译文仍然是很出色的。其余的注释者则争先恐后地用随心所欲的修改和毫无根据的猜测来掩盖那些模糊不清的语句。有些极为重要的解释应该归功于卡拉姆津，他在《俄国史》一书中顺便解答了一些难以理解的地方。"

在这篇文章里，普希金肯定了这部英雄史诗不朽的魅力和它在俄国历史与文学史上的地位，斥责了一些人对这部史诗所持的虚无和怀疑的态度。他说："幸运的赝品只能迷惑外行，但却无法逃过真正内行的慧眼……伟大的怀疑主义者施莱采尔在读《伊戈尔远征记》之前，曾怀疑过它的真实性，但读完之后便断言，他认为它是一部真正的古代作品，而且甚至认为没有必要加以论证；对他来说，真正的东西是一目了然的！"

普希金坚持认为这部史诗是俄国古代诗歌的一座丰碑，他的理由更简单，那就是史诗中所传达出来的"古代精神"。他说："这种精神是无法伪造的。在18世纪，我们哪位作家具备从事此举的足够天才呢？卡拉姆津吗？可是卡拉姆津并非诗人。杰尔查文吗？可是杰尔查文连俄语都不懂，更不用说《伊戈尔远征记》的语言了。"普希金对这部史诗的语言做了深入的体会和研究，他认为，俄国所有诗人的诗歌加在一起也比不上伊戈尔妻子雅罗斯拉夫娜的悲苦动人肺腑，更不用说那些对于战斗和溃败的场景的非凡的描述了。"谁会想到把一位名不见经传的王公的愚昧远征作为诗歌的题材呢？谁能以这样的技巧，用一些后来在古代编年史中发现或至今在其他斯拉夫方言中仍然生动有力、继续使用的词汇来使某些诗句变得晦涩难懂呢？"[1]普希金认为，要达到这样的语言效果，必须是通晓所有斯拉夫方言的人才能做到。如果有人坚持怀疑《伊戈尔远征记》，那么，荷马史诗也同样值得怀疑了。

写完了《伊戈尔远征记》的评论，《现代人》的事又涌上了普希金的心头。不久前，普列特尼奥夫曾交给他几首诗。这是圣彼得堡大学语文系的一位三年级大学生的作品。在此之前，这位大学生还从未在报刊上露面。普希金希望能有更多的文学新人出现在《现代人》上。不久，在普列特尼奥夫家的客厅里，这位大学生意外地见到了普希金。普希金有事正要走出去。大学生后来回忆道："一个中等身材的人，他已经穿好大衣，戴上帽子，正在同主人告别，以洪亮的声音说道：'是啊！是啊！我们的大臣太好啦！没有话说！'他笑了起来，然后走出去。我只来得及看清楚他那洁白的牙齿和灵活的眼睛。当我后来知道这个人就是我至今一直未能见到的普希金时，我懊恼极了，埋怨自己实在太迟钝！在那个年代，普希金对于我来说，正像对于许多和我同年的人一样，是一个半神明似的人物。

---

[1] 卢永选编：《普希金文集》第七卷，张铁夫、黄弗同、刘文娟等译，人民文学出版社1995年版，第307—309页。

我确实很崇拜他……"①

这位大学生名叫伊·谢·屠格涅夫（1818—1883年），未来的《猎人笔记》《罗亭》和《贵族之家》的作者。这是他平生第一次见到诗人普希金。他最早的几首诗就发表在普希金主编的《现代人》上。而当这位年轻的诗人再一次见到他所崇拜的神灵时，他——普希金，已经躺在棺材里，静静地、困倦似的睡去了……

丹特士是个无赖式的家伙。和叶卡特琳娜结婚以后，他那猎艳好色的狼子之心仅仅收敛了数日，便又原形毕露，死灰复燃。无论是在剧院、舞厅还是贵族们的客厅里，丹特士和娜塔丽亚都不可能不继续相遇。他成了娜塔丽亚的姐夫了，但在他心目中，娜塔丽亚仍然是他的情人。他欲火中烧，追逐自己的妻妹到了更加肆无忌惮的地步。他似乎是在故意向人们表明：他并不惧怕普希金，他之所以和叶卡特琳娜结婚，也并不是为了逃避决斗。他在公众场合围着娜塔丽亚转来转去，丝毫不知羞耻。或者说，他这样做也是故意在报复普希金。他甚至当着普希金的面称叶卡特琳娜为"我的合法妻子"，言下之意当然是说娜塔丽亚也是他的"妻子"，只不过是不合法的而已。

普希金又一次忍无可忍了。于是，第二次决斗便再也没有理由避免了。

1837年2月8日，普希金像往常一样，早早地起了床。昨夜的一场大雪刚刚停止，外面的空气冷得仿佛已经凝固了似的。普希金从窗户向外面一看，见有几个人正在雪地上扫雪，雪地很白很美，像一幅画似的。普希金若有所思地望着雪地好一会儿。他知道，今天，他要和丹特士进行一场生死决斗了。他无法再饶恕这个流氓、这个混蛋了。

他坐在书桌前，随手拿起一本《历史故事》的儿童读物来翻了翻，觉

---

① 《伟大诗人普希金》，冯春、张勉、侯华甫等译，上海译文出版社1989年版，第621—622页。

得怪有意思的。他想，给孩子们看的书就应该这样写：情节须简单，人物须集中，文笔要有趣味……他的一些童话故事遵循的就是这样的原则。翻完这本《历史故事》书，他接着又处理《现代人》当天的一些编辑事务。他想在杂志上介绍和刊登一下英国作家伯利·康沃尔的几个悲剧场面。他从书架上找到了康沃尔的《戏剧选萃》的英文本。他翻了翻，在其中一个剧本的目录上打了个"√"号。然后他拿起鹅毛笔，给女作家伊什莫娃——就是他刚刚看过的这本儿童读物《历史故事》的作者——写了一封短信。他想请伊什莫娃女士把这几个剧本片断译成俄文。他在信上写道："……十分遗憾，我今天不能去您处赴约。但我十分荣幸地先把伯利·康沃尔的作品给您送去。在书后目录上，有的剧目上画有'√'符号，请您将它们翻译出来。我相信您会尽力译好的。今天，我偶尔翻阅了一下您的大作《历史故事》。过去因为过于忙乱，忘记读它。写书就应该这么写……"[①]

普希金平静地做完这一切之后，才忽然想起，丹特士派人送回的战书上还有一个条件：要普希金自己带一位证人到决斗现场。普希金差点把这事给忘了。是的，是得找一位证人的，好让他亲眼看见，丹特士这个流氓是怎样遭到惩罚的，好让他亲眼看到，一个诗人是怎样捍卫自己的荣誉与尊严的！

那么，找谁呢？普希金在中午的时候走出门去，先乘雪橇去找青年军官罗谢特，不遇，只好再去找中学时的老同学丹扎斯。在双方预定的时间到来之前，普希金和丹扎斯乘雪橇到达了决斗的地点——黑溪的卫戍司令官的别墅。

丹特士的证人是达尔沙克。他和丹扎斯一起谈定了双方的距离和射击规则，并分别签字画押。下午，决斗在卫戍司令官别墅外的一块空地上

[①] [法]亨利·特罗亚：《普希金传》，张继双、李树立、董爱春译，世界知识出版社1992年版，第702页。

进行。雪地惨白，风已凝固，普希金只听见自己的皮靴踩着厚厚的积雪的嘎嘎的声响。他想：让丹特士下地狱的时候终于到了！他满怀信心地朝指定的地点走去。然而，他没有想到，卑鄙而又狡猾的丹特士竟违反决斗的常规，在还没有到达障碍物之前一步远的地方，就先向普希金开了枪。普希金猝不及防，应声倒地。当他苏醒过来，跪起身子，瞄准丹特士时，他感到，他的手有些颤抖了。他用另一只手撑着雪地，向他的卑鄙的仇敌狠狠地开了一枪。丹特士被击中了，普希金把手枪抛向空中，微笑着叫道："好呀！太棒了！"然后又重新失去知觉，倒在了雪地上。

丹特士只是受了点轻伤。子弹穿过他手上多肉的部分而碰到了他裤子的铜钮扣上。这只铜钮扣救了这个流氓的命。

而普希金却受了致命的重伤。

>他用手轻轻地捂住胸部，
>便倒下了，他矇眬的目光
>描绘的是死亡，不是痛苦。
>仿佛是，沿着倾斜的山岗，
>一团雪球缓缓地向下滚落，
>太阳照耀着它，银光闪烁。[①]
>……

普希金曾经写到的诗人连斯基之死的场景，如今在他身上应验了。

黄昏时分，丹扎斯和达尔沙克把昏迷过去的普希金抬回了家。娜塔丽亚刚从外面散步回来。她被这番情景吓呆了。普希金微睁着眼睛说，伤很轻，不要紧的。他没有责备妻子，相反，他想到了，可怜的娜塔丽亚可能

[①] 卢永选编：《普希金文集》第五卷，智量译，人民文学出版社1995年版，第224页。

将因此而受到人们的非议。他希望人们把这场决斗看成是他普希金个人的事，与娜塔丽亚无关。

医生们很快赶来了。这些医生当中有普希金在皇村时的同学弗·伊·达里。他曾在奥伦堡陪同诗人访问过有关普加乔夫的历史。达里来到普希金身边，普希金很高兴，同时安慰老同学说："不必难过，老弟！这个世界上已经没有我生存的地方了，所以我只有这样了结了。"

普希金的朋友们闻讯也陆续赶来了。这些朋友中有茹科夫斯基、普列特尼奥夫、维亚泽姆斯基、亚·伊·屠格涅夫等。他们都被这个不幸的消息惊呆了。他们尽量安慰着普希金："会好起来的，不要灰心……"但他们明白，普希金每小时都在衰弱下去，死神正一步步地向诗人逼近。

普希金时而昏迷，时而苏醒。他自己也已经明白，他就要向这个世界彻底地告别了。

他开始说胡话了。"好吧，把我抬起来，我们一同去，高一些，高一些。好，就这样……"他喃喃地自言自语道。当他醒来，他又对守候在他身边的达里说道："我刚刚做了一个梦，好像我同你沿着这些书和书架爬上去，爬到高处去……"

普希金被抬回家后，一直躺在他自己的书房里的床上。他睁开眼就能看见那一排排高大的书橱。

2月10日（俄历1月29日）正午时分，普希金的脉搏开始低落下去。他把娜塔丽亚叫到了自己身边。他艰难地、平静地安慰她说："没什么了不起的，一切都会好起来的，不要怕他们议论……"他让娜塔丽亚给他喂了几小匙煮熟的桑葚。

下午2点45分，他的目光最后一次依依划过那一排排沉默的书架，喃喃自语道："生命……完结啦！……"然后平静地永远地闭上了双眼。

"不，我不会完全死亡……"

普希金不是属于他个人的，也不仅仅是属于娜塔丽亚和他的朋友们的。普希金是属于整个俄国，属于所有俄国人民的。在他活着的时候，人们似乎没有想到这一点，只有当他死后，当俄国突然失去了这位优秀的歌手，他们才感到，俄国的天空一下子变得多么黯淡无光；他们才突然惊醒：他们失去的不是一个普通的诗人，他们失去的是一轮诗歌的太阳！

死使所有的人同时感觉到了普希金伟大的、无法补偿的价值！

从普希金受伤的那一个下午开始，普希金家门口就开始越来越多地聚集起各种各样的市民来。这都是一些与普希金素无往来的人。他们当中有大学生、自由职业者、马车夫、下层官员、商人、士兵和少女。他们像潮水一样，像石块一样，迅速地聚集起来，涌向普希金家门口。他们含着眼泪，也带着愤怒。他们无法接受这个惊人的事实。

"看来您一定认识普希金了？"

"不，我不认识普希金，但我是俄国人！"

"普希金是我们的！"

"是谁杀死了我们的诗人？"

在这痛苦的、悲伤的、愤怒的、咆哮的、齐心合力的人群里，不时地传出这样的对话。

在普希金逝世的噩耗传出的那几天里，到普希金的灵前来吊唁的，有五万人之多。不论是住在城市哪一边的人，只要说一声"到普希金家去"，任何一个车夫都会把他迅速地送到普希金家门口。

> 我所以永远能为人民敬爱，
> 是因为我曾用诗歌，唤起人们善良的感情，
> ……

现在，被诗人的歌声和死亡唤醒的民众，都站到一起来了。他们这时候终于懂得：诗人普希金原来一直是属于他们的，而不是属于那个残酷无

情、虚伪卑鄙的上流阶层的。

就在这悲愤的悼念的人群里,一个有如闪电般炽亮和长剑般锋利的声音响了起来——

你们,以下流和卑贱著称的
先人们孳生下的傲慢无耻的后代儿孙,
你们用你们那奴隶的脚踵践踏踩躏了
幸运的角逐中败北的那些人们的迹踪!
你们,这蜂拥在宝座前的贪婪的一群,
扼杀"自由""天才""光荣"的屠夫啊!
你们躲在法律的荫庇下,对你们
公论和正义——一向是噤口无声!……
但还有神的裁判啊,荒淫无耻的嬖人!
严厉的裁判者等着你们;
他决不理睬金银的清脆声响,
他早已看透你们的心思和你们的行径。
那时你们想求助于诽谤也将徒然无用:
那鬼蜮伎俩再不会帮助你们,
而你们即使用你们那所有的乌黑的血,
也洗涤不净诗人正义的血痕![1]

这响亮而有力的声音是青年诗人莱蒙托夫(1814—1841年)喊出来的。这声音代表了俄罗斯广大平民的愤怒的心声。

这声音使沙皇尼古拉一世万分惊恐。

---

[1] 莱蒙托夫:《诗人之死》,见《莱蒙托夫诗选》,余振译,上海译文出版社1980年版,第181—182页。

这声音也使人民更加紧密地站到了一起。

1837年2月16日零时，诗人普希金的遗体在朋友们的护送下，被运到了普斯科夫省的米哈依洛夫斯克村附近的圣山修道院。

这是普希金生前为自己选定的最后的栖息地。这里埋葬着他的母亲、外祖父和外祖母。这里也埋葬着他在善良的老奶娘身边做过的宁静和安详的青春的旧梦。

米哈依洛夫斯克村和三山村的土地、树林、阳光、空气……再一次拥纳了诗人的灵魂与肉体。它们将使诗人从此得以永远地安息。

但是沙皇政府却对诗人怕得要死，即便是诗人已经永远地睡去了，他们仍然仿佛在防备着他，害怕他突然从棺材里站起身来，向他们投去蔑视和愤怒的目光。据为普希金守灵和移棺、下葬的朋友们回忆：在普希金去世直至下葬的那些日日夜夜里，宪兵警察们从未离开过现场一步，他们不是一个、两个，而是一批、又一批，比为普希金料理后事的朋友和亲人要多得多。整个后事的料理都是在宪兵们的监视下进行的。

> 对于最亲密的朋友，如此的尊敬
> 大可不必。从右边，从左边，
> 在床头，在床尾——身体笔挺——
> 尽是宪兵的胸脯和嘴脸。
> ……
> 对谁才这样——不正如众窃贼
> 为一个被枪打死的窃贼出丧？
> 是背信者？不是。从穿堂院突围，
> 为"俄罗斯的最聪明的大丈夫"送葬。[①]

[①] 茨维塔耶娃：《诗人与沙皇》，见《致一百年以后的你·茨维塔耶娃诗选》，苏杭译，外国文学出版社1991年版，第101—103页。

近一个世纪以后，又一位诗人玛·茨维塔耶娃（1892—1941年）在《诗人与沙皇》里，再一次为普希金的遭遇和沙皇的行径感到愤怒。尼古拉一世用愚蠢和卑鄙的举动为自己留下了千古骂名。

在圣山教堂，宪兵们一直看着普希金被埋进了深深的泥土里，才放心地、满意地离去。他们一定以为，从此以后，诗人普希金就永远地从这个世界上消失了呢！他们哪里能想到，诗人死了，但诗人的诗却是任何力量都消灭不了的。

> 不，我不会完全死亡——我的灵魂在遗留下的诗歌中，
> 将比我的骨灰活得更久长和逃避了腐朽灭亡——
> 我将永远光荣不朽，直到还只有一个诗人
> 活在这月光下的世界上。
> 我的名声将传遍整个伟大的俄罗斯，
> 它现存的一切语言，都会讲着我的名字……

不是亲人们，不是朋友们，更不是沙皇和宪兵们，而是诗人普希金自己，用他的比所有的花岗岩还坚硬的诗歌，为自己建立了一座非人工的纪念碑。它将比亚历山大一世、比尼古拉一世、比世界上任何一个帝王的纪念石柱更高大，更辉煌，也更存留得长久。

普希金年表

1799年

6月6日（俄历5月26日）出生于莫斯科一个贵族地主家庭。父亲谢·李·普希金爱好文学，能用俄、法文写诗；母亲纳·奥·普希金娜受过良好教育，系阿·彼·汉尼拔的孙女（汉尼拔原是彼得大帝身边的黑人，后来成为俄国将军）。奶娘阿琳娜·罗季奥诺夫娜熟知俄罗斯民间风习和古老的故事传说。

1807年

八岁的普希金开始用法文模仿写作诗歌和小剧本。法语和俄语都讲得很好。父亲的书房里有大量的法国文学和哲学藏书。父亲和伯父的许多朋友都是当时的诗人。客厅里的谈话，奶娘和外祖母讲述的民间故事、哼唱的民歌，俄罗斯乡村美丽的自然风光，都在小普希金的童年里留下深刻的印象。

1811年

6月，随伯父去彼得堡，考入设在彼得堡近郊的、专为贵族子弟开办的皇村学校。

10月19日，皇村学校开学。教师有哲学家亚·彼·库尼金，加里奇，语文学家科尚斯基等。同学中有未来的十二月党人伊凡·普希钦，未来的诗人杰尔维格、丘赫尔别凯等。他们成为他一生中最好的朋友。在皇村，普希金开始在同学中流传的手抄刊物上发表诗作。

1812年

卫国战争爆发。普希金经常与近卫军团里的一些青年军官接触，接受了一些自由思想，崇高的爱国热情和崇尚自由的精神也渐渐觉醒。

1814年

7月，《致诗友》一诗发表在《欧洲通报》上。这是普希金第一次在杂志上发表作品。不久，又写出《致巴丘什科夫》《皇村回忆》等早期名篇。

1815年

1月8日，皇村学校升级考试时，当众朗诵《皇村回忆》，深得老诗人杰尔查文赞许。杰尔查文称普希金是"将要接替杰尔查文的人"。不久，另一位著名诗人茹科夫斯基也来皇村看望了普希金，称他为"神童"，是俄国"文学的希望"。写过长篇哲学小说《法塔姆，或人的智慧：天赋权利》，未能保存下来。

1816年

结识后来成为十二月党人的青年军官彼·亚·恰达耶夫。加入代表当时进步文学倾向的"阿尔扎马斯社"，反对保守和复古的"俄罗斯语言爱好者座谈会"。

1817年

3月，编辑了自己的第一本诗集《亚历山大·普希金诗集，1817

年》，收诗36首。

6月，从皇村学校毕业，获得十品文官之衔，被派往外交部供职。

7月，第一次到父母的领地普斯科夫省米哈依洛夫斯克村。结识邻村三山村女地主普·亚·奥西波娃一家。

完成著名诗篇《自由颂》。诗中暗示沙皇应该奉公守法。此诗以手抄本的形式在青年中流传甚广，影响极大，成为后来诗人被流放的主要罪状之一。

1818年

读卡拉姆津所著的《俄国史》。

写出《致恰达耶夫》等作品，抒发了自己反对沙皇暴政、渴求自由的思想。

1819年

经常出入上流社会的沙龙。在公共图书馆馆长和美术学院院长阿·尼·奥列宁的晚会上，认识了安娜·凯恩小姐。

7月，在米哈依洛夫斯克村写出《乡村》一诗，开始触及底层生活，暴露农奴制度的残酷，表达了深刻的人道思想。

1820年

3月，完成第一部长诗《鲁斯兰和柳德米拉》，出版后引起文坛震动。同时因为《自由颂》《致恰达耶夫》等诗的传抄，而遭传讯。

5月，被沙皇亚历山大一世放逐到南俄。

结识了英左夫将军和尼·尼·拉耶夫斯基将军一家。

5月至7月，随拉耶夫斯基将军一家游历高加索山区、顿河草原和克里米亚等地，搜集了若干创作素材。

9月，继续在南方游历。

完成《"白昼的巨星已经黯淡"》等"仿拜伦"的浪漫主义哀诗。

着手写作浪漫主义长诗《高加索的俘虏》。

1821年

写作《致奥维德》等短诗。

完成长诗《高加索的俘虏》。此诗的浪漫主义风格,成为后来很长一个时期内俄国浪漫主义长诗的范例。

着手写作《巴赫切萨拉伊的泪泉》。

结识十二月党人南方协会领袖彼斯捷尔上校,对其非凡的智慧和自由的精神十分仰慕。

1822年

完成长诗《强盗兄弟》。

写作《英明的奥列格之歌》《囚徒》等短诗。

1823年

5月28日,开始写作长篇诗体小说《叶甫盖尼·奥涅金》,完成第一、二章。完成长诗《巴赫切萨拉伊的泪泉》。

写作《我是荒野上自由的播种者》《生命的驿车》《波涛里,是谁阻止你的奔泻……》等短诗。

7月,调往敖德萨,在总督沃龙佐夫的监视下供职。结识总督夫人沃龙佐娃。

1824年

6月,曾经产生逃往君士坦丁堡的念头,未能实现。

7月,因为沃龙佐夫的密告,彼得堡下令将普希金押至普斯科夫省米哈依洛夫斯克村，由地方当局和教会监管。南方流放期结束，幽居岁月开始。

写作《书商和诗人的会谈》《致大海》等名篇。

10月，完成长诗《茨冈》。

写成《叶甫盖尼·奥涅金》第三章。

着手写作历史悲剧《鲍里斯·戈都诺夫》。

1825年

皇村老同学普希钦来到米哈依洛夫斯克看望诗人，给孤独的诗人以极大的安慰。在三山村又与凯恩相遇，写出《致凯恩》。

写作《假如生活欺骗了你……》《十月十九日》《冬天的晚上》等短诗。

11月，完成历史悲剧《鲍里斯·戈都诺夫》。

11月间，沙皇亚历山大一世驾崩。

12月26日，十二月党人在彼得堡起义失败。新沙皇尼古拉一世登位。

12月，完成长诗《努林伯爵》。

1826年

7月，得知十二月党人或被处死或被判刑和流放的消息。

9月，尼古拉一世赦免了普希金。普希金在专门派来的信使陪同下抵达了莫斯科。

写完《叶甫盖尼·奥涅金》第五、第六两章。

写作《在自己祖国的蓝天下……》《斯金卡·拉辛之歌》《承认》《给奶娘》《致普希钦》等短诗。

构思小悲剧《吝啬骑士》。

1827年

写作《致西伯利亚的囚徒》《夜莺和玫瑰》《阿里翁》《1827年10月19日》等名篇。并托十二月党人穆拉维约夫的妻子穆拉维约娃将《致西伯利亚的囚徒》带至流放地。补写了《叶甫盖尼·奥涅金》第六章的部分诗节。

秋天,又去米哈依洛夫斯克村,着手写作长篇小说《彼得大帝的黑奴》。

1828年

奶娘阿琳娜·罗季奥诺夫娜逝世。

请求出国旅行遭到拒绝。写作长诗《波尔塔瓦》。写完《叶甫盖尼·奥涅金》第七章。

12月,去莫斯科,认识了莫斯科第一美人、十六岁的娜塔丽亚·尼古拉耶夫娜·冈察罗娃。

1829年

3月,向冈察罗娃求婚,未得到肯定答复。

5月,去了高加索前线,后来的长篇特写《1829年远征期间埃尔祖鲁姆旅行记》即旅途见闻纪实。

写作《夜幕笼罩着格鲁吉亚山冈》《给一位卡尔梅克女郎》《顿河》《高加索》等短诗。

完成长诗《波尔塔瓦》。

10月,返回莫斯科。

1830年

春天,参加杰尔维格主持的在彼得堡出版的《文学报》的编辑工作。

5月,和娜·尼·冈察罗娃订婚。

8月，去父亲的领地波尔金诺。在波尔金诺期间，完成小悲剧《吝啬骑士》《莫扎特和沙莱里》《石雕客人》《鼠疫流行时的宴会》。写作《别尔金小说集》《戈留欣诺村史》，长诗《科隆纳一人家》，童话《神父和长工巴尔达的故事》《母熊的故事》。完成《叶甫盖尼·奥涅金》第八章，以及30多篇短诗。这个丰收的秋天成为普希金创作史上有名的"波尔金诺之秋"。

1831年

2月18日，在莫斯科同娜·尼·冈察罗娃结婚。

5月，携新婚妻子迁居皇村。

10月，迁居彼得堡。

11月14日，重入外交部供职。

写作童话《萨尔坦皇帝》，小说《罗斯拉甫列夫》以及《给诽谤俄罗斯的人们》《波尔金诺周年纪念》《回声》等诗。

1832年

6月，长女玛丽亚出生。开始写小说《杜布罗夫斯基》。

1833年

2月间，获准查阅档案中的关于普加乔夫起义的历史文献。

8月，为采访有关普加乔夫起义的历史离开彼得堡去喀山和奥伦堡。

10月，返回波尔金诺。在波尔金诺写完《普加乔夫史》，写成长诗《青铜骑士》，童话《渔夫和金鱼的故事》和《死公主的故事》。写作《秋（断章）》等短诗以及中篇小说《黑桃皇后》。

12月30日，被尼古拉一世任命为宫中低级侍从。

1834年

因为"宫廷侍从"的任命而觉得倍受侮辱。

写作《西斯拉夫人之歌》，童话《金鸡的故事》等。

1835年

写作小说《埃及之夜》，小悲剧《骑士时代的几个场景》，特写《1829年远征期间埃尔祖鲁姆旅行记》。

1836年

3月29日，母亲纳·奥·普希金娜去世。

4月，普希金主编的《现代人》第一期出版。

10月，完成生命中最后一部小说《上尉的女儿》。

11月，普希金收到匿名诽谤信。

11月5日，向丹特士提出决斗。后得知丹特士是向娜·尼·普希金娜（普希金的妻子，婚后随夫姓）的姐姐叶·尼·冈察罗娃求婚而收回他的挑战书。

写作《我为自己建立一座非人工的纪念碑》等名篇。

写作《彼得大帝正史》。

1837年

2月7日，向丹特士提出决斗。

2月8日（俄历1月27日），傍晚4时至5时之间，在决斗中，遭到丹特士致命的一枪。

2月10日（俄历1月29日），午后2时45分逝世。

2月16日零时许，遗体被送往普斯科夫圣山（今普希金山），两天后，遗体在圣山修道院安葬。

后　记

在我动身去新疆的前一天夜晚，我为这本《普希金是怎样读书写作的》打上了最后一个句号。我感到了从未有过的轻松，同时又有点依依不舍和意犹未尽的感觉。我知道，一本书一旦完成和交付出去了，就不再属于自己了。没有一个写作人是不珍惜自己的劳动的。

对于我们这代人来说，普希金总是说不尽的。普希金是属于俄罗斯的，也是属于全人类的。"不，我不会完全死亡——我的灵魂在遗留下的诗歌中，将比我的骨灰活得更久长……我将永远光荣不朽……"普希金在去世前一年就这样预言过。他的预言没有落空。他逝世时还只有三十八岁，正当但丁所谓"人生之中途"，但他的诗歌将会活得无限久远。

他用诗歌"为自己建造了一座非人工的纪念碑"。这座纪念碑将比任何帝王、大臣和富翁的纪念石柱更加坚固、辉煌和不朽。

普希金也不仅仅是一位诗人。他是伟大的俄罗斯的一部丰富的百科全书，他是俄罗斯一个遥远而辉煌的文学时代的代名词。"没有普希金的俄国，是不能称其为俄国的。"果戈理这样说过，普希金的作品是"一部辞典，包括着俄国语言全部的丰富、力量和灵魂"。时间已经证实，普希金是第一位在自己的国土上创建了诗歌语言和文学语言的文学大师、语言大师，真正的俄罗斯文学从普希金这里开始……

普希金研究家、法国传记作家亨利·特罗亚这样写道：尽管岁月在流逝，人们的生活方式在改变，原先的社会制度和价值观念已经变更，但在俄国人民的心中，普希金的作品永远是一曲富有权威、富于魅力的管弦乐，是俄罗斯子子孙孙的最美好的回忆。"他们在他的作品中可以看到祖国永恒的形象：那清晰的地平线；那通向世界尽头的漫漫道路；月光下在雪地上飞驰而过的雪橇；那透过乡下湖畔椴树的初升旭日的万道金光；还有茶香和女郎的欢声笑语。他们还能从普希金的作品中找到真正的民族之魂。"

普希金岂只是俄罗斯一代代儿女的最美好的回忆。我国的一代代读者，不也都是通过普希金的作品而进入了俄罗斯的疆域，听到了涅瓦河和伏尔加河的涛声，闻到了俄罗斯乡村田野的气息，看到了那金色的白桦树林的光芒的么？而且更重要的是，普希金的作品使我们领略了那博大、坚强、苦难、忧郁、善良和神秘的"俄罗斯精神"……

普希金是属于过去的世纪的，也是属于今天和未来的世纪的诗人。普希金永远是正直、善良和自由的化身。

1999年6月6日，是普希金二百周年诞辰的日子。

全世界的善良和正直的人，全世界的热爱生活、热爱诗歌的人，都将用心灵来纪念普希金。

1997年5月，叶利钦总统专门颁布了一项命令，将普希金的诞生日6月6日定为"普希金节"。总统还命令组织一个专门的国家委员会负责筹备纪念事宜，并任命总理切尔诺梅尔金任该委员会主席。不久，二十卷本的普希金全集"模范本"将以多种文字出版发行；普希金的所有创作笔记（真迹）和普希金百科全书也将隆重问世……

这一切都说明：普希金从来没有被人们忘记。无论是俄罗斯还是整个世界人民，都会永远因为拥有普希金这样的诗人而骄傲！

我不是普希金研究者，而只是普希金作品的一个狂热的热爱者。我从中学时代起，就开始阅读普希金的诗歌。非常遗憾，我也不懂俄语，所以只能通过国内出版的各种普希金作品、普希金研究和普希金传记的译本，走近普希金的世界。而这个世界，又是何其博大、幽深和包罗万象啊！

那么，这本书，就权当是普希金的一个热爱者向他心中的神明献上的一瓣心香吧！并且谨以此书，纪念这位伟大的抒情诗人二百周年诞辰。

徐鲁

1997年9月5日，武昌

《普希金是怎样读书写作的》这本书，系乐黛云、史成芳主编的"外国名人读书生涯"丛书中的一种，长江文艺出版社1999年1月初版。初版问世后，我又做了少许修订，2000年6月出版了第2版（修订版）。动笔写这本书时，是在1997年秋天，正如我在初版"后记"里所言："这本书，就权当是普希金的一个热爱者向他心中的神明献上的一瓣心香吧！并且谨以此书，纪念这位伟大的抒情诗人二百周年诞辰。"到今天，一晃二十年过去了，我对普希金的热爱一如既往。普希金不仅教会了我们这一代创作者"如何抒情"，而且在我的心中，他仍然是世界上所有诗人的"最高标准"。

2014年深秋时节，正是阿尔巴特大街上飘起金色落叶的时候，我第一次踏上了普希金的土地，怀着一种朝圣的心情，轻轻走进了他的皇村中学，走进了他在皇村的教室、图书馆和单间宿舍，还有幸在他当年坐过的教室的座位上，在他坐过的一片林中空地上，坐了片刻。2015年，我应邀到湖北省图书馆"长江讲坛"演讲，讲述的题目就是《普希金诞生的历史文化背景》。

二十多年来，我也欣喜地看到，这本小书被一些俄苏文学研究专家收入近一二十年中国的"普希金研究"文献和书目之中，也不时地被一些普希金研究者所引用。这至少说明，这本小书还没有被读者遗忘。

承蒙陕西师范大学出版总社慨允，这本书将重新刊印，并收入"徐鲁文学选集"系列，在我也算是了却一桩夙愿。因为多年来我一直在等待时机，重印此书。在此，谨向刘东风先生、郭永新先生和陕西师范大学出版总社的编辑朋友们致以深深谢意。

徐鲁

2017年11月6日，于武昌沙湖之畔